全国中等职业学校汽车类专业互联网 + 数纸融合创新教材

技工院校工学一体化技能人才培养教材

汽车电气设备检修

人力资源社会保障部教材办公室◎组织编写

张春虎◎主编

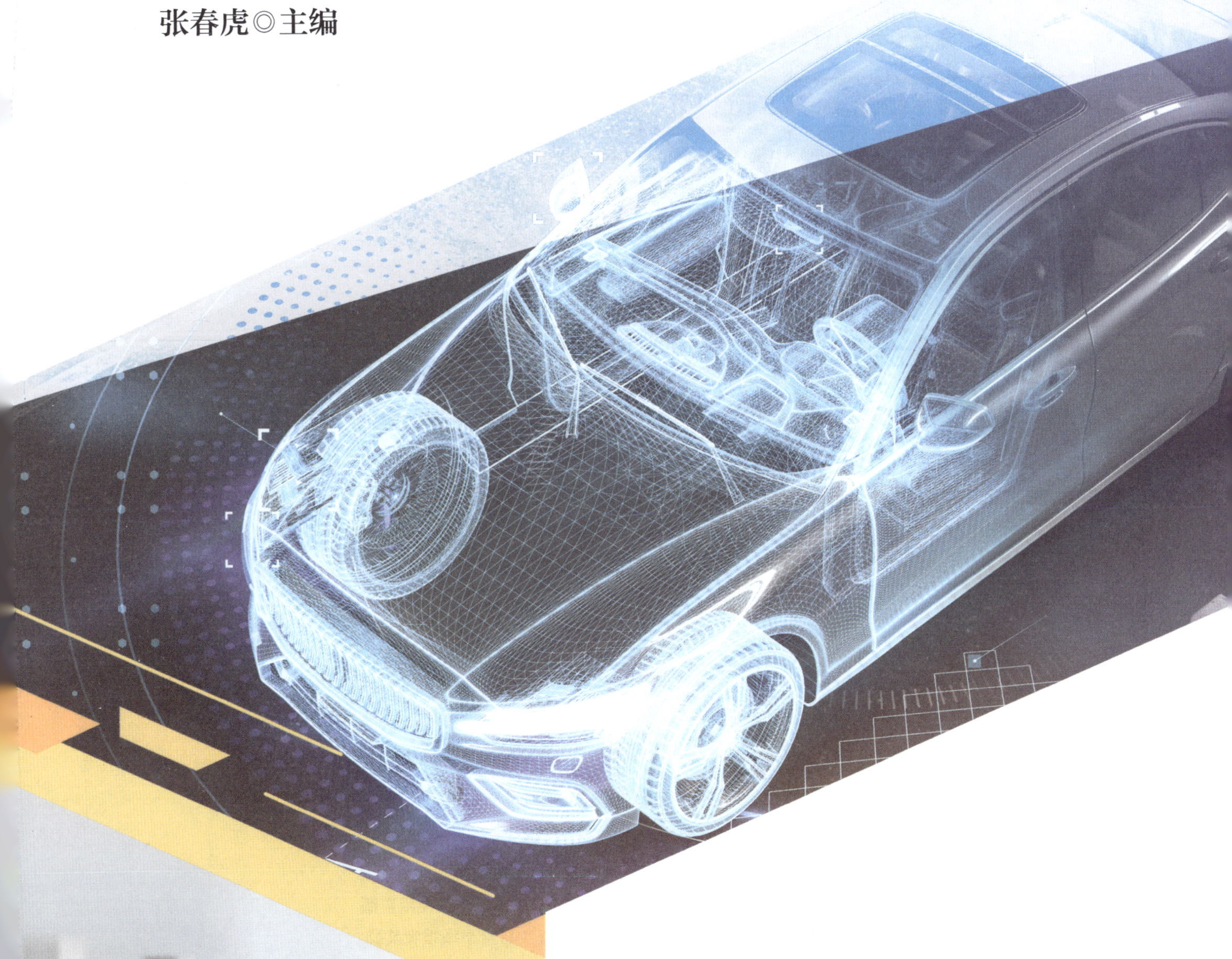

中国劳动社会保障出版社

内容简介

本书的主要内容包括汽车交流发电机的解体、交流发电机部件的检修、交流发电机的装配与测试、起动机总成的拆装、起动机的解体与检测、照明系统部件的拆装与检测、空调系统部件的拆装与检测、刮水器与风窗玻璃清洗器的拆装与检查、仪表板的拆卸与安装、倒车雷达的安装、车载导航的安装、收音机总成的拆卸、电动车窗升降器的拆卸与安装。

本书由张春虎主编，刘艳、张风密、周松岳、余成路参与编写。

图书在版编目(CIP)数据

汽车电气设备检修/人力资源社会保障部教材办公室组织编写. -- 北京：中国劳动社会保障出版社，2022

全国中等职业学校汽车类专业互联网＋数纸融合创新教材

ISBN 978－7－5167－5422－1

Ⅰ.①汽… Ⅱ.①人… Ⅲ.①汽车－电气设备－车辆修理－中等专业学校－教材 Ⅳ.①U472.41

中国版本图书馆 CIP 数据核字(2022)第 112336 号

中国劳动社会保障出版社出版发行

(北京市惠新东街1号 邮政编码：100029)

*

北京市白帆印务有限公司印刷装订 新华书店经销

880 毫米×1230 毫米 16 开本 14.5 印张 313 千字

2022 年 8 月第 1 版 2026 年 1 月第 5 次印刷

定价：43.00 元

营销中心电话：400-606-6496

出版社网址：http://www.class.com.cn

http://jg.class.com.cn

前　言
PREFACE

随着互联网技术的迅速发展和信息化教学环境的普及，以及职业教育与移动应用的深度融合，依托翻转课堂教学增加学生的学习兴趣已成为迫切需求。为全面推进技工院校工学一体化人才培养模式改革，适应技工院校教学模式改革创新，人力资源社会保障部教材办公室组织一线教师和行业、企业专家，开发了本套全国中等职业学校汽车类专业互联网+数纸融合创新教材，包括：《汽车维护与保养》《汽车发动机检修》《汽车底盘检修》《汽车电气设备检修》等。

本套教材具有以下特色：

第一，教材编写以工作情境和职业岗位活动为主体，按照“学习目标—任务描述—相关知识—任务准备—任务实施—任务评价”的思路编写，采取工作页的编写模式，设置引导问题和填空，以任务为驱动，引导学生在完成具体工作任务的过程中学习知识、掌握技能。

第二，教材采用线上线下混合式学习场景设计，打破了传统课堂教学的局限性，实现纸质教材与数字化教学资源的有机融合。各个任务均配有二维码，学生通过扫码观看任务操作视频，既可以在课前结合引导问题进行学习准备，也可以在课程中使用记录操作要点，还可以在课后复习和巩固技能。

第三，教材的任务评价采用过程评价与结果评价相结合的方式，评价对象包括准备工作、操作、技术规范和职业素养等，评价结果可检测、可衡量，便于教师操作。

第四，教材均采用彩色印刷，更加形象、生动地展示操作内容，使用左图右文的内容呈现形式，版面简洁、清晰，重点突出，为学生提供沉浸式学习体验。

本套教材的编写得到了有关省市人力资源社会保障部门、技工院校的大力支持和帮助，在此我们表示诚挚的谢意。

人力资源社会保障部教材办公室

2022 年 7 月

目 录

CONTENTS

任务一 交流发电机的解体

学习目标

1. 能准备交流发电机解体所需工具。
2. 能查询对应型号交流发电机的维修资料，整理出解体交流发电机的步骤。
3. 能按照对应型号交流发电机维修手册要求，完成交流发电机的解体。
4. 能识别解体后的交流发电机零部件。

任务描述

一辆丰田卡罗拉 1.6 轿车进店维修，客户反映车辆仪表上蓄电池充电指示灯常亮，经过维修技师检查，发现交流发电机电源输出端无输出电压，初步判断是由于发电机内部故障导致充电指示灯常亮。本任务的主要内容是对故障发电机进行解体检查。

问题 1：导致充电指示灯常亮的原因有哪些？

____

____

问题 2：在什么情况下需要对交流发电机进行解体检修？

____

____

相关知识

交流发电机是汽车的主要电源之一，它与电压调节器互相配合工作，其主要任务是对起动机以外的所有用电设备供电，并向汽车上的蓄电池充电。

汽车上的交流发电机大多采用三相同步交流发电机，其结构按类型的不同而异，普通式与整体式车用交流发电机在结构上大同小异，而与无刷式、永磁式有较大的差异。本任务以整体式交流发电机为例进行拆检。

整体式交流发电机主要由皮带轮、风扇、前壳体、轴承、转子、线圈（定子）、整流器、电刷及电刷架、后壳体等组成。

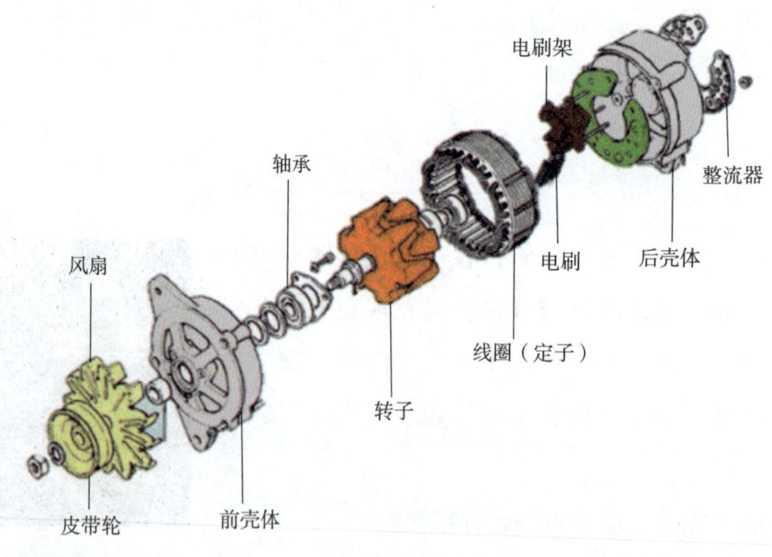

任务准备

1. 工具器材

操作前需要准备以下设备、工具及辅助材料等（以单工位为例）。

设备、 工具及辅助材料

序号	名称	规格	数量
1	拆装工作台	/	1
2	工具车 （含常用工具）①	JTC 三层	1
3	压床	1 t	1
4	交流发电机总成	丰田卡罗拉专用	1
5	零件车	/	1
6	三爪拉马	/	1
7	铜棒	/	1
8	离合器皮带轮拆装专用工具	丰田卡罗拉专用	1
9	棉纱手套	/	5

2. 分工及操作

职务	代码	姓名	工作内容
组长	A		
组员	B		
	C		
	D		
	E		

任务实施

下面以丰田卡罗拉 1.6 车型为例，介绍交流发电机的解体方法。

序号	图示	步骤及技术要点
1		将一字旋具从发电机皮带轮盖中央插入， 撬开皮带轮盖并将其取下 注意：____________________

① JTC 三层工具车包含：第一层 1/2 英寸系列棘轮扳手及配套接杆与套筒、3/8 英寸系列棘轮扳手及配套接杆与套筒；第二层 1/4 英寸系列棘轮扳手及配套接杆与套筒、梅花开口两用扳手（8～21 mm）、L 形内六角扳手套装、L 形短星型扳手套装；第三层 8 英寸鲤鱼钳、6 英寸斜口钳、6 英寸尖嘴钳、高压气枪、三爪机滤扳手、可弯式吸棒、LED 正负极验电笔（测试灯）、一字红柄旋具两把、十字红柄旋具两把、卡扣起子、铁锤、平型钢錾、内饰板塑料撬板。

续表

序号	图示	步骤及技术要点
2		用＿＿＿＿＿＿固定住发电机转子轴，用＿＿＿＿＿＿＿＿和梅花扳手＿＿＿＿时针＿＿＿＿发电机离合器皮带轮，拆下皮带轮
3	 皮带轮正面	将离合器皮带轮＿＿＿＿＿＿放置在工作台上，将发电机总成放在＿＿＿＿＿＿＿＿上
4		用＿＿＿＿＿＿拆下发电机＿＿＿＿＿＿上的 3 个螺母（红色圆圈所示），取下发电机后端盖
5	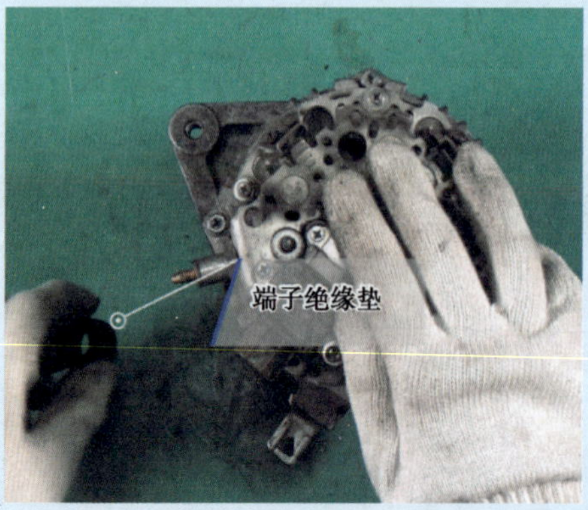 端子绝缘垫	用手拆下整流器上的端子＿＿＿＿＿

续表

序号	图示	步骤及技术要点
6	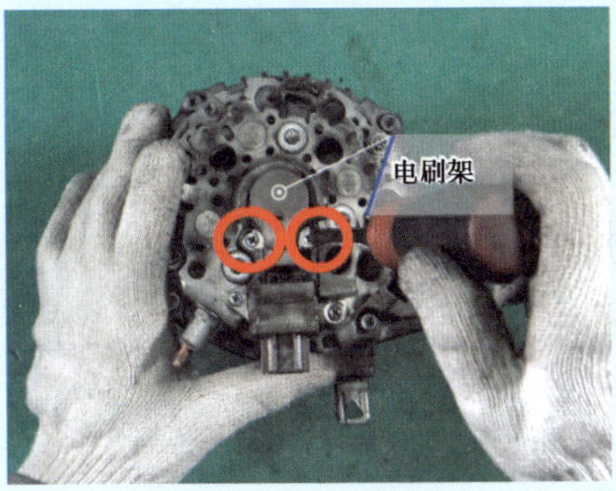 电刷架	用＿＿＿＿拆下电刷架的＿＿＿＿＿（红色圆圈所示），从整流器总成上拿下＿＿＿＿ 注意： （1）＿＿＿＿＿＿＿＿＿＿＿＿＿＿＿＿ （2）＿＿＿＿＿＿＿＿＿＿＿＿＿＿＿＿
7		用＿＿＿＿按＿＿＿＿＿顺序预松发电机线圈总成上的 4 个螺栓（红色圆圈所示），将其拆下
8	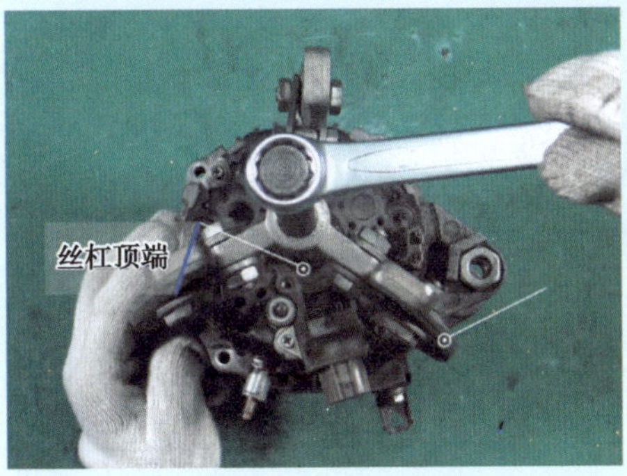 丝杠顶端	用＿＿＿＿顶住转子轴，用三爪拉马拉爪钩住＿＿＿＿＿＿，用扳手慢慢转动丝杠，拉出发电机线圈总成
9		用手取下＿＿＿＿＿和＿＿＿＿＿

续表

序号	图示	步骤及技术要点
10		用十字旋具从驱动端端盖上拆下 4 个螺钉和挡片
11		用手将略________轴承外圈直径的铜棒轻放在轴承上，用________压铜棒，从______________中将________压出
12		整理工具，并按照“5S”要求恢复场地

任务评价

项目	作业内容	评价要点	配分	评价
准备工作	场地准备	工位应干净、整洁，地面无油污	2	
		交流发电机总成放置于拆装工作台上	2	
	设备防护	工具车要稳固，防止移动倾覆	2	
		压床要放置平稳，防止压具掉落	3	
	人员防护	工作服穿戴整齐	2	
		拆装操作时应佩戴棉纱手套	3	
	工具、量具检查	检查压床是否能正常工作	3	
		检查工具车中工具是否齐全、整洁	3	
操作	操作要点	能使用离合器皮带轮拆装专用工具正确拆卸发电机离合器皮带轮	5	
		能将离合器皮带轮正面放置在工作台上	5	
		能将发电机总成放在离合器皮带轮上	5	
		能根据螺钉形状、大小正确选用合适旋具	5	
		能使用套筒扳手按对角线顺序预松发电机线圈总成上的 4 个螺栓	10	
		能正确使用三爪拉马拉出发电机线圈总成	5	
		能正确使用小型压床、铜棒等工具拆卸轴承	10	
	技术规范	不可重复使用发电机皮带轮盖	5	
		能有序放置零部件	5	
		能按对称交叉的顺序对紧固螺栓进行拆卸	5	
		能使用铜棒保护被敲击轴承	5	
职业素养	安全及合作	特殊操作应佩戴安全帽、防酸碱手套或绝缘手套、护目镜等防护用品	5	
		小组作业时应互相配合、合理分工，不可发生争执	5	
	“5S”管理	注意安全操作，不可随意放置工具、量具且不应有其他安全隐患	3	
		工作台、地上有油污时应及时擦掉，废弃物应环保处理	2	
总评分				

任务二

交流发电机部件的检修

学习目标

1. 能准备检修交流发电机部件所需的工具、量具。
2. 能查询对应型号发电机维修资料，整理出标准技术参数。
3. 能按照对应型号发电机维修手册要求，正确使用工具、量具检修交流发电机部件。
4. 能根据交流发电机部件检修的标准参数，判定交流发电机部件技术状况。

任务描述

在对交流发电机进行解体后，发现发电机部件外表状况不佳，应对交流发电机部件进行检测。本任务的主要内容是判断交流发电机部件技术状况是否符合要求。

问题1：交流发电机需要检测的部件有哪些？

____

____

问题2：在什么情况下需要对交流发电机的部件进行检测？

____

____

相关知识

整体式交流发电机主要由皮带轮、风扇、前壳体、轴承、转子、线圈（定子）、整流器、电刷及电刷架、后壳体等组成。

1. 线圈（定子）总成

定子总成用来产生和输出三相交流电，又称电枢，由定子铁芯和定子绕组组成。

2. 转子总成

转子总成又称励磁绕组，作用是产生磁场，由两块爪形磁极、磁场绕组、滑环及轴等组成。

3. 整流器

整流器的作用是将定子绕组输出的三相交流电，通过三相桥式整流变成直流电输出。交流发电机的整流器大多由 6 只硅二极管组成，一侧为正二极管组成的正整流板，另一侧为负二极管组成的负整流板。

4. 前后壳体

前后壳体是交流发电机的安装基础，用来固定定子、支撑转子总成并封闭内部构造。

5. 电刷及电刷架

电刷的作用是通过滑环给励磁绕组提供电流，电刷装在电刷架内，通过弹簧与滑环紧密接触。

6. 皮带轮和风扇

发动机通过其前端装的皮带轮带动发电机转子旋转，在皮带轮的后面装有风扇，靠风扇的离心作用给发电机强制通风。

任务准备

1. 工具器材

操作前需要准备以下设备、工具及辅助材料等（以单工位为例）。

设备、工具及辅助材料

序号	名称	规格	数量
1	拆装工作台	/	1
2	工具车（含常用工具）	JTC	1
3	数字万用表	UNI-T UT58E	1
4	游标卡尺	0 ~200 mm	1
5	内六角套筒	/	1
6	交流发电机总成	丰田卡罗拉专用	1
7	棉纱手套	/	5

2. 分工及操作

职务	代码	姓名	工作内容
组长	A		
组员	B		
	C		
	D		
	E		

任务实施

下面以丰田卡罗拉 1.6 车型为例，介绍交流发电机部件的检修方法。

序号	图示	步骤及技术要点
1		用________固定住皮带轮中心，用手只能____时针转动外锁环
2		用游标卡尺测量电刷________，标准外露长度为________mm，外露长度不得小于________mm 注意：________________________
3		用数字万用表测量________的电阻，常温下，电阻值为______Ω 注意：________________________
4		用数字万用表测量其中一个______与________间的电阻值，应大于______MΩ

续表

序号	图示	步骤及技术要点
5	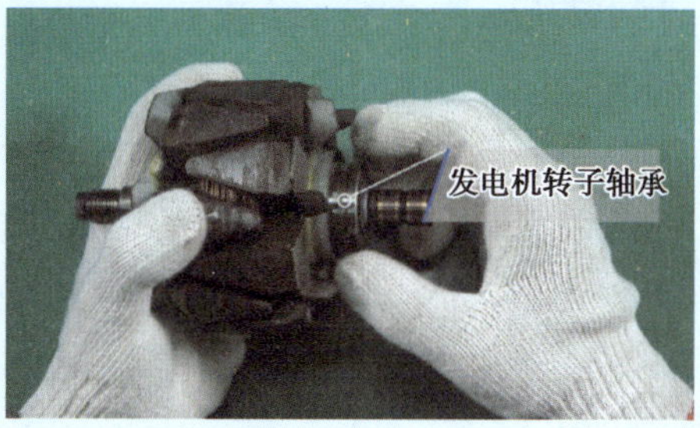	用手转动发电机转子轴承，如果观察到轴承有________现象、________________，应____________________
6	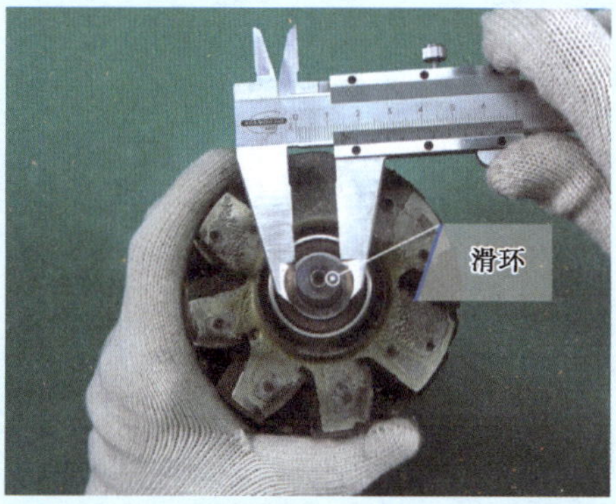	用____________测量滑环直径。滑环标准直径为________________mm，最小直径不得__________mm
7		用手转动发电机驱动端__________，如果观察到轴承有________现象、______________有明显磨损，应更换__________________________
8		整理工具，并按照“5S”要求恢复场地

任务评价

<table>
<tr><th>项目</th><th>作业内容</th><th>评价要点</th><th>配分</th><th>评价</th></tr>
<tr><td rowspan="8">准备工作</td><td rowspan="2">场地准备</td><td>工位应干净、整洁，地面无油污</td><td>2</td><td></td></tr>
<tr><td>交流发电机零部件要整齐放置于拆装工作台上</td><td>2</td><td></td></tr>
<tr><td rowspan="2">设备防护</td><td>工具车要稳固，防止移动倾覆</td><td>2</td><td></td></tr>
<tr><td>拆装工作台要平稳，防止零件掉落</td><td>3</td><td></td></tr>
<tr><td rowspan="2">人员防护</td><td>工作服穿戴整齐</td><td>2</td><td></td></tr>
<tr><td>拆装操作时应佩戴棉纱手套</td><td>3</td><td></td></tr>
<tr><td rowspan="2">工具、量具检查</td><td>检查数字万用表是否能正常工作</td><td>3</td><td></td></tr>
<tr><td>检查游标卡尺是否能正常工作</td><td>3</td><td></td></tr>
<tr><td rowspan="12">操作</td><td rowspan="7">操作要点</td><td>能正确检查离合器皮带轮</td><td>5</td><td></td></tr>
<tr><td>能正确使用游标卡尺测量电刷外露长度</td><td>5</td><td></td></tr>
<tr><td>能正确使用数字万用表测量转子两滑环间电阻</td><td>5</td><td></td></tr>
<tr><td>能正确使用数字万用表测量转子两滑环对地短路情况</td><td>5</td><td></td></tr>
<tr><td>能正确检查发电机转子轴承的工作情况</td><td>5</td><td></td></tr>
<tr><td>能正确使用游标卡尺测量滑环直径</td><td>10</td><td></td></tr>
<tr><td>能正确检查发电机驱动端端盖轴承工作情况</td><td>5</td><td></td></tr>
<tr><td rowspan="5">技术规范</td><td>能正确检查离合器皮带轮转动方向</td><td>5</td><td></td></tr>
<tr><td>能查阅电刷的标准外露长度和极限工作长度</td><td>5</td><td></td></tr>
<tr><td>能查阅两滑环间的标准电阻值</td><td>5</td><td></td></tr>
<tr><td>能查阅两滑环接地的正常阻值</td><td>5</td><td></td></tr>
<tr><td>能查阅滑环的标准直径和工作极限直径</td><td>5</td><td></td></tr>
<tr><td rowspan="4">职业素养</td><td rowspan="2">安全及合作</td><td>特殊操作应佩戴安全帽、防酸碱手套或绝缘手套、护目镜等防护用品</td><td>5</td><td></td></tr>
<tr><td>小组作业时应互相配合、合理分工，不可发生争执</td><td>5</td><td></td></tr>
<tr><td rowspan="2">“5S”管理</td><td>注意安全操作，不可随意放置工具、量具且不应有其他安全隐患</td><td>3</td><td></td></tr>
<tr><td>工作台、地上有油污时应及时擦掉，废弃物应环保处理</td><td>2</td><td></td></tr>
<tr><td colspan="3">总评分</td><td colspan="2"></td></tr>
</table>

任务三 交流发电机的装配

学习目标

1. 能准备交流发电机装配所需的工具、设备。
2. 能查询对应型号发电机维修资料，明确交流发电机装配的方法。
3. 能按照对应型号发电机维修手册要求，正确使用工具、设备装配交流发电机。
4. 能明确交流发电机装配、验收的标准和规范。

任务描述

交流发电机在经过部件检测后已发现故障点，已更换相应部件，本任务的主要内容是将维修好的交流发电机部件进行装配。

问题1：交流发电机装配的主要步骤是什么？

____

____

问题2：在装配交流发电机过程中有哪些注意事项？

____

____

任务准备

1. 工具器材

操作前需要准备以下设备、工具及辅助材料等（以单工位为例）。

设备、工具及辅助材料

序号	名称	规格	数量
1	拆装工作台	/	1
2	工具车（含常用工具）	JTC	1
3	压床	1 t	1
4	可调式扭力扳手	5 ~25 N · m	1
5	离合器皮带轮拆装专用工具	丰田卡罗拉专用	1
6	铜棒	/	1
7	汽车用密封胶	/	1
8	离合器皮带轮盖	丰田卡罗拉专用	1
9	发电机驱动端端盖轴承	丰田卡罗拉专用	1
10	销	ϕ1 mm	1
11	棉纱手套	/	5

2. 分工及操作

职务	代码	姓名	工作内容
组长	A		
组员	B		
	C		
	D		
	E		

任务实施

下面以丰田卡罗拉 1.6 车型为例，介绍交流发电机的装配方法。

序号	图示	步骤及技术要点
1	端盖轴承	将发电机驱动端端盖用手轻放在压床上，将______________小心地平放在________________上

续表

序号	图示	步骤及技术要点
2		用比轴承外圈直径______的铜棒对准轴承，用________对铜棒缓慢加压，压入一个新的发电机驱动端端盖轴承 注意：________________________________
3	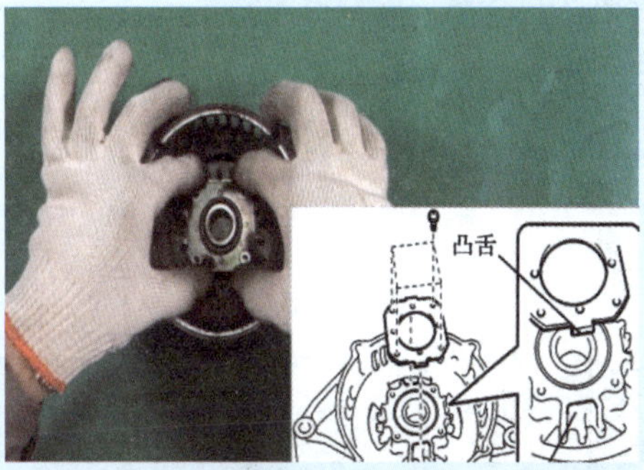	安装挡片时，将挡片上的______嵌入驱动端端盖上的______中
4	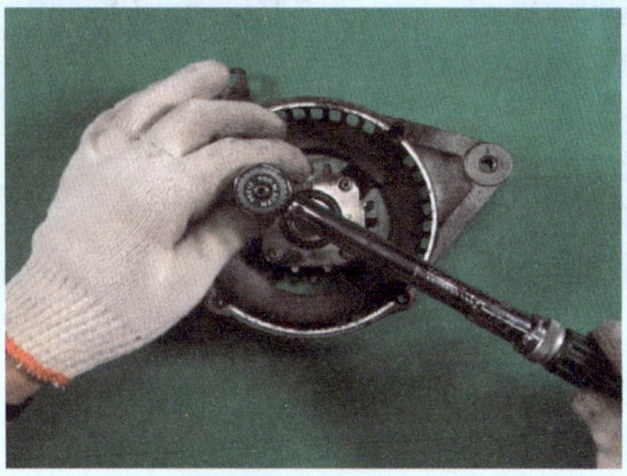	用可调式扭力扳手按照________顺序安装挡片的4个螺钉，扭矩为_____N·m
5	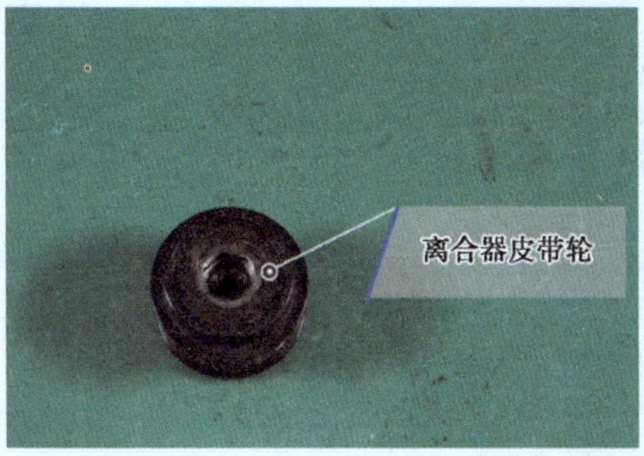 	把离合器皮带轮正面放置在拆装工作台上，将驱动端__________与__________对准，把驱动端端盖放在__________上

续表

序号	图示	步骤及技术要点
6		发电机转子穿过驱动端端盖中心孔，将发电机转子总成安装到驱动端端盖上
7		将__________放在发电机转子上
8	 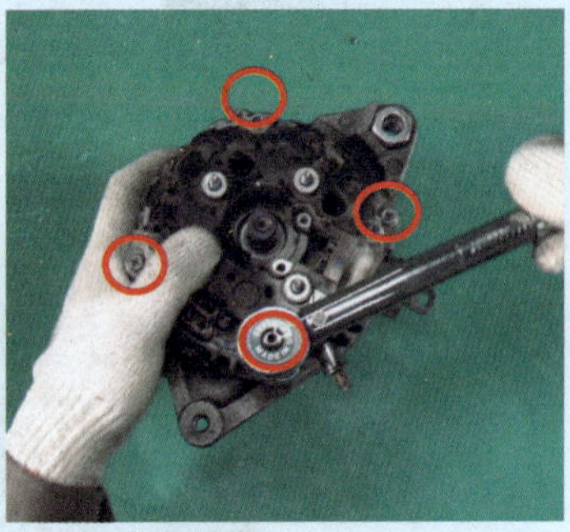	将_____________对准___________，将其安装到发电机转子上，用可调式扭力扳手按照__________顺序拧紧 4 个螺栓，扭矩为_______N · m
9	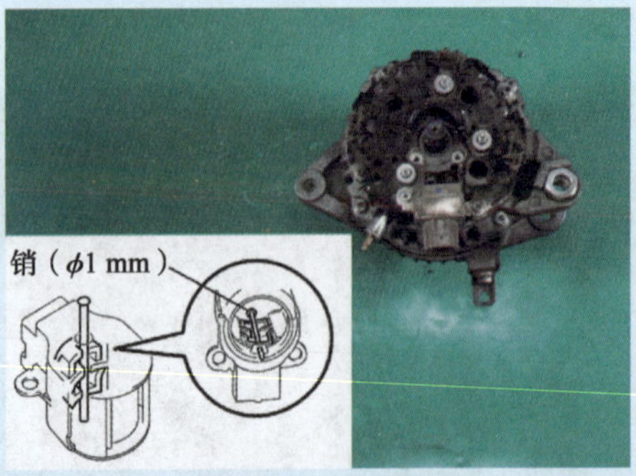	将直径为_____mm 的_____穿过_________，将两个电刷安装到电刷架总成

续表

序号	图示	步骤及技术要点
10	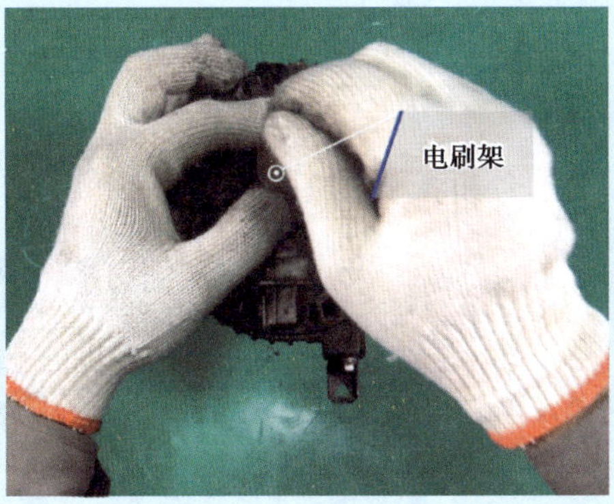 电刷架	用手________，使________完全缩回，将________________按入___________，将______从孔中拔出
11	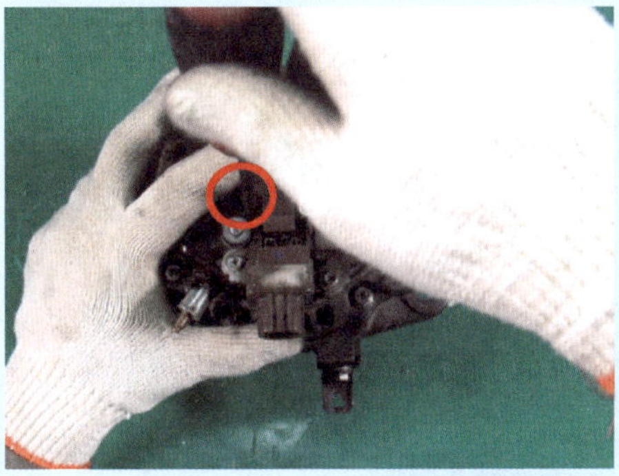	安装电刷架总成上的两个螺钉，扭矩为____N·m
12	 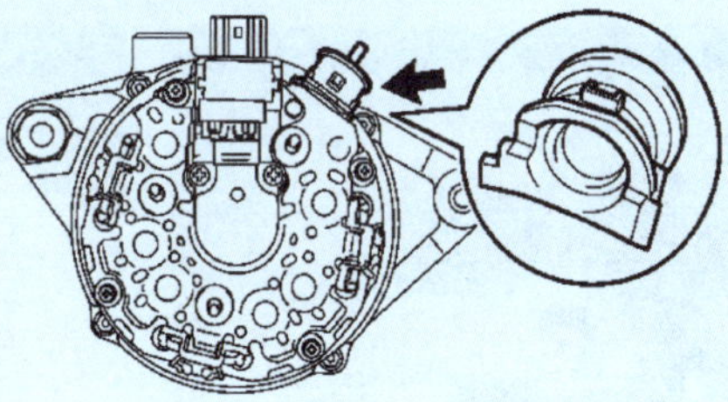 端子绝缘垫	将端子绝缘垫安装到发电机线圈上 注意：______________________
13	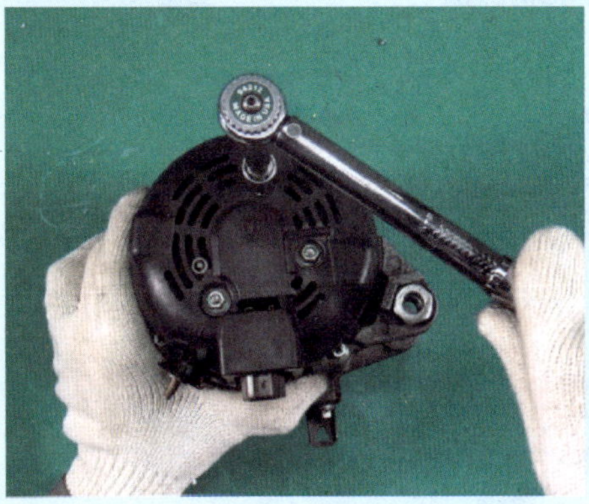	将发电机后端盖按照孔位安装到发电机线圈上，用可调式扭力扳手安装后端盖的 3 个螺母，扭矩为____N·m

续表

序号	图示	步骤及技术要点
14	 	用手将离合器________拧入________，用__________固定住发电机______，用__________和__________扳手______时针拧紧发电机离合器____，扭矩为____N·m
15		从发电机总成上拆下离合器皮带轮拆装专用工具，转动______________，检查皮带轮转动是否______，否则应更换______________
16	 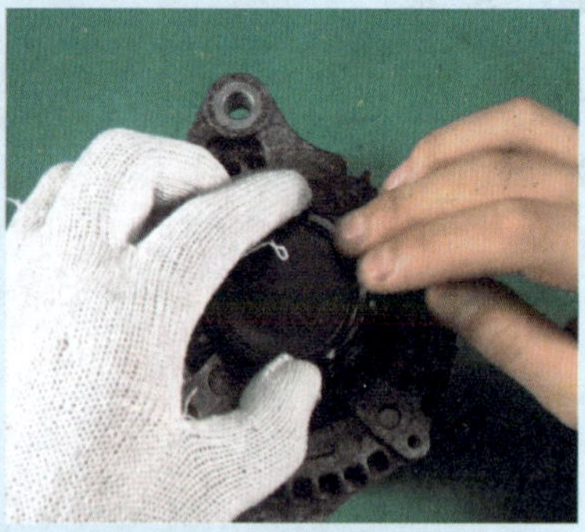	在离合器皮带轮______和________________上涂抹______________，并将离合器皮带轮盖安装到离合器皮带轮上
17		整理工具，并按照“5S”要求恢复场地

任务评价

项目	作业内容	评价要点	配分	评价
准备工作	场地准备	工位应干净、整洁，地面无油污	2	
		交流发电机零部件要整齐放置于拆装工作台上	2	
	设备防护	工具车要稳固，防止移动倾覆	2	
		拆装工作台要平稳，防止零件掉落	3	
	人员防护	工作服穿戴整齐	2	
		拆装操作时应佩戴棉纱手套	3	
	工具、量具检查	检查工具车内工具是否齐全、整洁	3	
		检查液压压床是否能正常工作	3	
操作	操作要点	能正确使用压床装配轴承	5	
		能正确安装挡片	5	
		能正确安装端子绝缘垫，不要漏装	5	
		能正确安装离合器皮带轮和端盖	5	
		能正确安装驱动端端盖和转子	5	
		能正确安装端盖紧固螺栓	5	
		能正确使用销将电刷安装到电刷架上	5	
		能正确使用离合器皮带轮拆装专用工具紧固皮带轮固定螺栓	10	
	技术规范	能查阅并确定各固定螺钉、螺栓的紧固力矩	5	
		能确认发电机轴承与端盖垂直，不能倾斜	5	
		能确认端子绝缘垫的安装方向正确	5	
		能更换新的离合器皮带轮盖并涂抹汽车用密封胶	5	
职业素养	安全及合作	特殊操作应佩戴安全帽、防酸碱手套或绝缘手套、护目镜等防护用品	5	
		小组作业时应互相配合、合理分工，不可发生争执	5	
	“5S”管理	注意安全操作，不可随意放置工具、量具且不应有其他安全隐患	3	
		工作台、地上有油污时应及时擦掉，废弃物应环保处理	2	
总评分				

任务四 交流发电机与充电系统的测试

学习目标

1. 能准备交流发电机与充电系统测试所需的工具、设备。
2. 能查阅相关资料，整理交流发电机与充电系统测试的方法。
3. 能查阅相关维修手册，正确使用工具、设备测试交流发电机与充电系统。
4. 能查阅对应车型资料，明确对应车型的交流发电机与充电系统测试的标准和规范。

任务描述

交流发电机装配完成后需要安装到汽车上检查性能。现需要查阅对应车型的维修资料，确定交流发电机与充电系统的测试方法并进行测试。

问题1：如何简单判断新装发电机的工作技术状况？

____

____

问题2：交流发电机与充电系统测试有哪些项目？

____

____

 相关知识

充电系统的故障可以通过充电指示灯的工作情况反映出来。充电系统有故障时，应及时检修来排除故障，以免造成更大的损失。

充电系统常见故障有不充电、充电电流过小、充电电流过大、充电不稳等。故障原因可能是发电机传动带打滑，发电机故障，电压调节器故障，电磁继电器故障，充电系统各连接线路有断路或短路，以及蓄电池、充电指示灯、点火开关、熔断器等有故障。诊断充电系统故障时，应综合考虑整个系统各部件之间的关系，仔细阅读说明书和电路图，按照一定的检查步骤找出故障点。

 任务准备

1. 工具器材

操作前需要准备以下设备、工具及辅助材料等（以单工位为例）。

设备、 工具及辅助材料

序号	名称	规格	数量
1	实训车	丰田卡罗拉 1. 6	1
2	工具车 （含常用工具）	JTC	1
3	数字万用表	UNI-T UT58E	1
4	棉纱手套	/	5
5	翼子板及前格栅布	/	1
6	车内四件套	/	1

2. 分工及操作

职务	代码	姓名	工作内容
组长	A		
组员	B		
	C		
	D		
	E		

 任务实施

下面以丰田卡罗拉 1. 6 车型为例，介绍交流发电机与充电系统的测试方法。

序号	图示	步骤及技术要点
1		打开点火开关至______挡，__________发动机，此时充电指示灯应____。否则，应检查充电指示灯______是否____，____________是否损坏，__________是否正常
2		当充电指示灯电路故障排除后，________发动机，充电指示灯应________，否则应检查__________及其__________是否出现故障
3	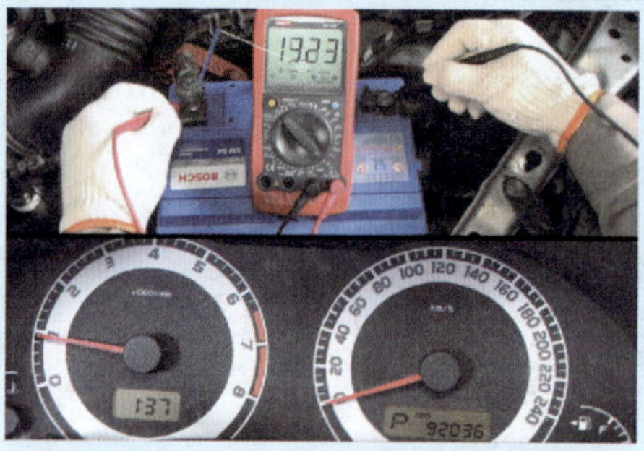	发动机________运行时，用______________测试蓄电池____________电压，应为__________V
4	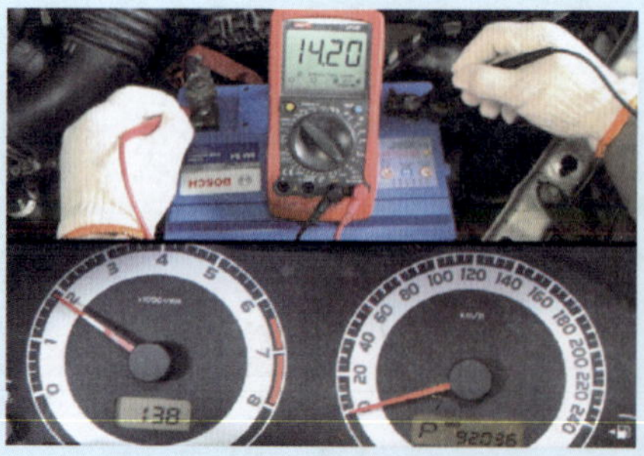 	踩下______________，发动机转速________，电压应基本____________；打开__________或将____________________，读取数字万用表电压值降幅，不应超过________V 注意：____________________

续表

序号	图示	步骤及技术要点
5		如电压降幅超过________V，检查发电机________、__________及蓄电池____________、______________接触是否牢固，__________是否锈蚀，如果接触良好，则说明是____________________________ 汽车在运转时如果充电指示灯________，除了________________外，还有可能是____________________、________________________、______或____________等原因
6		整理工具，并按照“5S”要求恢复场地

任务评价

项目	作业内容	评价要点	配分	评价
准备工作	场地准备	工位应干净、整洁，地面无油污	2	
		车辆停靠在合适位置	2	
	车辆防护	铺设翼子板及前格栅布	2	
		铺设车内四件套	3	
	人员防护	工作服穿戴整齐	2	
		拆装操作时应佩戴棉纱手套	3	
	工具、量具检查	检查数字万用表是否能正常工作	3	
		检查工具车内工具是否齐全、整洁	3	
操作	操作要点	能正确操作点火开关	5	
		能正确识别充电指示灯	5	
		能正确启动发动机并观察充电指示灯工作状态	10	
		能正确控制发动机转速至规定值	5	
		能正确操作车辆前照灯	5	
		能正确操作车辆空调鼓风机	5	
		能正确使用数字万用表测量蓄电池电压	10	
	技术规范	能查阅资料，确定充电指示灯在不同条件下的正常工作状态	5	
		能查阅资料，确认发动机怠速时充电电压的正常值	5	
		能查阅资料，确认发动机转速上升时充电电压的正常值	5	
		能查阅资料，确认车辆前照灯和空调鼓风机打开时，电压降的正常值	5	
职业素养	安全及合作	特殊操作应佩戴安全帽、防酸碱手套或绝缘手套、护目镜等防护用品	5	
		小组作业时应互相配合、合理分工，不可发生争执	5	
	“5S”管理	注意安全操作，不可随意放置工具、量具且不应有其他安全隐患	3	
		工作台、地上有油污时应及时擦掉，废弃物应环保处理	2	
总评分				

任务五 起动机总成的拆卸

学习目标

1. 能准备拆卸起动机总成所需的工具、设备。
2. 能查询维修手册，整理出起动机总成的拆卸方法。
3. 能按照维修手册要求，正确使用工具、设备从整车上拆卸起动机总成。
4. 能根据维修资料和实际经验，总结起动机总成拆卸的注意事项。

任务描述

一辆丰田卡罗拉1.6车型出现了起动机无法转动的故障现象，经过维修技师检查，发现是由于起动机内部故障导致，需要将起动机总成从车上拆卸下来，以待进一步检测。

问题1：蓄电池断电时为什么要先拆卸负极？

____

____

问题2：起动机总成拆卸过程中有哪些注意事项？

____

____

相关知识

发动机必须依靠外力带动曲轴旋转后，才能进入正常工作运转状态，通常把汽车发动机在外力作用下，从开始转动到怠速运转的全过程，称为发动机的启动。起动机的作用是供给发动机曲轴转动转矩，使发动机达到启动转速，进入自行运转状态。发动机启动后，起动机立即停止工作。

车用发动机常用电力起动机启动，由直流电动机通过传动机构将发动机启动，具有操作简单、体积小、质量轻、安全可靠、启动迅速并可重复启动等优点。

任务准备

1. 工具器材

操作前需要准备以下设备、工具及辅助材料等（以单工位为例）。

设备、工具及辅助材料

序号	名称	规格	数量
1	实训车	丰田卡罗拉 1.6	1
2	举升机	双柱式	1
3	工具车（含常用工具）	JTC	1
4	零件车	/	1
5	翼子板及前格栅布	/	1
6	车内四件套	/	1
7	棉纱手套	/	5

2. 分工及操作

职务	代码	姓名	工作内容
组长	A		
组员	B		
	C		
	D		
	E		

任务实施

下面以丰田卡罗拉 1.6 车型为例，介绍起动机总成的拆卸方法。

序号	图示	步骤及技术要点
1	蓄电池负极电缆	用________拧松________的螺母，从________上拿下________电缆 注意：________

续表

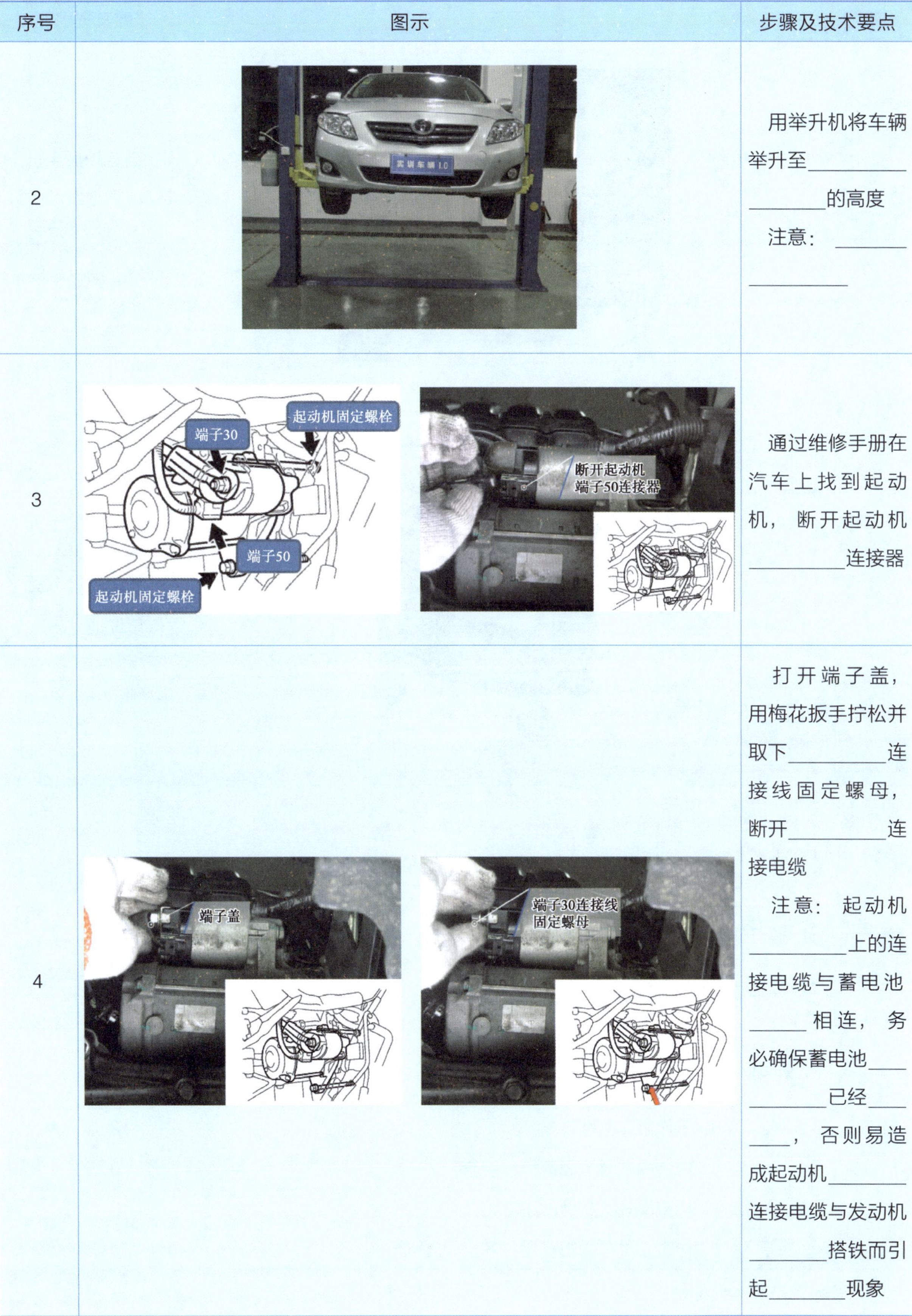

序号	图示	步骤及技术要点
2		用举升机将车辆举升至__________________的高度 注意：__________________
3		通过维修手册在汽车上找到起动机，断开起动机__________连接器
4		打开端子盖，用梅花扳手拧松并取下__________连接线固定螺母，断开__________连接电缆 注意：起动机__________上的连接电缆与蓄电池______相连，务必确保蓄电池____________已经_______，否则易造成起动机________连接电缆与发动机________搭铁而引起________现象

续表

序号	图示	步骤及技术要点
5	起动机固定螺栓	用套筒扳手拆下起动机与发动机连接的两个螺栓，取下起动机总成
6		整理工具，并按照“5S”要求恢复场地

任务评价

项目	作业内容	评价要点	配分	评价
准备工作	场地准备	工位应干净、整洁，地面无油污	2	
		车辆停靠在举升机合适位置	2	
	车辆防护	铺设翼子板及前格栅布	2	
		铺设车内四件套	3	
	人员防护	工作服穿戴整齐	2	
		拆装操作时应佩戴棉纱手套	3	
	工具、量具检查	检查举升机是否能正常工作	3	
		检查工具车中工具是否齐全、整洁	3	

续表

项目	作业内容	评价要点	配分	评价
操作	操作要点	能正确使用工具拆卸蓄电池负极	10	
		能正确操作举升机举升车辆至合适高度	10	
		能正确找到起动机位置	5	
		能正确断开起动机端子 30、 端子 50 连接器	10	
		能正确使用套筒扳手拆卸起动机固定螺栓， 取下起动机总成	10	
	技术规范	能正确叙述使用举升机的安全注意事项	10	
		能识别起动机电磁开关各个端子	10	
职业素养	安全及合作	特殊操作应佩戴安全帽、 防酸碱手套或绝缘手套、 护目镜等防护用品	5	
		小组作业时应互相配合、 合理分工， 不可发生争执	5	
	“5S” 管理	注意安全操作， 不可随意放置工具、 量具且不应有其他安全隐患	3	
		工作台、 地上有油污时应及时擦掉， 废弃物应环保处理	2	
总评分				

任务六 起动机的解体

学习目标

1. 能准备起动机解体所需的工具。
2. 能查阅维修手册、资料，整理起动机的解体方法。
3. 能根据维修手册，正确使用工具解体起动机。
4. 能识别解体后的起动机各零部件。

任务描述

拆卸下来的故障起动机需要进一步解体检查。为便于后期装配，拆解的零部件应按顺序摆放整齐。现通过丰田卡罗拉 1.6 车型学习起动机的解体方法。

问题 1：起动机主要由哪些部件组成？

____

____

问题 2：解体起动机前应准备哪些工具？

____

____

相关知识

车用起动机一般由串励直流电动机、传动机构和操纵机构三部分组成。

1. 串励直流电动机

电动机的作用是将蓄电池输入的电能转换为机械能，产生电磁转矩。串励直流电动机由电枢、磁极、电刷、壳体等主要部件构成。

2. 传动机构

传动机构的作用是在发动机启动时，将直流电动机的转矩传递给发动机飞轮齿圈，并在发动机启动后及时使起动机驱动小齿轮与飞轮齿圈脱离，防止起动机被发动机反拖而产生“飞散”。传动机构主要由单向离合器、减速机构等组成。

3. 操纵机构

操纵机构的作用是通过控制起动机电磁开关及杠杆机构，来实现起动机传动机构与飞轮齿圈的啮合与分离，并接通或断开电动机和蓄电池之间的主电路。

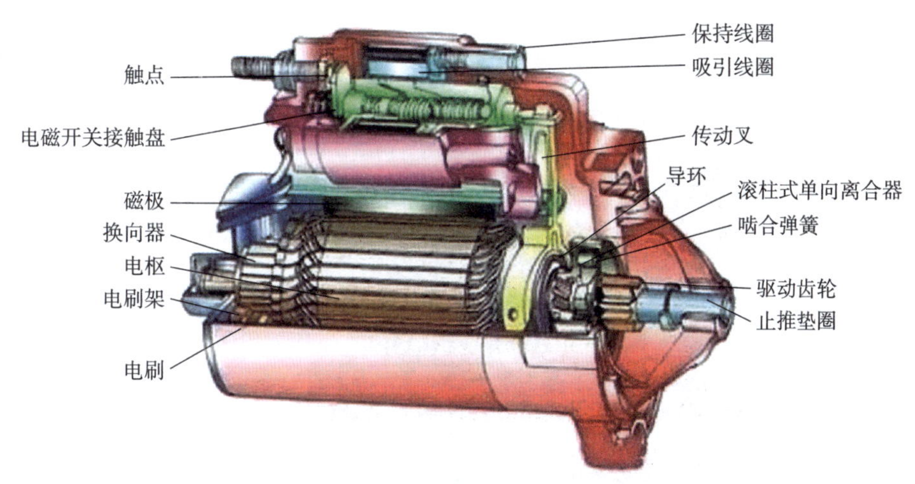

 任务准备

1. 工具器材

操作前需要准备以下设备、工具及辅助材料等（以单工位为例）。

设备、 工具及辅助材料

序号	名称	规格	数量
1	拆装工作台	/	1
2	工具车 （含常用工具）	JTC	1
3	零件车	/	1
4	棉纱手套	/	5
5	起动机总成	丰田卡罗拉专用	1

2. 分工及操作

职务	代码	姓名	工作内容
组长	A		
组员	B		
	C		
	D		
	E		

任务实施

下面以丰田卡罗拉 1.6 车型为例，介绍起动机解体的方法。

序号	图示	步骤及技术要点
1		用________拆下________与__________的紧固螺母，从接线柱________上断开连接线
2		用手按住________________，用__________从起动机驱动端壳总成上拆下____________上的两个螺母
3		从起动机总成上拿下________________

续表

序号	图示	步骤及技术要点
4	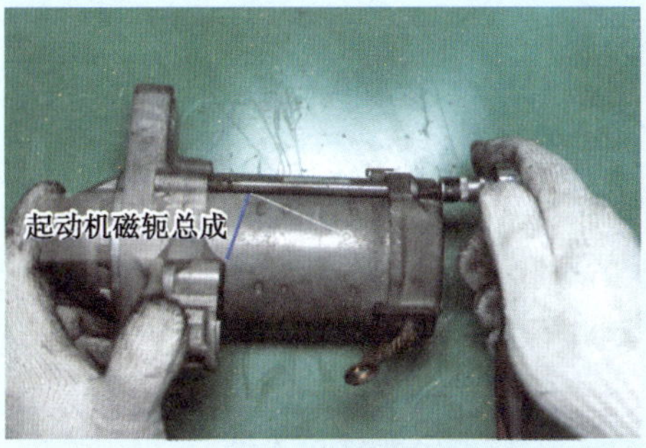	用________拆下起动机____________上的两个螺栓
5	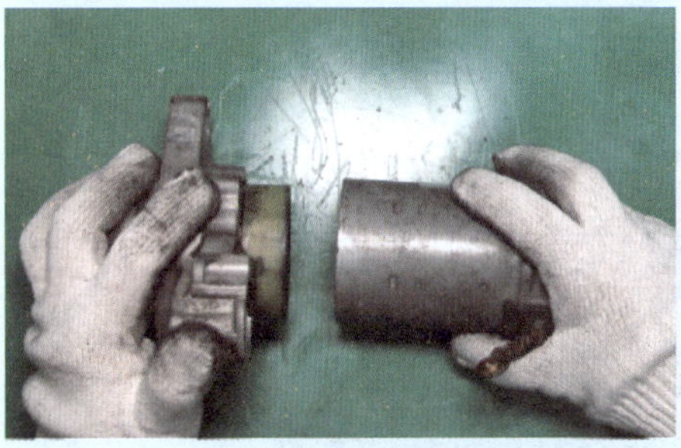	轻轻拉出起动机________和起动机________________
6	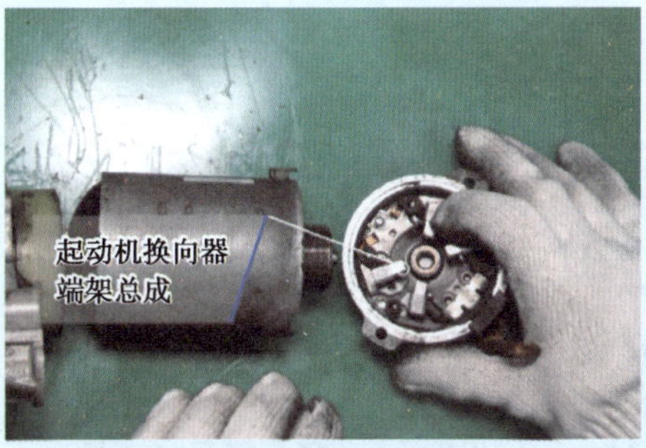	从起动机__________上轻轻拉出起动机换向器__________、起动机________
7		从起动机______________或起动机________上拆下________
8	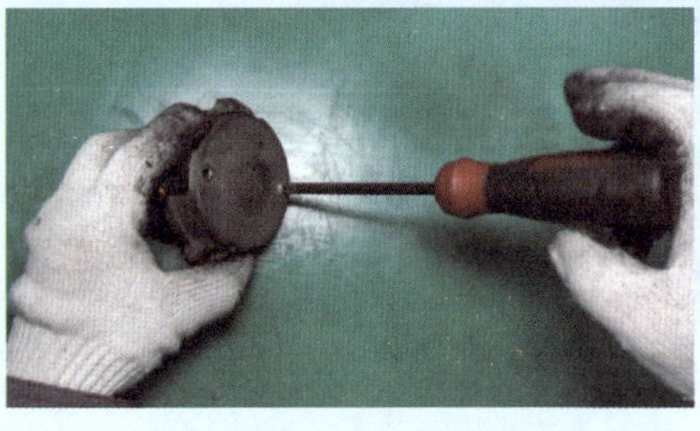	用________从起动机换向器端架总成上拆下两个螺钉，取下____________

续表

序号	图示	步骤及技术要点
8		
9	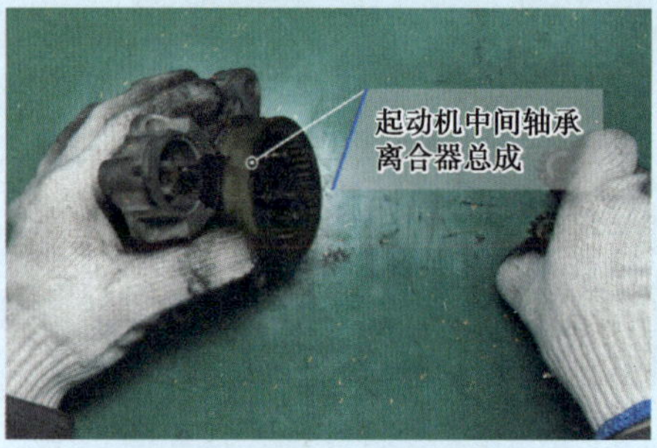	从起动机中间轴承离合器总成上拆下3个行星齿轮
10	 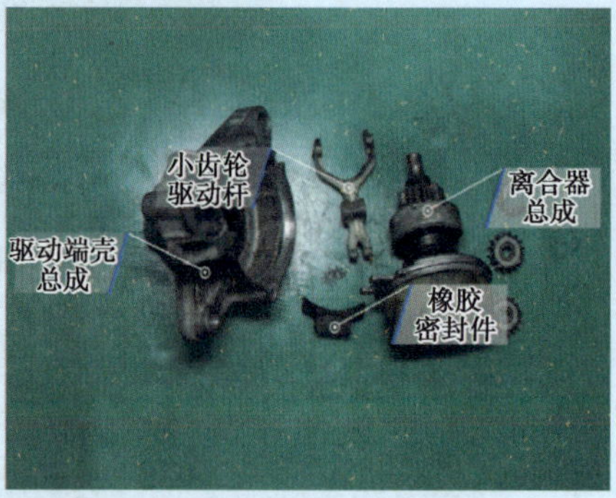	从起动机驱动端壳总成上拆下离合器总成、小齿轮驱动杆和橡胶密封件
11		整理工具，并按照“5S”要求恢复场地

任务评价

项目	作业内容	评价要点	配分	评价
准备工作	场地准备	工位应干净、整洁，地面无油污	2	
		起动机总成放置于拆装工作台上	2	
	设备防护	工具车要稳固，防止移动倾覆	2	
		拆装工作台要平稳，防止零件掉落	3	
	人员防护	工作服穿戴整齐	2	
		拆装操作时应佩戴棉纱手套	3	
	工具、量具检查	检查工具车中工具是否齐全、整洁	6	
操作	操作要点	能正确拆卸电磁开关各接线柱上的紧固螺母	5	
		能使用套筒扳手拆卸电磁开关上的两个螺母，取下电磁开关总成	5	
		能正确使用花键工具拆下起动机磁轭总成上的两个螺钉	5	
		能拉出起动机磁轭和起动机换向器端架总成	5	
		能拉出起动机换向器端架总成、起动机电枢总成	5	
		能从起动机驱动端壳总成或起动机磁轭总成上拆下电枢板	5	
		能用十字旋具从起动机换向器端架总成上拆下两个螺钉，取下电刷架总成	5	
		能从起动机中间轴承离合器总成上拆下 3 个行星齿轮	5	
		能从起动机驱动端壳总成上拆下离合器总成、小齿轮驱动杆和橡胶密封件	5	
	技术规范	能正确叙述拆卸起动机的流程	5	
		能保护换向器工作表面	5	
		能正确放置起动机电枢转子轴	5	
		能对齐起动机的装配标记	5	
职业素养	安全及合作	特殊操作应佩戴安全帽、防酸碱手套或绝缘手套、护目镜等防护用品	5	
		小组作业时应互相配合、合理分工，不可发生争执	5	
	“5S”管理	注意安全操作，不可随意放置工具、量具且不应有其他安全隐患	3	
		工作台、地上有油污时应及时擦掉，废弃物应环保处理	2	
总评分				

任务七 起动机解体检测

学习目标

1. 能准备起动机解体检测所需的工具、设备。
2. 能查阅维修手册，整理起动机解体检测的内容与方法。
3. 能根据维修手册，正确使用工具、量具检测起动机部件。
4. 能查阅维修手册，整理起动机部件检测的相关技术参数。

任务描述

为查明起动机故障部位，需要对起动机进行解体检测。现通过丰田卡罗拉 1.6 车型学习起动机解体检测的方法。

问题 1：起动机的常见故障有哪些？

____

____

问题 2：起动机解体检测的内容有哪些？

____

____

相关知识

励磁绕组的常见故障有接头脱焊、绕组匝间短路、绕组断路或绕组搭铁等。对于接头脱焊和

绕组断路故障，解体后可直接看到；对于绕组匝间短路，必须通电检测或在汽车电气试验台上用电枢诊断仪检测；对于绕组搭铁，可用数字万用表的高阻值挡测量绕组端子与外壳间的电阻值。

电枢绕组的常见故障有断路、匝间短路或搭铁等。可用数字万用表高阻值挡检测电枢绕组是否搭铁，电枢绕组短路的检测应在专用实验台上进行。

换向器故障多为表面烧蚀、脏污或整流子片突出等。

电枢转子轴的常见故障是弯曲变形。

电刷磨损后的长度应不小于电刷原长度的 2/3，一般不小于 10 mm，电刷在电刷架内活动自如，电刷与换向器的接触面积不小于 75%，并要求电刷在电刷架内无卡滞现象。

单向离合器的常见故障是打滑、驱动齿轮损坏等。

电磁开关的常见故障是接触盘及触点表面烧蚀、保持线圈和吸拉线圈断路等。

任务准备

1. 工具器材

操作前需要准备以下设备、工具及辅助材料等（以单工位为例）。

设备、工具及辅助材料

序号	名称	规格	数量
1	检验平板	/	1
2	工具车（含常用工具）	JTC	1
3	零件车	/	1
4	数字万用表	UNI-T UT58E	1
5	游标卡尺	0 ~200 mm	1
6	百分表及磁性表座	40 mm	1
7	V 形块	/	1
8	棉纱手套	/	5

2. 分工及操作

职务	代码	姓名	工作内容
组长	A		
组员	B		
	C		
	D		
	E		

任务实施

下面以丰田卡罗拉 1.6 车型为例，介绍起动机解体检测的方法。

序号	图示	步骤及技术要点
1	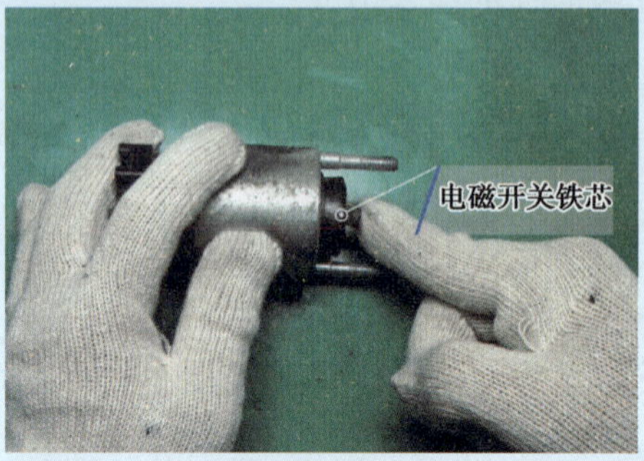	检查电磁开关铁芯。用手指________，________手指后，检查铁芯能否________
2	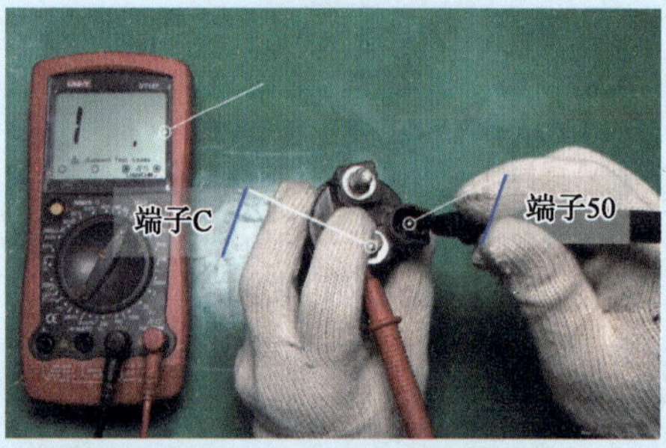	检查电磁开关吸引线圈是否断路。用________测量________和________间的电阻，电阻值应________Ω
3	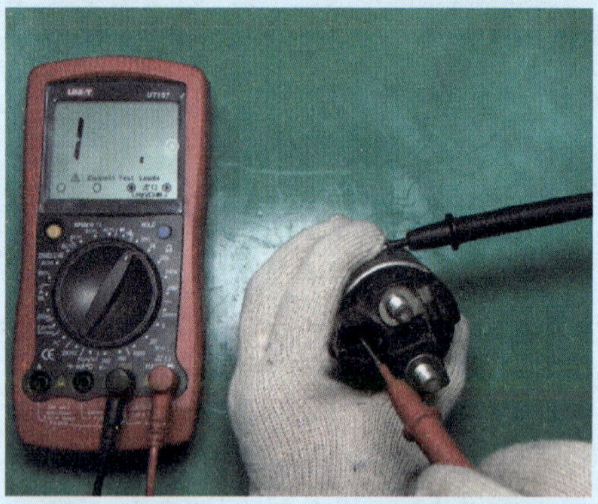	检查电磁开关保持线圈是否断路。用数字万用表测量________与________间的电阻，电阻值应________Ω
4		检查起动机电枢换向器是否断路。用数字万用表测量________间的电阻，电阻值应________Ω

续表

序号	图示	步骤及技术要点
5	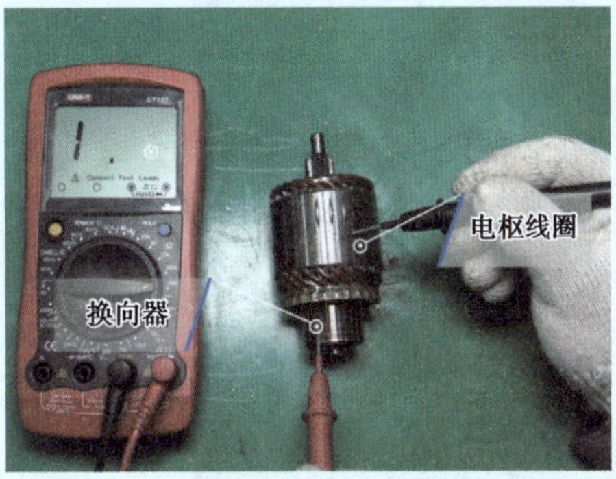 电枢线圈 换向器	检查起动机电枢换向器是否对搭铁短路。用数字万用表测量________和__________间的电阻，电阻值应__________kΩ
6		水平放置检验平板，并清洁其表面，检查起动机电枢换向器径向跳动。将________放在__________上，用________测量__________。标准径向跳动为____mm，最大径向跳动为____mm 注意：________________________________
7	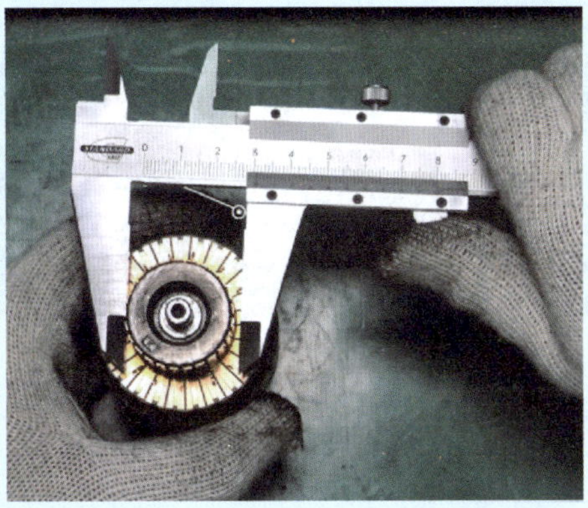	用游标卡尺测量起动机电枢换向器直径。标准直径为______mm，最小直径为____mm

续表

序号	图示	步骤及技术要点
8	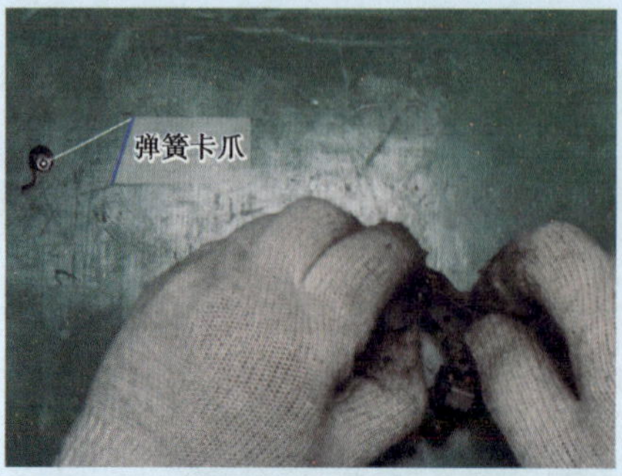	从起动机电刷架总成上拆下弹簧卡爪，拆下4个电刷
9	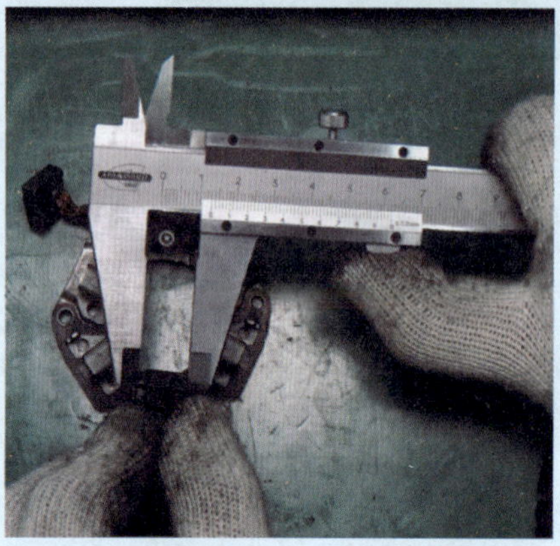	用游标卡尺测量电刷长度。标准长度为____mm，最小长度为____mm
10	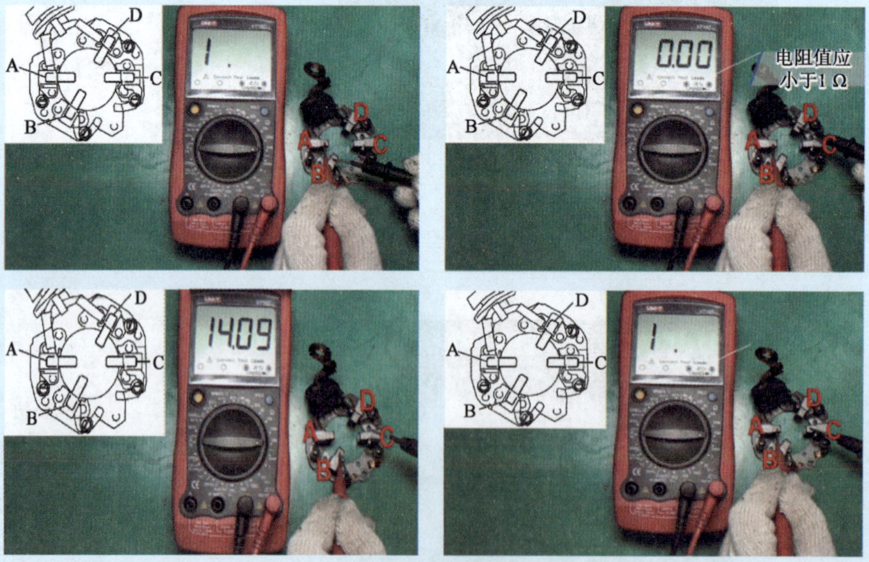	检查电刷架。用数字万用表测量电刷头部间电阻值。电刷______和______间、电刷______和______间、电刷______和______间、电刷______和______间的电阻值应____kΩ，电刷______和______间、电刷______和______间的电阻值应__________Ω 注意：____

续表

序号	图示	步骤及技术要点
11		检查行星齿轮、内齿轮的轮齿和起动机单向离合器是否磨损或损坏。磨损或损坏的齿轮或单向离合器总成需要________
12	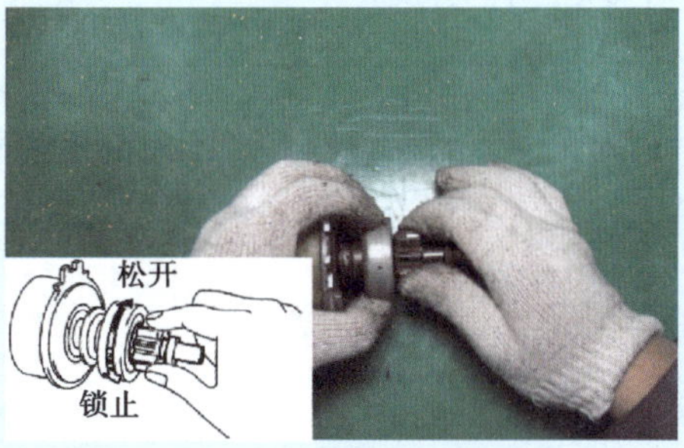 松开 锁止	检查起动机单向离合器。用手______时针转动离合器小齿轮，应能______________；______时针转动小齿轮，应能____________
13		整理工具，并按照“5S”要求恢复场地

任务评价

项目	作业内容	评价要点	配分	评价
准备工作	场地准备	工位应干净、整洁，地面无油污	2	
		起动机总成零部件要整齐放置于零件车内	2	
	设备防护	工具车要稳固，防止移动倾覆	2	
		工作台要平稳，防止零件掉落	3	
	人员防护	工作服穿戴整齐	2	
		拆装操作时应佩戴棉纱手套	3	
	工具、量具检查	检查工具车内工具是否齐全、整洁	3	
		检查数字万用表、百分表及磁性表座等是否能正常工作	3	
操作	操作要点	能正确使用数字万用表	5	
		能正确使用游标卡尺	5	
		能正确使用百分表及磁性表座	5	
		能正确使用数字万用表检测电磁开关总成	5	
		能正确使用数字万用表检测电枢换向器是否断路或短路	5	
		能正确使用百分表和磁性表座检测电枢换向器径向跳动	5	
		能正确使用游标卡尺测量电枢换向器直径	5	
		能从电刷架上拆下电刷	5	
		能正确使用游标卡尺测量电刷长度	5	
		能正确使用数字万用表测量电刷头部间的电阻值	5	
		能正确检查起动机单向离合器总成	5	
	技术规范	能查阅起动机各零部件标准技术参数	5	
		能根据测量参数判定起动机各零部件技术状况	5	
职业素养	安全及合作	特殊操作应佩戴安全帽、防酸碱手套或绝缘手套、护目镜等防护用品	5	
		小组作业时应互相配合、合理分工，不可发生争执	5	
	“5S”管理	注意安全操作，不可随意放置工具、量具且不应有其他安全隐患	3	
		工作台、地上有油污时应及时擦掉，废弃物应环保处理	2	
总评分				

任务八 起动机的装配

学习目标

1. 能准备装配起动机时所需的工具、设备。
2. 能查阅维修手册，整理起动机的装配方法。
3. 能根据维修手册，正确使用工具装配起动机。
4. 能查阅资料，掌握起动机装配的技术要求。

任务描述

完成拆解、检查、维修起动机后，需要将其按照规范装配起来，现应用丰田卡罗拉 1.6 车型学习起动机的装配方法。

问题 1：起动机总成组装的先后顺序是什么？

____

____

问题 2：起动机总成组装过程中需要注意哪些安装标记？

____

____

相关知识

起动机装配完成后可对其进行性能检测，以评价起动机的工作性能是否达到使用要求。

起动机性能检测的项目主要有空载性能检测和全制动性能检测。

1. 空载性能测试

空载性能检测的目的是通过检测起动机在空载条件下，其转速与输入电流是否符合规定要求，来判断起动机机械部分的装配质量和内部电路有无故障。

2. 全制动性能检测

全制动性能检测的目的是通过检测起动机在全制动条件下，其输出扭矩与输入电流是否符合规定要求，以进一步检查起动机内部电路是否有故障；同时还可以检验单向离合器是否打滑。

任务准备

1. 工具器材

操作前需要准备以下设备、工具及辅助材料等（以单工位为例）。

设备、工具及辅助材料

序号	名称	规格	数量
1	拆装工作台	/	1
2	工具车（含常用工具）	JTC	1
3	可调式扭力扳手	5～25 N·m	1
4	零件车	/	1
5	软毛刷	/	1
6	润滑脂	丰田卡罗拉专用	1
7	棉纱手套	/	5
8	抹布	/	1

2. 分工及操作

职务	代码	姓名	工作内容
组长	A		
组员	B		
	C		
	D		
	E		

任务实施

下面以丰田卡罗拉1.6车型为例，介绍起动机的装配方法。

序号	图示	步骤及技术要点
1		用抹布和软毛刷依次清洁起动机____ ____、____、 ____、____ ____、____、____、 ____、____、 ____、____ 等零部件
2		将____涂抹到____ __与____相接触的部位上
3	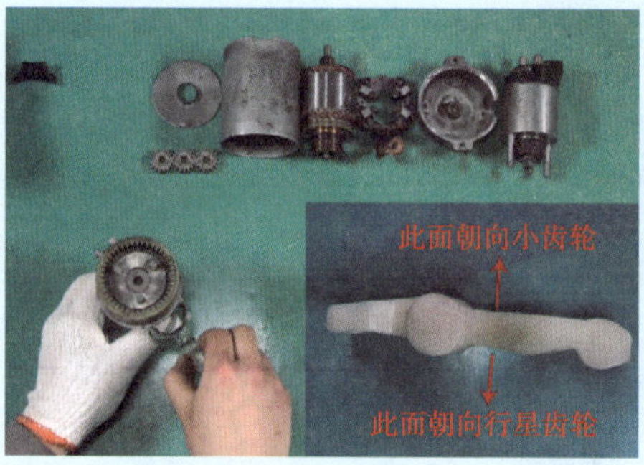	将起动机小齿轮驱动杆____套在起动机____上 注意：____
4		将起动机____和起动机____一起安装到起动机____上

续表

序号	图示	步骤及技术要点
5	 润滑脂	在__________与____________接触部位涂抹__________，将行星齿轮安装到起动机单向离合器总成上
6		用____________抵住_________，将电刷架安装到电枢总成上
7		安装起动机换向器端盖总成，将电刷架固定到起动机换向器端架总成上，用两个螺钉安装换向器端架，扭矩为________N · m
8		将橡胶件对准起动机磁轭总成的_______，配合起动机磁轭总成的磁力迅速将起动机电枢和电刷架安装到起动机磁轭总成上 注意：____

续表

序号	图示	步骤及技术要点
9	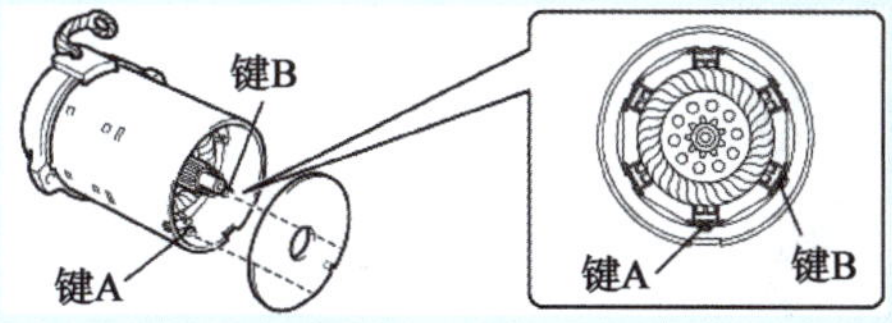 键B 键A 键A 键B	将起动机电枢板安装到起动机磁轭总成上 注意：________________
10	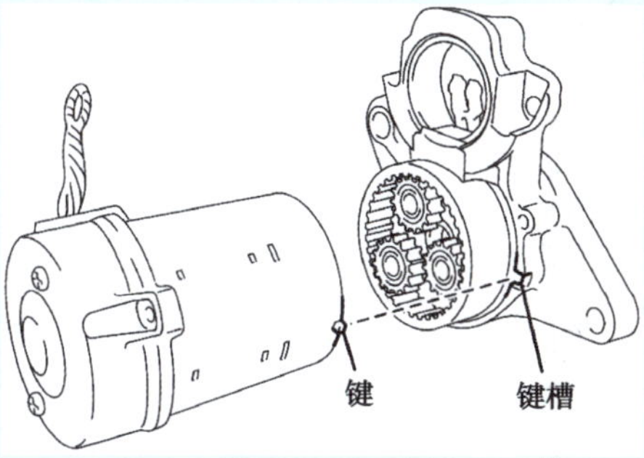 键 键槽	将起动机________和位于起动机驱动端壳总成的________对准
11	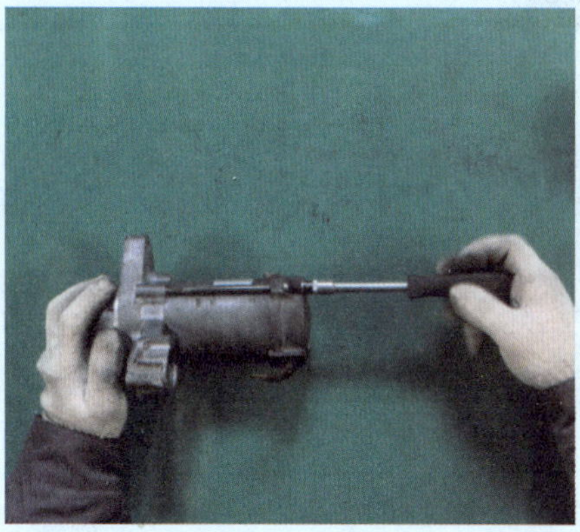	用两个长螺栓安装起动机磁轭总成，扭矩为______N·m，用可调式扭力扳手校验力矩
12	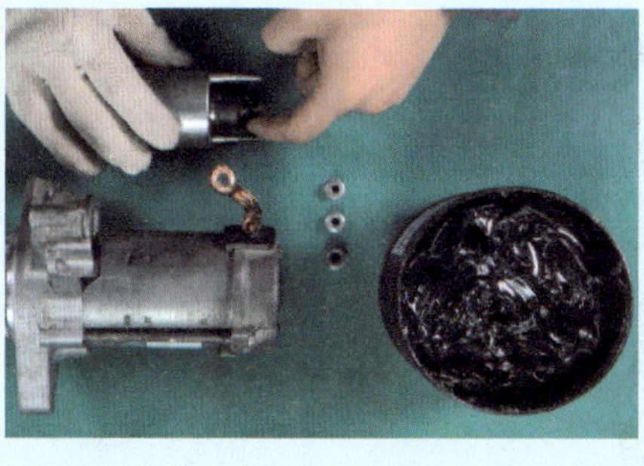	在电磁开关____________上涂抹润滑脂

续表

序号	图示	步骤及技术要点
13	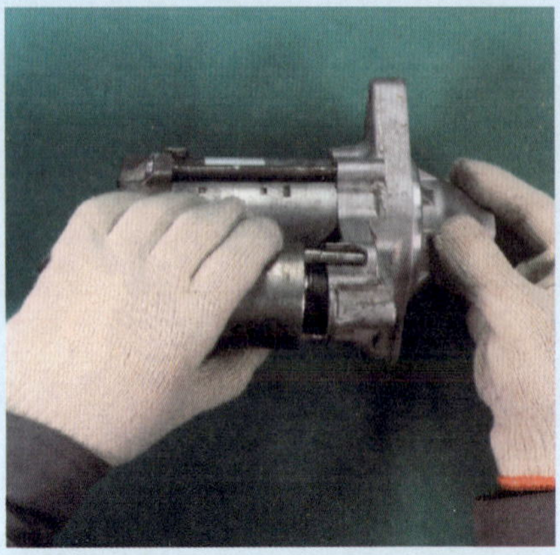	将电磁开关总成的________从驱动杆________接合到驱动杆上
14	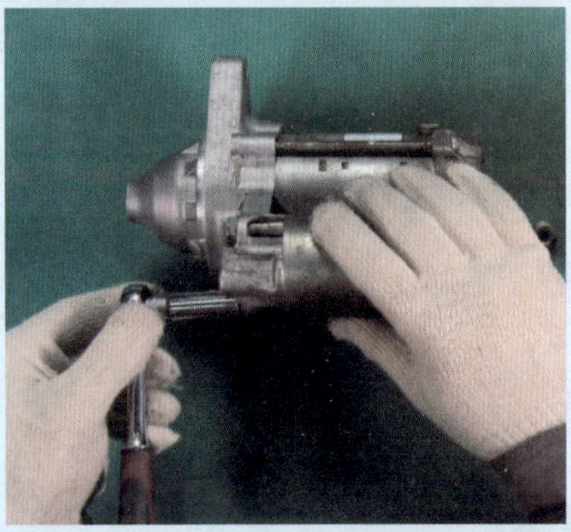	用两个螺母安装电磁开关总成，扭矩为______N·m，用可调式扭力扳手校验力矩
15	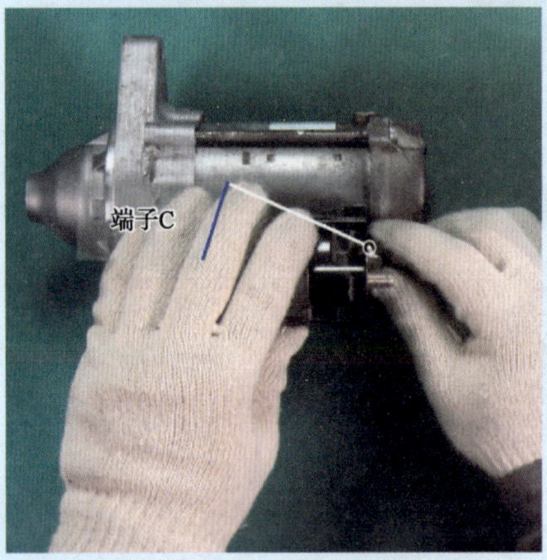 端子C	将连接线连接至电磁开关总成__________上，用螺母紧固，扭矩为______N·m
16		整理工具，并按照“5S”要求恢复场地

任务评价

项目	作业内容	评价要点	配分	评价
准备工作	场地准备	工位应干净、整洁，地面无油污	2	
		起动机零部件整齐放置于拆装工作台上	2	
	设备防护	工具车要稳固，防止移动倾覆	2	
		拆装工作台要平稳，防止零件掉落	3	
	人员防护	工作服穿戴整齐	2	
		拆装操作时应佩戴棉纱手套	3	
	工具、量具检查	检查工具车工具是否齐全、整洁	3	
		检查预置式扭力扳手是否能正常工作	3	
操作	操作要点	能清洁、润滑起动机相关零部件	5	
		能将起动机小齿轮驱动杆大端套在起动机单向离合器总成上	5	
		能将起动机单向离合器和起动机小齿轮驱动杆一起安装到起动机驱动端壳总成上	5	
		能将行星齿轮安装到起动机单向离合器总成上	5	
		能将电刷架安装到电枢总成上	5	
		能将起动机磁轭键和位于起动机驱动端壳总成的键槽对准	5	
		能正确安装起动机磁轭总成	5	
		能将电磁开关总成的铁芯从驱动杆上侧接合到驱动杆上	5	
		能正确安装电磁开关总成	5	
		能将连接线连接至电磁开关总成端子 C 上	5	
	技术规范	能掌握小齿轮驱动杆的安装方向要求	5	
		能对准磁轭总成的安装标记	5	
		能掌握各紧固件的紧固力矩要求	5	
职业素养	安全及合作	特殊操作应佩戴安全帽、防酸碱手套或绝缘手套、护目镜等防护用品	5	
		小组作业时应互相配合、合理分工，不可发生争执	5	
	“5S”管理	注意安全操作，不可随意放置工具、量具且不应有其他安全隐患	3	
		工作台、地上有油污时应及时擦掉，废弃物应环保处理	2	
总评分				

任务九 起动机的不解体检测

学习目标

1. 能准备起动机不解体检测所需的工具、设备。
2. 能查阅维修手册，整理起动机不解体检测的方法。
3. 能根据维修手册，正确使用工具对起动机进行不解体检测。
4. 能查阅资料，叙述起动机不解体检测的技术标准。

任务描述

起动机不解体检测可以大致判断起动机的性能或故障部位。现应用丰田卡罗拉 1.6 车型学习起动机的不解体检测方法。

问题 1：起动机不解体检测的测试项目有哪些？

____

____

问题 2：起动机常见的故障有哪些？

____

____

相关知识

起动系统的常见故障主要有起动机不工作（不转）、起动机运转无力、起动机驱动齿轮可与飞轮齿圈啮合但起动机不转、起动机空转、启动后起动机不停转等。

任务准备

1. 工具器材

操作前需要准备以下设备、工具及辅助材料等（以单工位为例）。

设备、工具及辅助材料

序号	名称	规格	数量
1	拆装工作台	/	1
2	工具车（含常用工具）	JTC	1
3	台虎钳	/	1
4	蓄电池搭火线	/	2
5	钳形电流表	VICTOR 6018	1
6	连接导线	带插脚	1
7	蓄电池	12 V	1
8	绝缘手套/棉纱手套	/	若干

2. 分工及操作

职务	代码	姓名	工作内容
组长	A		
组员	B		
	C		
	D		
	E		

任务实施

下面以丰田卡罗拉1.6车型为例，介绍起动机不解体检测的方法。

序号	图示	步骤及技术要点
1		从起动机______ ______上断开______ ______连接线

续表

序号	图示	步骤及技术要点
2	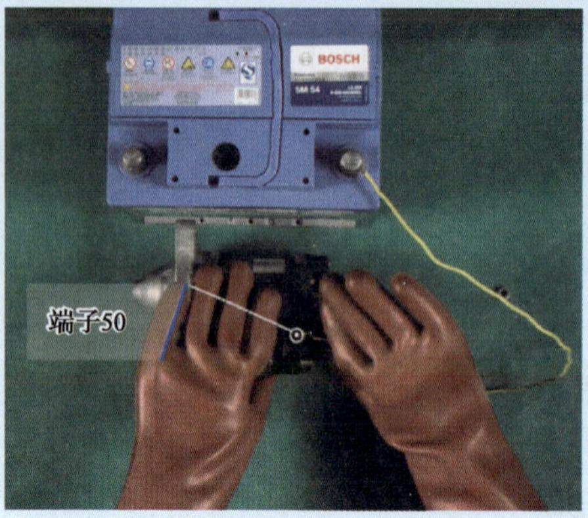	连接蓄电池_______与_________上的_________
3	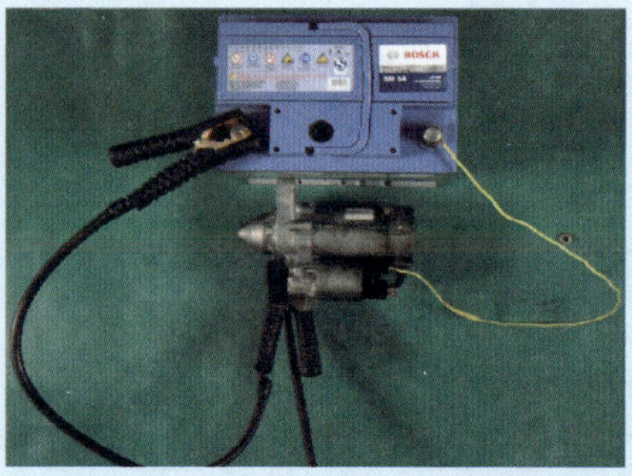 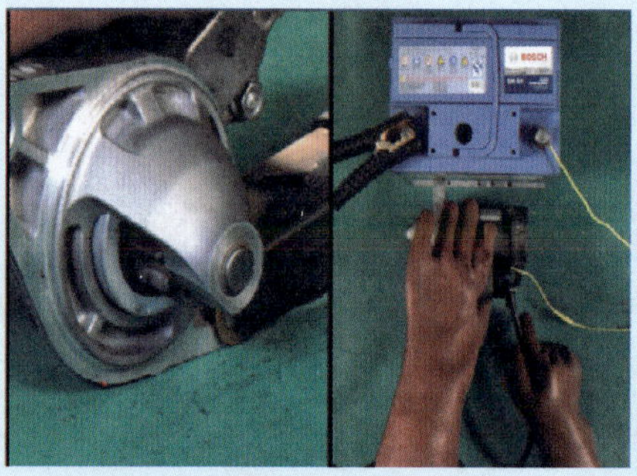	依次连接起动机__________、起动机_______与蓄电池________。此时，起动机驱动齿轮应_______ 注意：（1）蓄电池给吸引线圈通电的时间应保持在_________s，通电时间过长会___________ （2）由于启动电流较大，为防止触电，在起动机通电检测时需佩戴__________
4	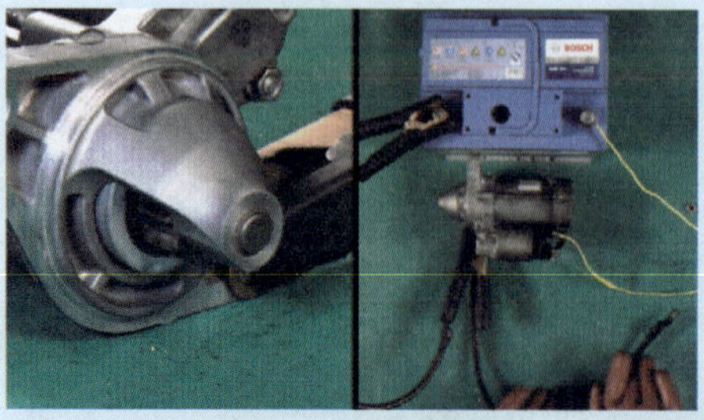	在吸引线圈性能测试基础上，将蓄电池_________从起动机_________断开，驱动齿轮应_________________

续表

序号	图示	步骤及技术要点
5	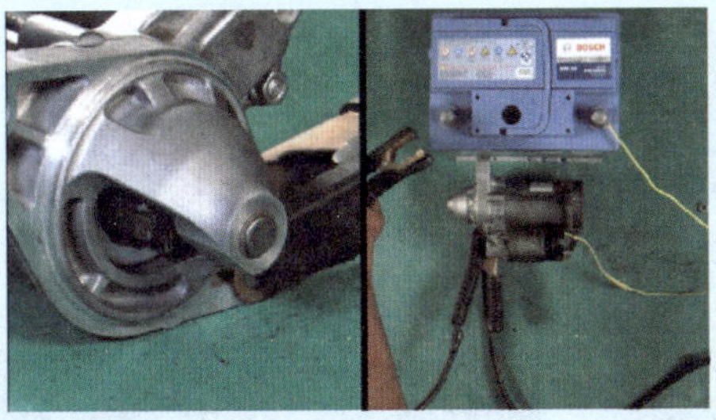	拆下蓄电池____________，驱动齿轮应________，向内移动
6		将起动机固定在台虎钳上
7	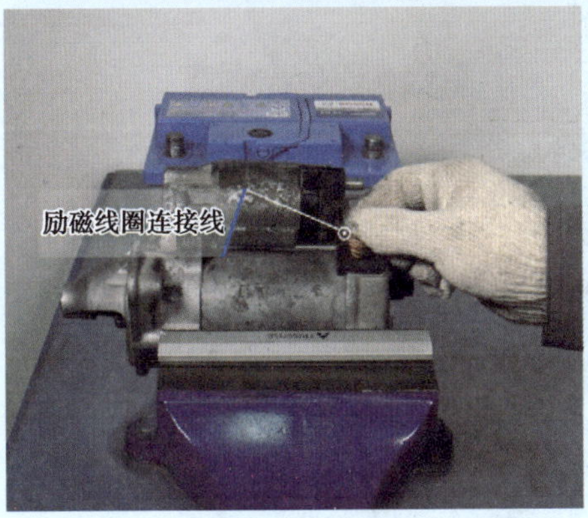	将励磁线圈连接线连接至起动机________________，用螺母紧固，扭矩为 10 N · m
8	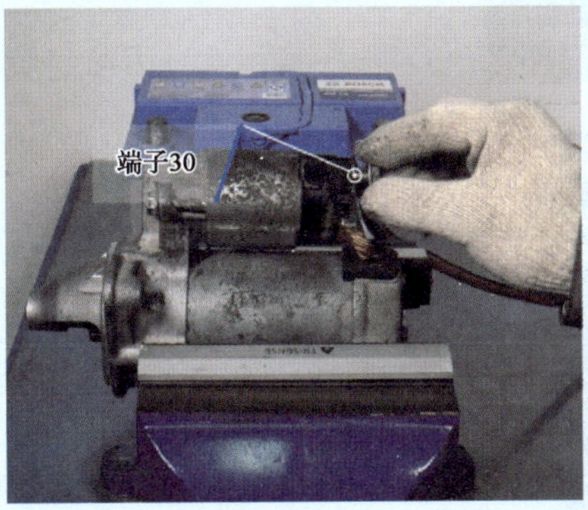 	将起动机_________连接至蓄电池________，起动机________连接至蓄电池________，起动机__________和蓄电池________连接，此时，起动机应________________，驱动齿轮应________

续表

序号	图示	步骤及技术要点
8	 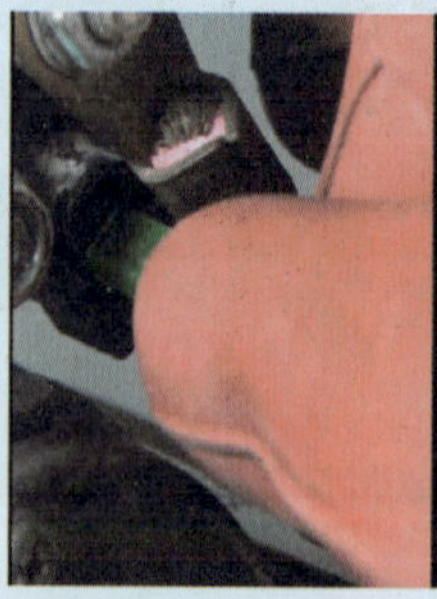  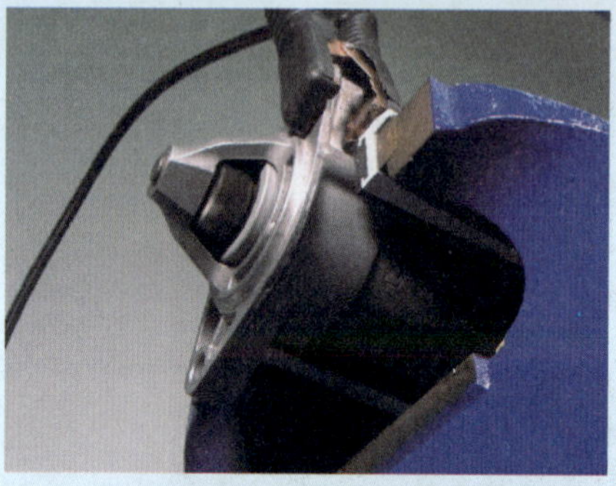 起动机壳体	
9		用钳形电流表读取蓄电池________电缆电流，应________A
10	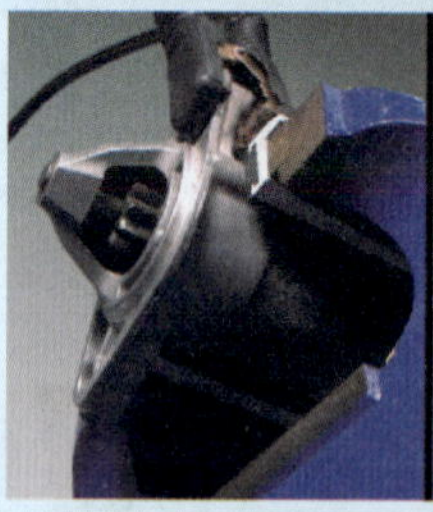 	断开蓄电池________电缆，起动机应立即________，驱动齿轮________
11		整理工具，并按照“5S”要求恢复场地

任务评价

项目	作业内容	评价要点	配分	评价
准备工作	场地准备	工位应干净、整洁，地面无油污	2	
		台虎钳应稳固放置于拆装工作台上	2	
	设备防护	工具车要稳固，防止移动倾覆	2	
		拆装工作台要平稳，防止零件掉落	3	
	人员防护	工作服穿戴整齐	2	
		拆装操作时应佩戴棉纱手套	3	
	工具、量具检查	检查工具车内工具是否齐全、整洁	3	
		检查蓄电池、钳形电流表等是否能正常工作	3	
操作	操作要点	能从起动机端子 C 上断开励磁线圈连接线	5	
		能连接蓄电池正极与电磁开关上的端子 50	5	
		能依次连接起动机端子 C、起动机壳体与蓄电池负极	5	
		能将起动机固定在台虎钳上	5	
		能将励磁线圈连接线连接至起动机端子 C 上，并用螺母紧固	5	
		能将起动机端子 30 连接至蓄电池正极，起动机壳体连接至蓄电池负极，起动机端子 50 连接至蓄电池正极	10	
		能用钳形电流表读取蓄电池正极电缆电流	10	
		能断开蓄电池负极电缆	5	
	技术规范	能掌握吸引线圈正常测试通电时间	5	
		能掌握起动机空载启动正常电流值	5	
		能根据测试结果判定起动机技术状况	5	
职业素养	安全及合作	特殊操作应佩戴安全帽、防酸碱手套或绝缘手套、护目镜等防护用品	5	
		小组作业时应互相配合、合理分工，不可发生争执	5	
	“5S”管理	注意安全操作，不可随意放置工具、量具且不应有其他安全隐患	3	
		工作台、地上有油污时应及时擦掉，废弃物应环保处理	2	
总评分				

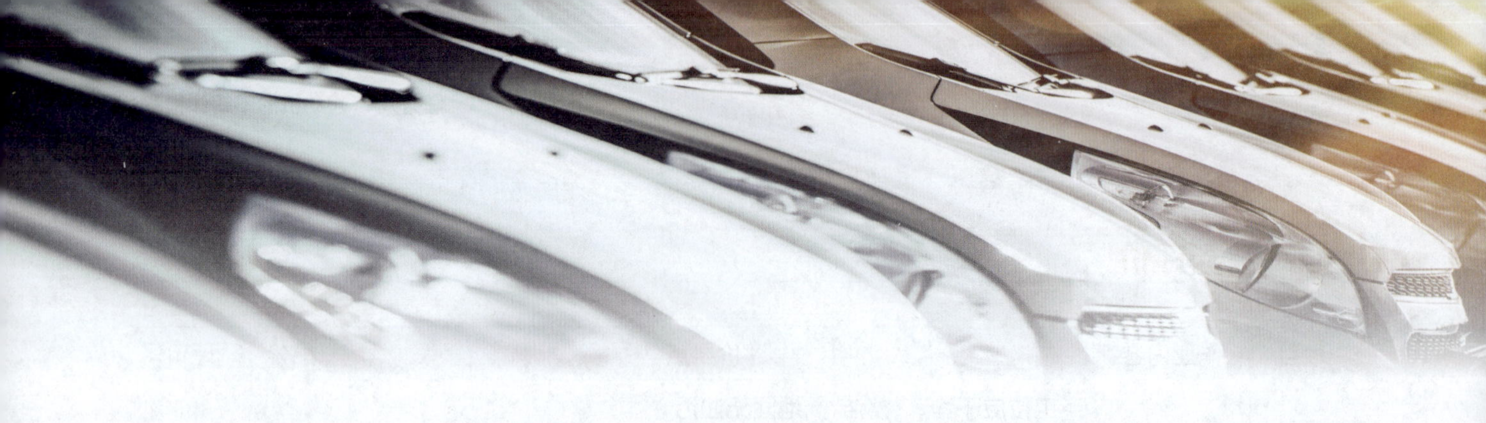

任务十 起动机总成的安装

学习目标

1. 能准备起动机总成安装所需的工具、设备。
2. 能查阅维修资料，整理起动机总成的安装方法。
3. 能通过维修手册，正确使用工具安装起动机总成。
4. 能查阅维修资料，叙述起动机总成安装的技术标准。

任务描述

为防止起动机在工作时出现不能转动或转动缓慢等故障，安装时应按照维修手册规范操作。现应用丰田卡罗拉1.6车型学习起动机总成的安装方法。

问题1：起动机如何延长其使用期限？

____

____

问题2：起动机总成安装完成后，如何进行测试？

____

____

相关知识

起动机每次启动时间不超过5 s，再次启动时应间隔2 min，使蓄电池性能得以恢复。如果连续三次不能正常启动，应在检查与排除故障的基础上停歇 15 min 以后进行。在冬季或低温情况下启动时，应采取相应的措施，例如对蓄电池保温，以确保蓄电池有充足的启动容量。

发动机启动后，必须立即切断起动机控制电路，使起动机停止工作。此外，起动机外部应保持清洁，各连接导线，特别是与蓄电池相连接的导线，应连接牢固、可靠。

任务准备

1. 工具器材

操作前需要准备以下设备、工具及辅助材料等（以单工位为例）。

设备、工具及辅助材料

序号	名称	规格	数量
1	实训车	丰田卡罗拉 1.6	1
2	举升机	双柱式	1
3	工具车（含常用工具）	JTC	1
4	可调式扭力扳手	5～25 N · m	1
5	可调式扭力扳手	10～100 N · m	1
6	零件车	/	1
7	翼子板及前格栅布	/	1
8	车内四件套	/	1
9	棉纱手套	/	5

2. 分工及操作

职务	代码	姓名	工作内容
组长	A		
组员	B		
	C		
	D		
	E		

任务实施

下面以丰田卡罗拉 1.6 车型为例，介绍起动机总成的安装方法。

序号	图示	步骤及技术要点
1		用举升机将车辆举升至合适高度并锁止，将起动机放入安装孔，对齐______
2	 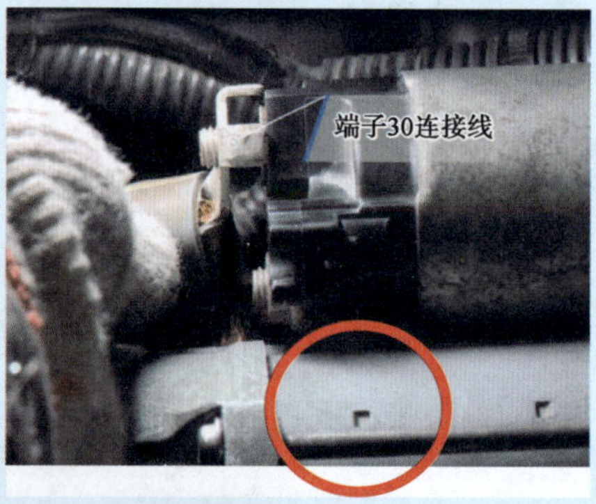  端子30连接线	将两个固定螺栓（红色圆圈所示）旋入螺栓孔并拧紧，扭矩为______N·m，用可调式扭力扳手校验扭矩
3		将起动机__________连接线套在接线柱上，用可调式扭力扳手将螺母拧紧，扭矩为______N·m

续表

序号	图示	步骤及技术要点
4		合上端子盖
5	 端子50	将起动机连接器插入起动机____________（红色圆圈所示）上
6	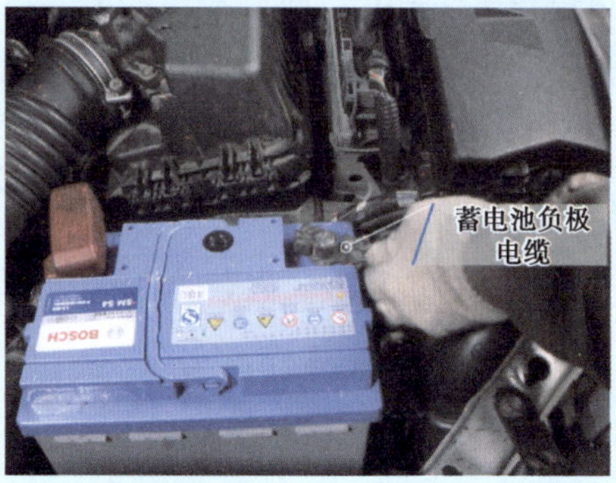 蓄电池负极电缆	将蓄电池负极电缆连接到蓄电池负极端子上，确保连接牢固
7		启动发动机测试，启动过程中，起动机应__________、启动__________

续表

序号	图示	步骤及技术要点
8		整理工具，并按照“5S”要求恢复场地

任务评价

项目	作业内容	评价要点	配分	评价
准备工作	场地准备	工位应干净、整洁，地面无油污	2	
		车辆停靠在举升机合适位置	2	
	车辆防护	铺设翼子板及前格栅布	2	
		铺设车内四件套	3	
	人员防护	工作服穿戴整齐	2	
		拆装操作时应佩戴棉纱手套	3	
	工具、量具检查	检查蓄电池电压是否能正常工作	3	
		检查工具车中工具是否齐全、整洁	3	
操作	操作要点	能将起动机放入安装孔并对齐螺栓孔	10	
		能将两个固定螺栓旋入螺栓孔并拧紧	10	
		能将起动机端子30连接线套在接线柱上，并用螺母拧紧	10	
		能将起动机连接器插入起动机端子50上	10	
		能将蓄电池负极电缆连接到蓄电池负极端子上	5	
		能启动发动机测试起动机能否正常工作	10	
	技术规范	能正确叙述固定螺栓的紧固力矩	5	
		能正确叙述端子30接线柱螺母的紧固力矩	5	
职业素养	安全及合作	特殊操作应佩戴安全帽、防酸碱手套或绝缘手套、护目镜等防护用品	5	
		小组作业时应互相配合、合理分工，不可发生争执	5	
	“5S”管理	注意安全操作，不可随意放置工具、量具且不应有其他安全隐患	3	
		工作台、地上有油污时应及时擦掉，废弃物应环保处理	2	
总评分				

任务十一

组合开关总成的拆卸

学习目标

1. 能准备组合开关总成拆卸所需的工具、设备。
2. 能查阅维修手册，整理组合开关总成的拆卸方法。
3. 能根据维修手册，正确使用工具拆卸组合开关总成。
4. 能查阅维修资料，叙述组合开关总成拆卸的技术标准。

任务描述

一车辆灯光开关无法正常工作，经过维修技师排查诊断，初步判断是组合开关内部故障，如需进一步确定故障点，需将组合开关拆卸后检测。

问题1：组合开关具有哪些功能？

____

____

问题2：如何正确操作不同车型的组合开关？

____

____

相关知识

车辆组合开关主要包括灯光开关、变光开关、刮水器及喷洗器控制开关。

灯光开关的形式有拉钮式、旋转式和组合式等多种，现代汽车上使用较多的是将前照灯、尾灯、转向灯及变光开关等制成一体的组合式开关。变光开关可以根据需要切换远光和近光，现在主要采用组合式变光开关。

刮水器及喷洗器控制开关有6个挡位，分别为除雾挡（MIST）、停止复位挡（OFF）、低速挡（LO）、高速挡（HI）、间歇刮水挡（INT）和喷洗器挡。此外，间歇继电器集成在控制开关中。

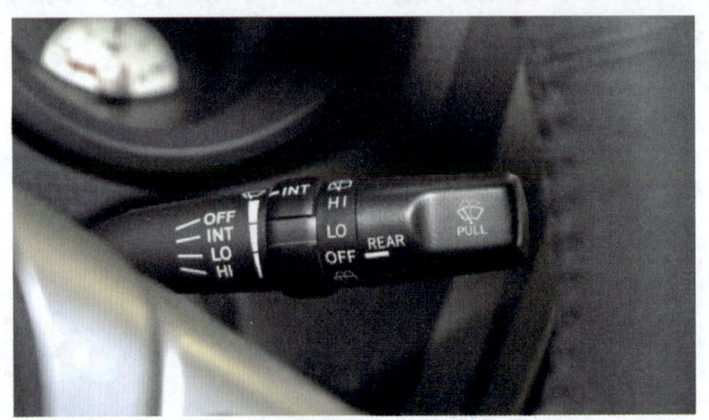

 任务准备

1. 工具器材

操作前需要准备以下设备、工具及辅助材料等（以单工位为例）。

设备、 工具及辅助材料

序号	名称	规格	数量
1	实训车	丰田卡罗拉 1. 6	1
2	工具车 （含常用工具）	JTC	1
3	转向盘拆装专用工具	SATA 09711	1
4	内饰板拆装专用工具	SATA	1
5	零件车	/	1
6	翼子板及前格栅布	/	1
7	车内四件套	/	1
8	绝缘胶带	/	1
9	棉纱手套	/	5
10	记号笔	/	1
11	润滑脂	/	1

2. 分工及操作

职务	代码	姓名	工作内容
组长	A		
组员	B		
	C		
	D		
	E		

任务实施

下面以丰田卡罗拉 1.6 车型为例，介绍组合开关总成的拆卸方法。

序号	图示	步骤及技术要点
1		使车轮朝向正前方
2		关闭点火开关，断开蓄电池____________，等待至少______s，以____________ 注意：安全气囊配有________，如果在蓄电池________断开____s内开始操作，可能使安全气囊__________
3		用内饰板拆装专用工具拆下转向盘 3 号下盖和 2 号下盖

续表

序号	图示	步骤及技术要点
4	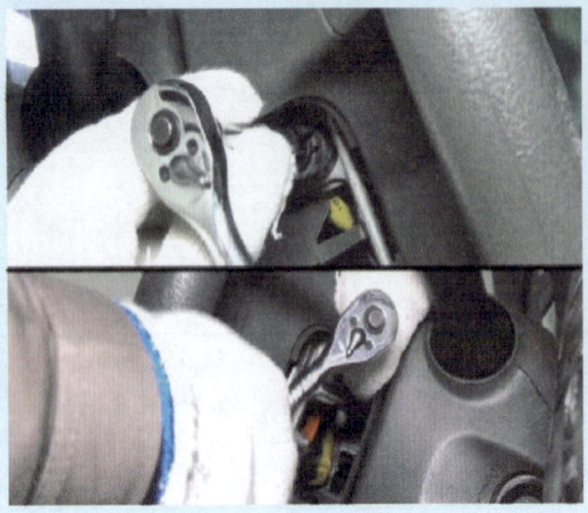 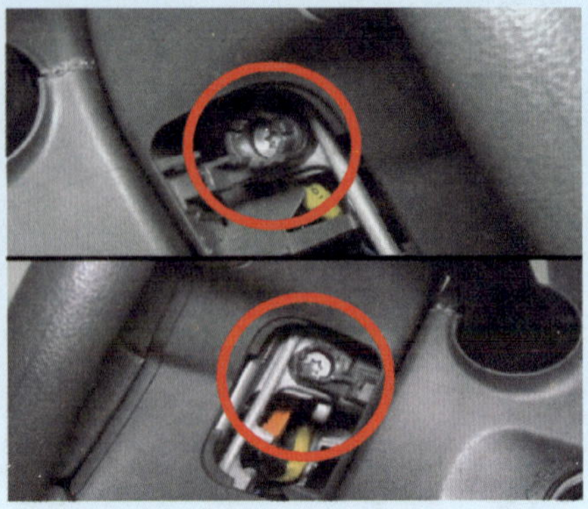	拧松转向盘 3 号下盖和 2 号下盖下的螺栓（红色圆圈所示） 注意：________________
5	  转向盘装饰盖	从转向盘总成中拉出转向盘装饰盖，用一只手支撑转向盘装饰盖 注意：拆转向盘装饰盖时，不要________________。存放时，不要________________
6	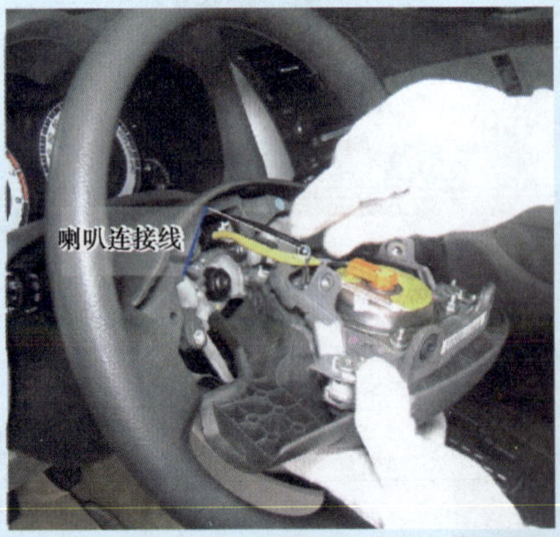  喇叭连接线 气囊连接器	将喇叭连接器从转向盘装饰盖上断开。用头部缠有绝缘胶带的一字旋具松开气囊连接器。断开气囊连接器，拆下转向盘装饰盖 注意：断开气囊连接器时，不要________，防止________________

续表

序号	图示	步骤及技术要点
7		用手固定__________，用__________拆下转向盘总成固定螺母
8		用记号笔在______________和______________上做______________
9		断开螺旋电缆上的喇叭连接器
10	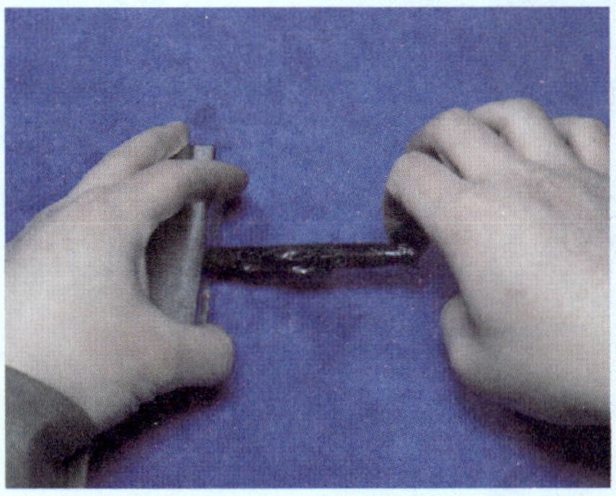 	在转向盘拆装专用工具的________和__________处涂抹少量________，用其拆下转向盘总成

续表

序号	图示	步骤及技术要点
11	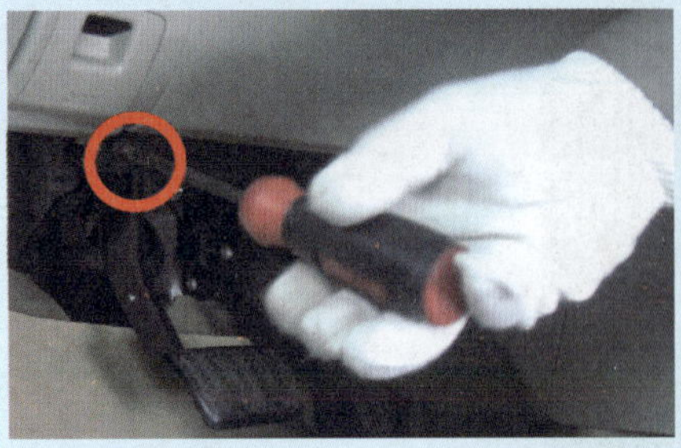 	拆下仪表板1号底罩分总成上的两个螺钉（红色圆圈所示），分离卡爪和导销，拆下仪表板1号底罩分总成
12	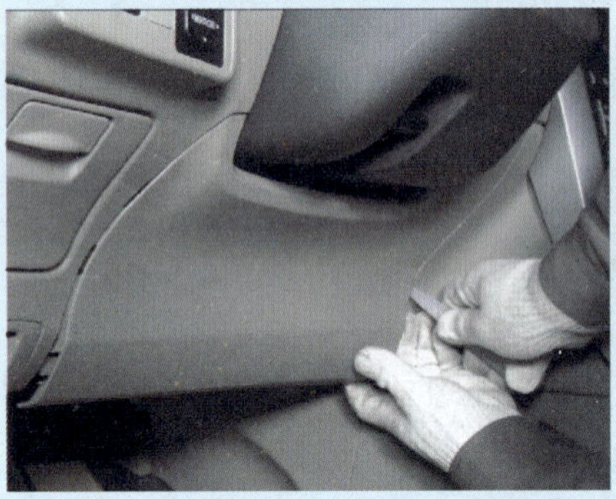 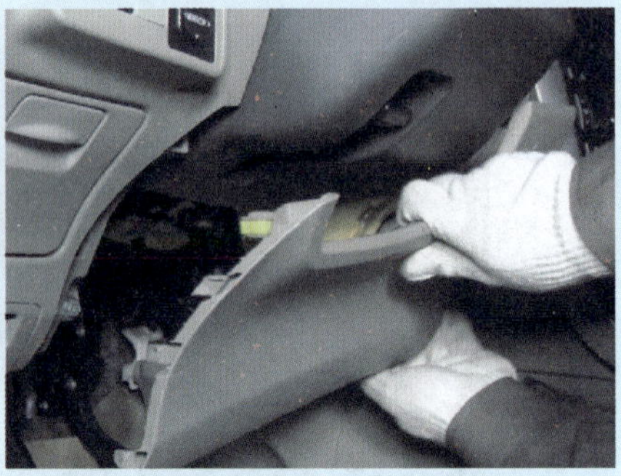	分离仪表板下装饰板分总成上的卡爪、导销和卡子，拆下仪表板下装饰板分总成
13	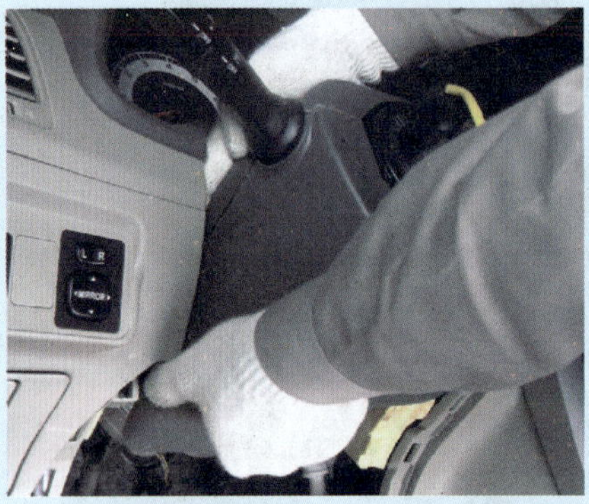	拉动转向柱下罩的左右两侧，分离卡爪 注意：根据__________选用_____________________，或用手将其__________。________________错误会损坏零件
14	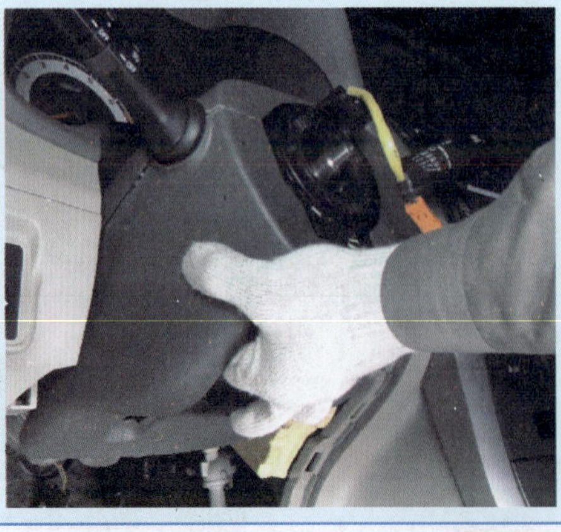	将手指插入转向柱下罩倾斜度调节杆的开口处以分离卡爪

续表

序号	图示	步骤及技术要点
15	 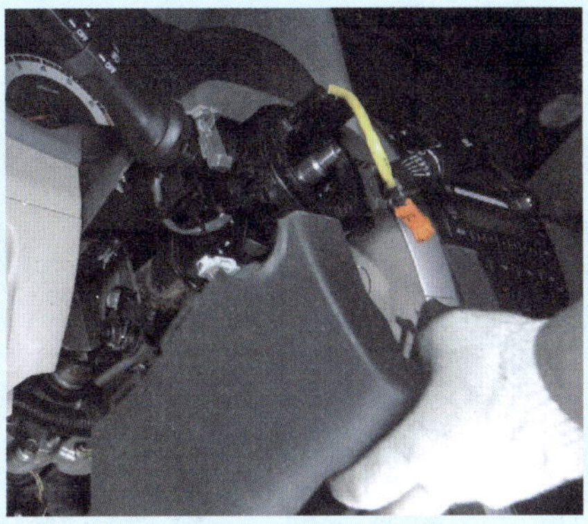	将头部缠有绝缘胶带的＿＿＿＿从转向柱下罩检修孔中插入，分离两个卡爪并拆下转向柱下罩
16	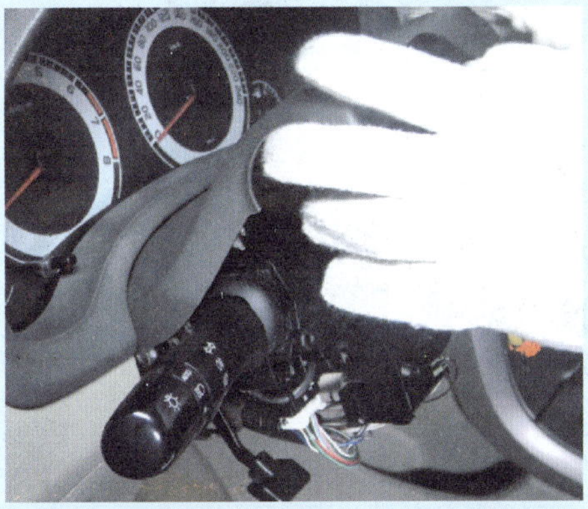	分离转向柱上罩的卡爪和销，拆下转向柱上罩
17	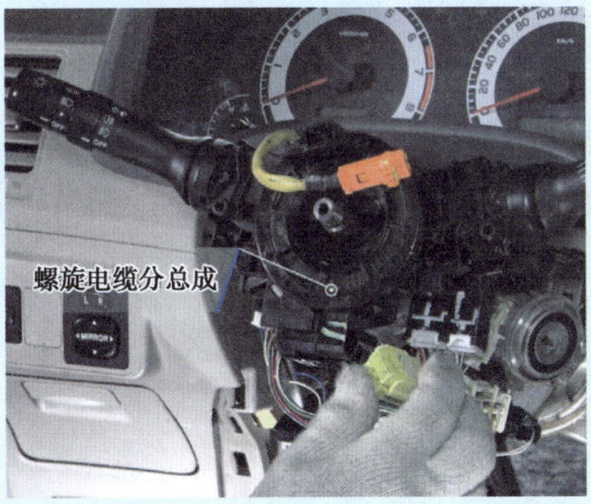 螺旋电缆分总成	将螺旋电缆分总成连接器从信号开关总成上断开
18	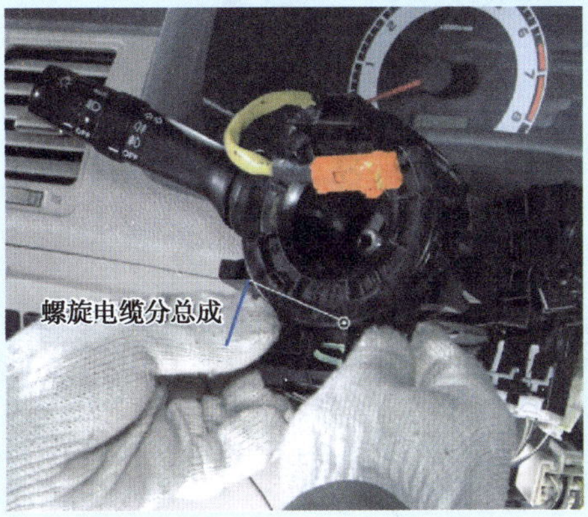 螺旋电缆分总成	从转向柱总成上拆下螺旋电缆分总成

续表

序号	图示	步骤及技术要点
19	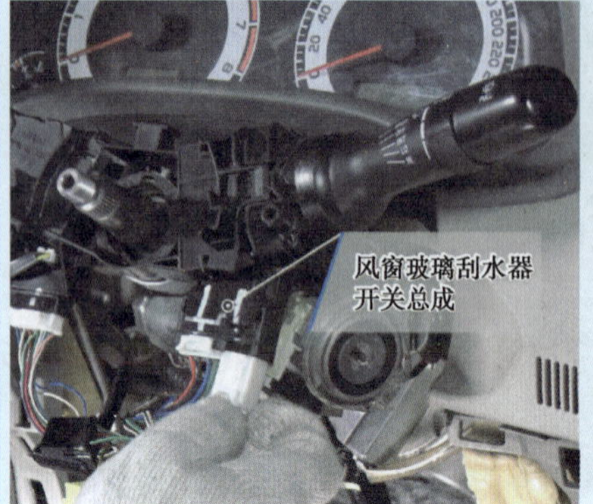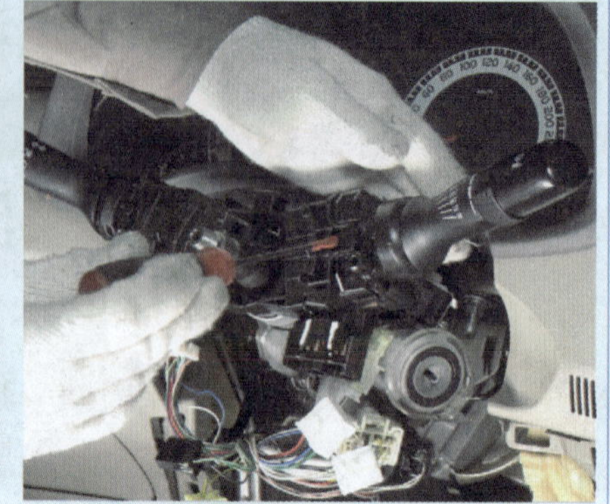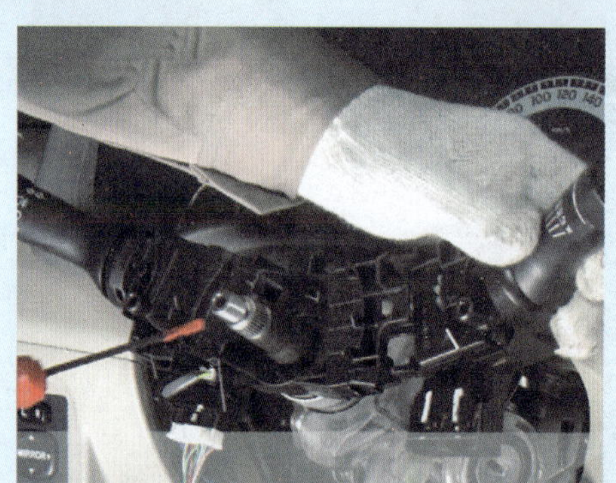	断开风窗玻璃刮水器开关总成上的两个连接器，分离卡爪，拆下风窗玻璃刮水器开关总成 注意：________________________
20	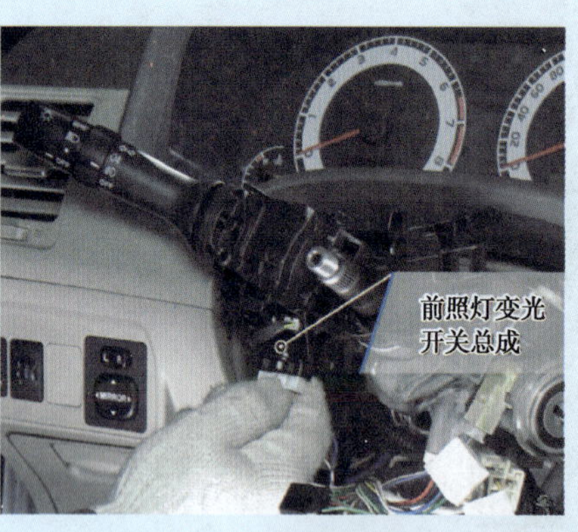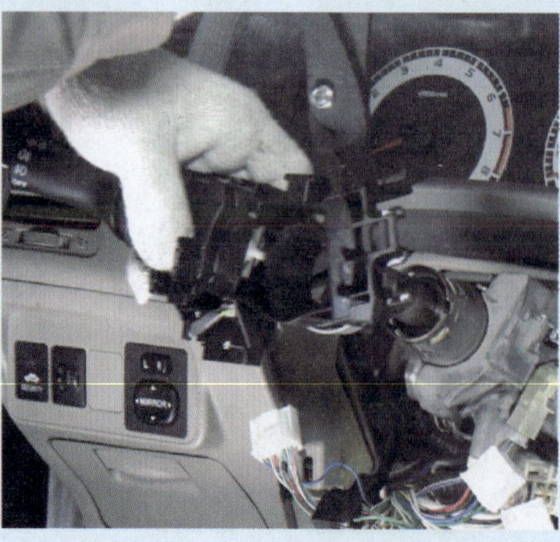	断开前照灯变光开关总成上的连接器，分离卡夹和卡爪，拆下前照灯变光开关总成

续表

序号	图示	步骤及技术要点
21		整理工具，并按照“5S”要求恢复场地

任务评价

项目	作业内容	评价要点	配分	评价
准备工作	场地准备	工位应干净、整洁，地面无油污	2	
		车辆停靠在合适位置	2	
	车辆防护	铺设翼子板及前格栅布	2	
		铺设车内四件套	3	
	人员防护	工作服穿戴整齐	2	
		拆装操作时应佩戴棉纱手套	3	
	工具、量具检查	检查转向盘拆装专用工具等是否能正常工作	3	
		检查拆装工具套装是否齐全、整洁	3	
操作	操作要点	能摆正车辆，使车轮朝向正前方	5	
		能将车辆蓄电池断开，放电至规定时间	5	
		能用转向盘拆装专用工具拆下转向盘下盖、装饰盖	5	
		能将气囊、喇叭连接器从转向盘装饰盖上断开	5	
		能用套筒扳手拆下转向盘总成固定螺母	5	
		能用记号笔在转向盘总成和转向主轴上做装配标记	5	
		能断开螺旋电缆上的喇叭连接器	5	
		能用转向盘拆装专用工具拆下转向盘总成	5	
		能拆下风窗玻璃刮水器开关总成、前照灯变光开关总成	5	

续表

<table>
<tr><th>项目</th><th>作业内容</th><th>评价要点</th><th>配分</th><th>评价</th></tr>
<tr><td rowspan="3">操作</td><td rowspan="3">技术规范</td><td>能知道拆卸安全气囊组件前，蓄电池负极电缆断开 90 s 以上</td><td>8</td><td></td></tr>
<tr><td>能知道存放安全气囊总成时，不要在安全气囊总成上放置任何东西</td><td>6</td><td></td></tr>
<tr><td>能知道在转向盘拆装专用工具的顶部和部分螺纹处涂抹少量润滑脂</td><td>6</td><td></td></tr>
<tr><td rowspan="4">职业素养</td><td rowspan="2">安全及合作</td><td>特殊操作应佩戴安全帽、防酸碱手套或绝缘手套、护目镜等防护用品</td><td>5</td><td></td></tr>
<tr><td>小组作业时应互相配合、合理分工，不可发生争执</td><td>5</td><td></td></tr>
<tr><td rowspan="2">“5S” 管理</td><td>注意安全操作，不可随意放置工具、量具且不应有其他安全隐患</td><td>3</td><td></td></tr>
<tr><td>工作台、地上有油污时应及时擦掉，废弃物应环保处理</td><td>2</td><td></td></tr>
<tr><td colspan="3">总评分</td><td colspan="2"></td></tr>
</table>

任务十二 组合开关总成的安装

学习目标

1. 能准备安装组合开关总成所需的工具、设备。
2. 能查阅维修手册，整理组合开关总成的安装方法。
3. 能根据维修手册，正确使用工具安装组合开关总成。
4. 能查阅资料，叙述组合开关总成安装的技术标准。

任务描述

组合开关经过拆卸、检修后需要按照维修手册要求正确安装，安装时需注意安装方向和安装标记，否则会影响到转向系统、ESP 系统（Electronic stability program，车身电子稳定系统）等。现应用丰田卡罗拉 1.6 车型学习组合开关总成的安装方法。

问题 1：组合开关安装过程中的安装标记有哪些？

____

____

问题 2：安装螺旋电缆时，需要注意什么？

____

____

任务准备

1. 工具器材

操作前需要准备以下设备、工具及辅助材料等（以单工位为例）。

设备、工具及辅助材料

序号	名称	规格	数量
1	实训车	丰田卡罗拉 1.6	1
2	工具车 （含常用工具）	JTC	1
3	可调式扭力扳手	5 ~25 N · m	1
4	可调式扭力扳手	10 ~100 N · m	1
5	零件车	/	1
6	翼子板及前格栅布	/	1
7	车内四件套	/	1
8	棉纱手套	/	5

2. 分工及操作

职务	代码	姓名	工作内容
组长	A		
组员	B		
	C		
	D		
	E		

任务实施

下面以丰田卡罗拉 1.6 车型为例，介绍组合开关总成的安装方法。

序号	图示	步骤及技术要点
1		用尖嘴钳钳住前照灯变光开关总成上的________，将其套入到转向柱后，松开尖嘴钳，将前照灯变光开关总成固定在转向柱上。晃动前照灯变光开关总成确保安装牢靠 注意：将转向信号开关置于信号灯__________位置，否则____________________________

续表

序号	图示	步骤及技术要点
2	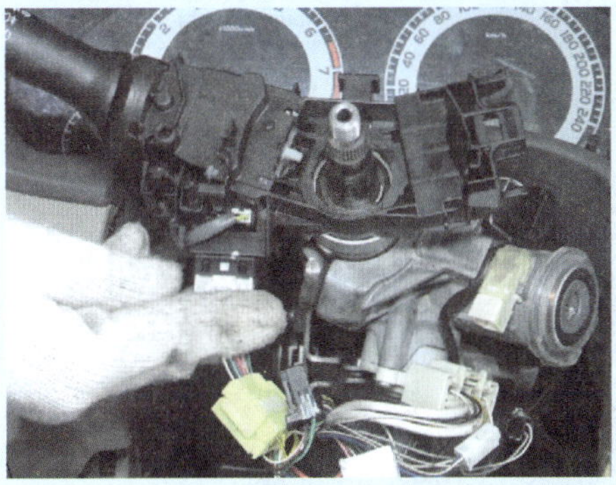	连接前照灯变光开关连接器
3	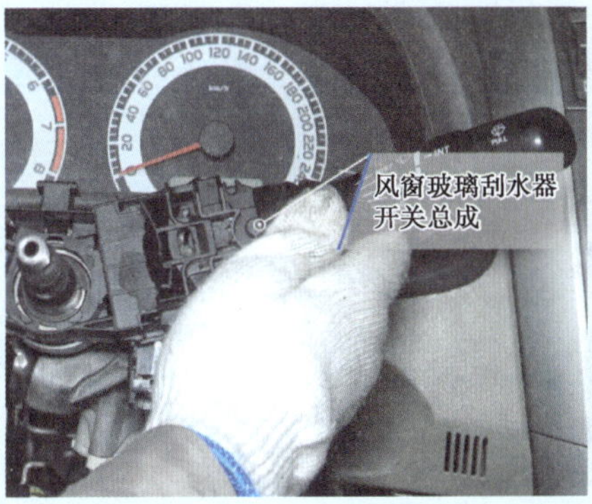 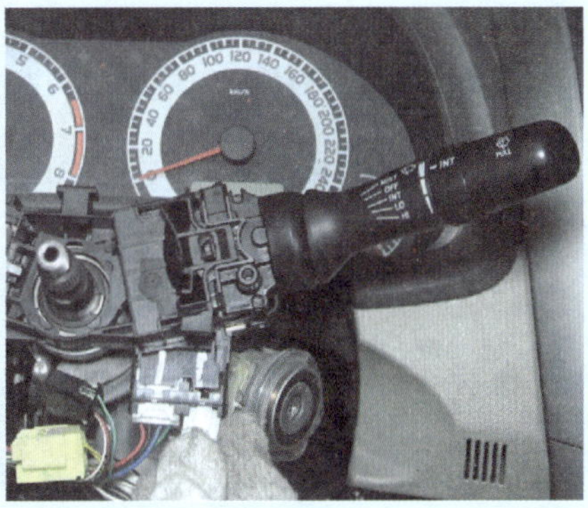	将________________安装到________________上，连接刮水器开关连接器
4		将前轮__________
5	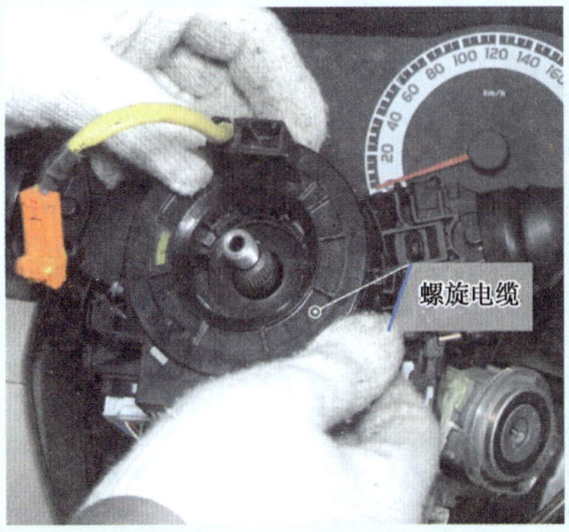 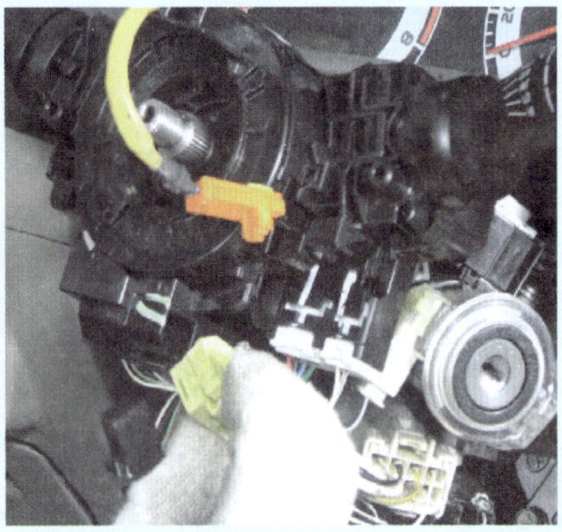	将________套入________上，连接螺旋电缆连接器 注意：________________

续表

序号	图示	步骤及技术要点
6		接合卡爪和两个销并安装________上罩
7	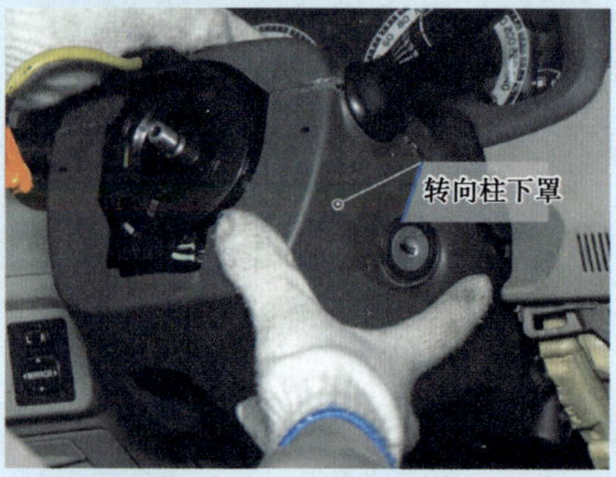 转向柱下罩	按压转向柱下罩周围区域，以接合转向柱下罩__________个卡爪
8		将喇叭按钮线束连接到______________上
9	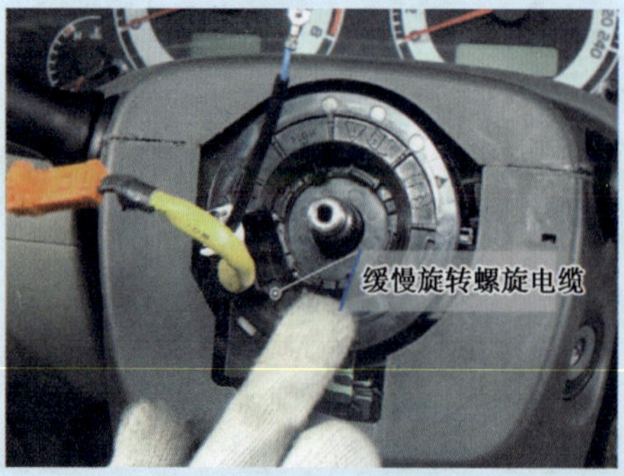 缓慢旋转螺旋电缆	用手______时针缓慢旋转螺旋电缆，直至感觉其________

续表

序号	图示	步骤及技术要点
10	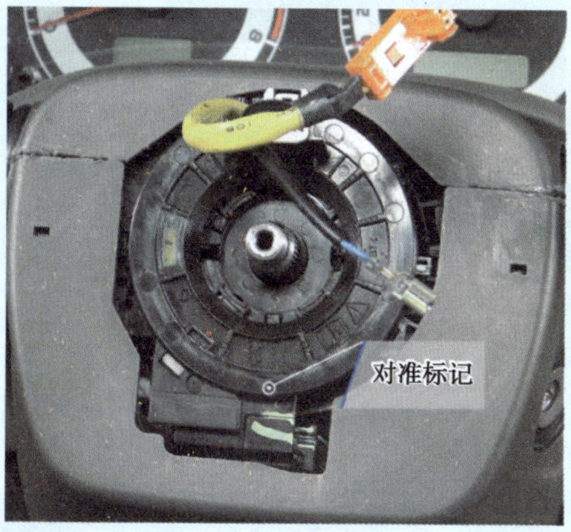	从________位置______时针旋转螺旋电缆约__________圈，以对准__________，使螺旋电缆处于_______位置 注意：____________________________
11	 	将气囊线束和喇叭线束穿过转向盘总成，对准____________和____________的__________。用可调式扭力扳手安装转向盘总成固定螺母，扭矩为______N·m
12		将喇叭连接器和气囊连接器连接到转向盘装饰盖上 注意：______________
13	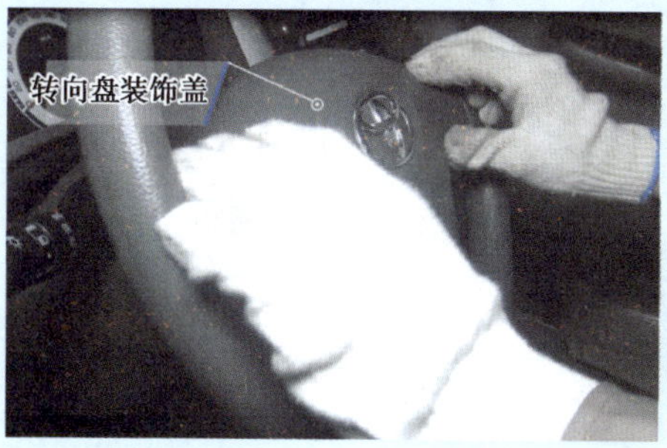	按下转向盘装饰盖以接合两个销 注意：______________

续表

序号	图示	步骤及技术要点
14	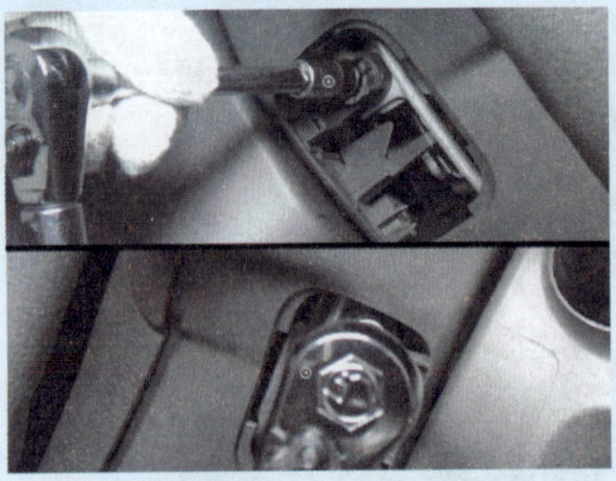	用可调式扭力扳手拧紧转向盘3号下盖和2号下盖下的螺栓，扭矩为______N·m
15	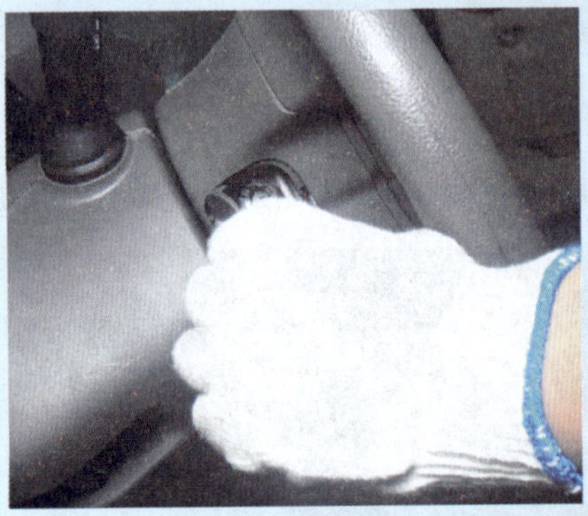 	接合卡爪并安装转向盘3号下盖和2号下盖
16	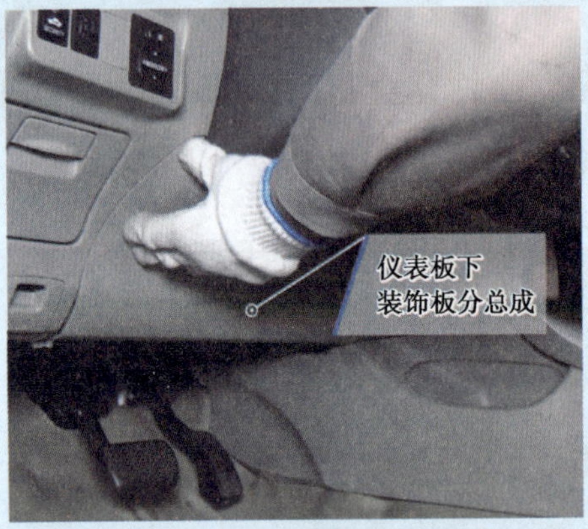	安装仪表板下装饰板分总成
17	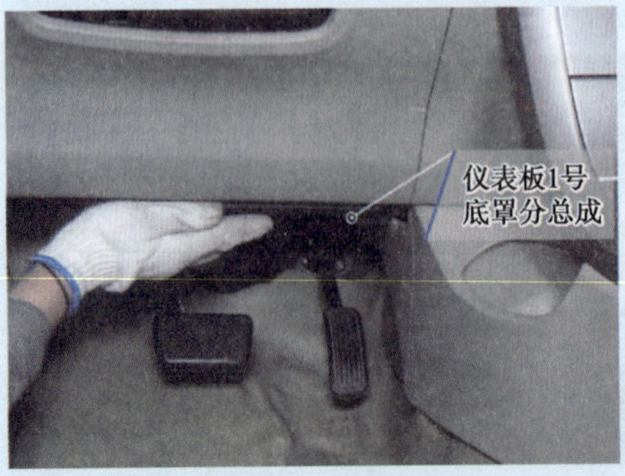	安装仪表板1号底罩分总成

续表

序号	图示	步骤及技术要点
18	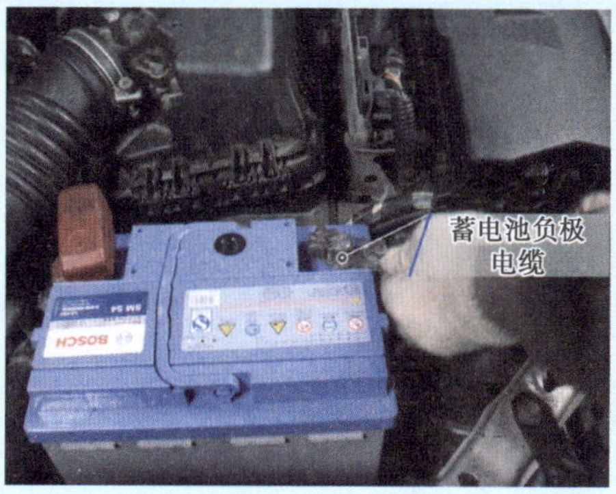	连接蓄电池负极电缆 注意：____
19		目视检查转向盘装饰盖顶面有无损伤或裂纹，有损伤或裂纹的转向盘装饰盖总成需要更换。组合开关总成和转向盘总成安装完毕，需要__________，检查__________是否正常，__________自检后应能__________
20		整理工具，并按照“5S”要求恢复场地

任务评价

项目	作业内容	评价要点	配分	评价
准备工作	场地准备	工位应干净、整洁，地面无油污	2	
		车辆停靠在合适位置	2	
	车辆防护	铺设翼子板及前格栅布	2	
		铺设车内四件套	3	
	人员防护	工作服穿戴整齐	2	
		拆装操作时应佩戴棉纱手套	3	
	工具、量具检查	检查可调式扭力扳手是否能正常工作	3	
		检查拆装工具套装是否齐全、整洁	3	
操作	操作要点	能将前照灯变光开关总成固定在转向柱上	5	
		能将风窗玻璃刮水器开关总成安装到前照灯变光开关总成上，并连接刮水器开关连接器	5	
		能将前轮转向正前方	5	
		能正确安装螺旋电缆	10	
		能正确安装转向盘总成	5	
		能正确连接蓄电池负极电缆并重新设置收音机等系统	5	
		能检查安全气囊系统是否正常	10	
	技术规范	安装组合开关总成时，能将转向信号开关置于信号灯关闭位置	5	
		更换新螺旋电缆时，能在安装转向盘总成前拆下锁销	5	
		能叙述将螺旋电缆对准标记并使其处于中心位置的方法	5	
		能掌握各紧固件的紧固力矩	5	
职业素养	安全及合作	特殊操作应佩戴安全帽、防酸碱手套或绝缘手套、护目镜等防护用品	5	
		小组作业时应互相配合、合理分工，不可发生争执	5	
	“5S”管理	注意安全操作，不可随意放置工具、量具且不应有其他安全隐患	3	
		工作台、地上有油污时应及时擦掉，废弃物应环保处理	2	
总评分				

任务十三

照明系统部件的检测

学习目标

1. 能准备检测照明系统部件所需的工具、设备。
2. 能查阅维修手册，整理照明系统部件的检测方法。
3. 能根据维修手册，正确使用工具检测照明系统部件。
4. 能查阅资料，叙述照明系统部件检测的技术标准。

任务描述

一车辆前照灯不亮，经过维修技师诊断，故障点可能位于照明系统相关部件中，现应用丰田卡罗拉 1.6 车型学习汽车照明系统部件的检测方法。

问题 1：如何操作照明系统？

____

____

问题 2：照明系统包含哪些部件？

____

____

相关知识

继电器是一种由电磁装置操纵的开关，继电器内的触点由电磁线圈控制。

1. 继电器的组成

继电器由电磁线圈、回位弹簧、衔铁、触点、铁芯等组成。

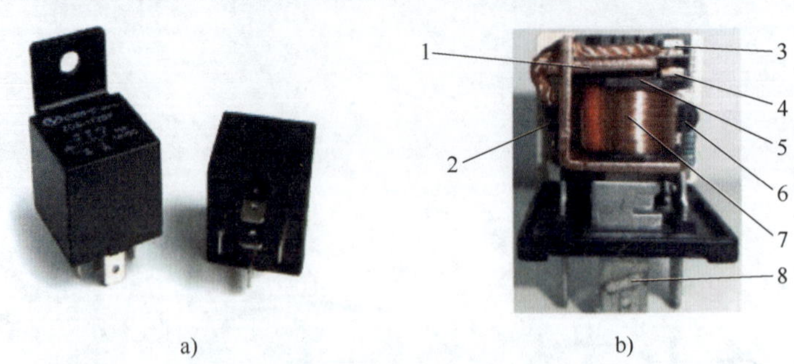

继电器

a）继电器的外形　b）继电器的组成结构

1—衔铁　2—回位弹簧　3—常闭触点　4—常开触点　5—铁芯　6—三极管　7—电磁线圈　8—插脚

2. 继电器的类型

根据开关触点的类型和布置不同，继电器可以分为常开触点继电器、常闭触点继电器和转换继电器（双触点继电器）。

3. 继电器端子名称

端子名称	含　义	端子名称（旧）
85	控制电路（－） 线圈末端	85
86	控制电路（＋） 线圈首端	86
87	输入端子工作电流（常闭触点和转换继电器）	30/51
87a	输出端子工作电流（常闭触点继电器）	87a
88	输入端子工作电流（常开触点继电器）	30/51
88a	输出端子工作电流（常开触点继电器）	87

任务准备

1. 工具器材

操作前需要准备以下设备、工具及辅助材料等（以单工位为例）。

设备、工具及辅助材料

序号	名称	规格	数量
1	实训车	丰田卡罗拉 1.6	1
2	工具车（含常用工具）	JTC	1
3	数字万用表	UNI-T UT58E	1
4	测试灯	SATA 62504	1
5	跨接线	/	2
6	翼子板及前格栅布	/	1
7	车内四件套	/	1
8	棉纱手套	/	5

2. 分工及操作

职务	代码	姓名	工作内容
组长	A		
组员	B		
	C		
	D		
	E		

任务实施

下面以丰田卡罗拉 1.6 车型为例，介绍照明系统部件的检测方法。

序号	图示	步骤及技术要点
1		检查灯泡外观，如__________或__________，应更换
2		用数字万用表测量灯泡端子间的电阻值，应在________Ω 注意：（1）更换__________时，务必戴上__________。拿灯泡时，只能__________，避免__________ （2）卤素灯泡内有__________，如果掉落，灯泡会爆裂

续表

序号	图示	步骤及技术要点
3	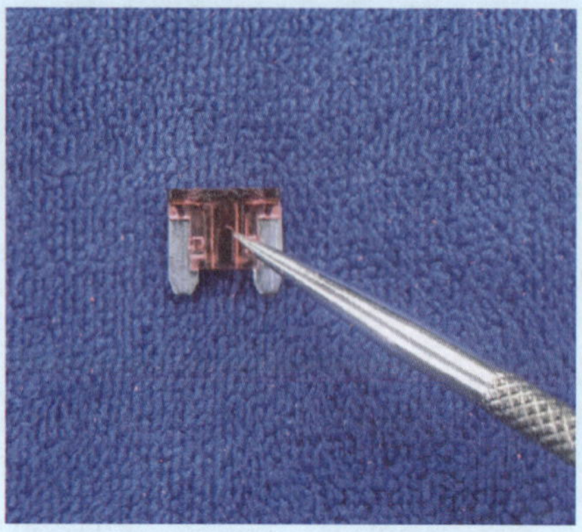	观察熔断器熔丝是否烧断
4	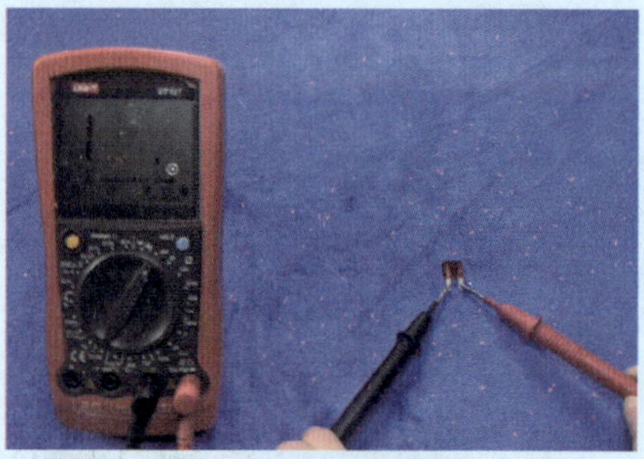	用数字万用表测量熔断器的__________或__________间的电阻值，应小于______Ω；如电阻值为__________，说明__________
5		用数字万用表__________挡测量熔丝__________和__________，应有__________，或用测试灯接入后观察，测试灯应__________，否则应__________

续表

序号	图示	步骤及技术要点
6		测量继电器端子______、端子______间的绕组电阻值，应为____________Ω
7	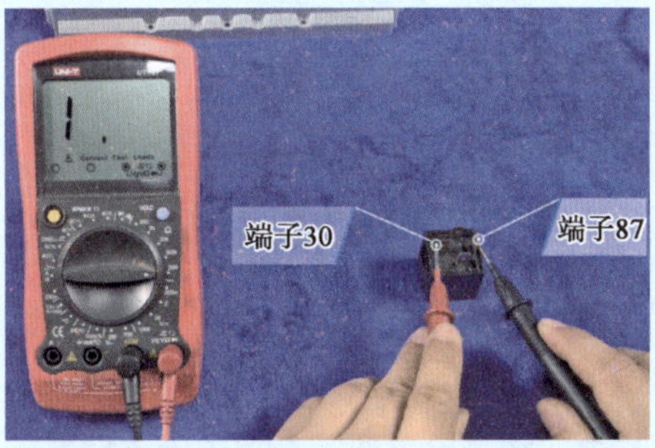	继电器端子______和端子______间未施加________，端子______和端子______间的电阻值为_________
8	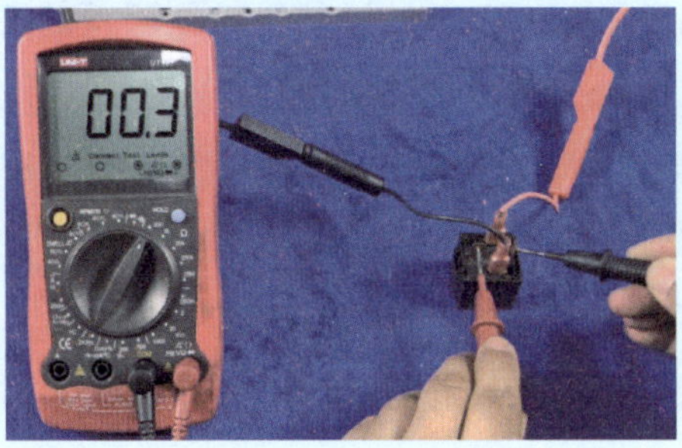	用跨接线连接继电器端子______和端子______，并施加___________V电压，端子______和端子______间的电阻应______Ω
9		整理工具，并按照“5S”要求恢复场地

任务评价

项目	作业内容	评价要点	配分	评价
准备工作	场地准备	工位应干净、整洁，地面无油污	2	
		车辆停靠在合适位置	2	
	车辆防护	铺设翼子板及前格栅布	2	
		铺设车内四件套	3	
	人员防护	工作服穿戴整齐	2	
		拆装操作时应佩戴棉纱手套	3	
	工具、量具检查	检查数字万用表、测试灯等是否能正常工作	3	
		检查工具车内工具是否齐全、整洁	3	
操作	操作要点	能正确使用数字万用表	5	
		能正确测量灯泡端子间的电阻值	5	
		能判断熔断器熔丝是否烧断	5	
		能用数字万用表测量熔断器两测试点或引脚间的电阻值	5	
		能用数字万用表电压挡测量熔丝输入端和输出端电压	5	
		能用测试灯直接测试熔丝输入端和输出端电压	5	
		能用数字万用表测量继电器端子85、端子86间的绕组电阻值	5	
		能在继电器端子85和端子86间施加12 V电压，测量端子30和端子87间的电阻	10	
	技术规范	更换卤素灯泡时，务必戴护目镜	5	
		拿灯泡时，只拿住灯座，避免接触玻璃	5	
		能知道照明系统部件间的标准电阻值	10	
职业素养	安全及合作	特殊操作应佩戴安全帽、防酸碱手套或绝缘手套、护目镜等防护用品	5	
		小组作业时应互相配合、合理分工，不可发生争执	5	
	“5S”管理	注意安全操作，不可随意放置工具、量具且不应有其他安全隐患	3	
		工作台、地上有油污时应及时擦掉，废弃物应环保处理	2	
总评分				

任务十四 组合仪表的拆装

学习目标

1. 能准备好拆装组合仪表所需的工具、 设备。
2. 能查阅维修手册， 整理组合仪表的拆装方法。
3. 能根据维修手册， 正确使用工具拆装组合仪表。
4. 能查阅维修资料， 叙述组合仪表拆装的技术标准。

任务描述

客户到店反映，车辆行驶过程中，组合仪表内有“滋滋”的电流声，经过维修技师诊断，初步认为故障点位于组合仪表内部，需要将组合仪表总成拆卸并安装新的组合仪表，以做进一步检查。本任务的主要内容是组合仪表的拆装。

问题 1：组合仪表可以显示哪些车辆信息？

____

____

问题 2：组合仪表有哪些类型？

____

____

相关知识

为使驾驶员随时了解汽车各主要系统的工作是否正常，及时发现和排除可能的问题，在汽车驾驶员易于观察的转向盘前方台板上装有各种指示仪表、报警灯及电子显示装置，常用的有机油压力表、水温表、燃油表、发动机转速表、车速里程表和各种报警指示灯等。

 任务准备

1. 工具器材

操作前需要准备以下设备、工具及辅助材料等（以单工位为例）。

设备、 工具及辅助材料

序号	名称	规格	数量
1	实训车	丰田卡罗拉 1.6	1
2	工具车 （含常用工具）	JTC	1
3	内饰板拆装专用工具	/	1
4	零件车	/	1
5	翼子板及前格栅布	/	1
6	车内四件套	/	1
7	保护胶带	/	1
8	棉纱手套	/	5

2. 分工及操作

职务	代码	姓名	工作内容
组长	A		
组员	B		
	C		
	D		
	E		

任务实施

下面以丰田卡罗拉 1.6 车型为例，介绍组合仪表的拆装方法。

序号	图示	步骤及技术要点
1	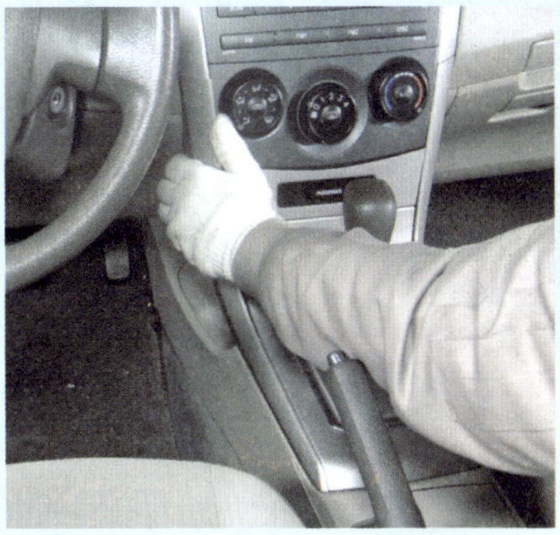 	用内饰板拆装专用工具分离仪表板左下装饰板的卡爪和卡子，拆下仪表板左下装饰板
2	 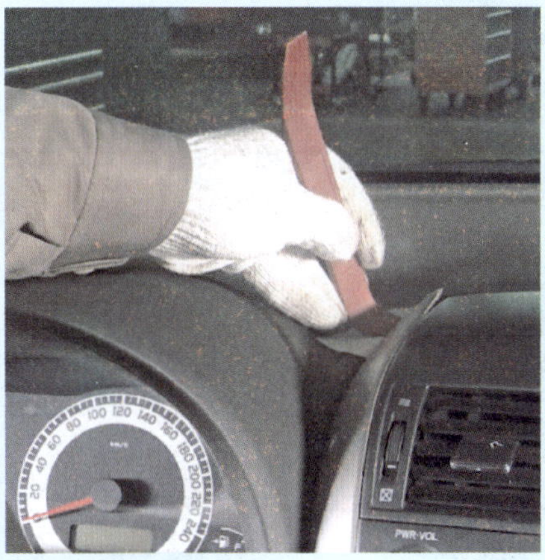 	贴____________，插入______________________并向卡子滑动拆卸工具 用________拉动内饰板拆装专用工具以将卡子分离，分离卡爪和卡子，拆下仪表板左端装饰板

续表

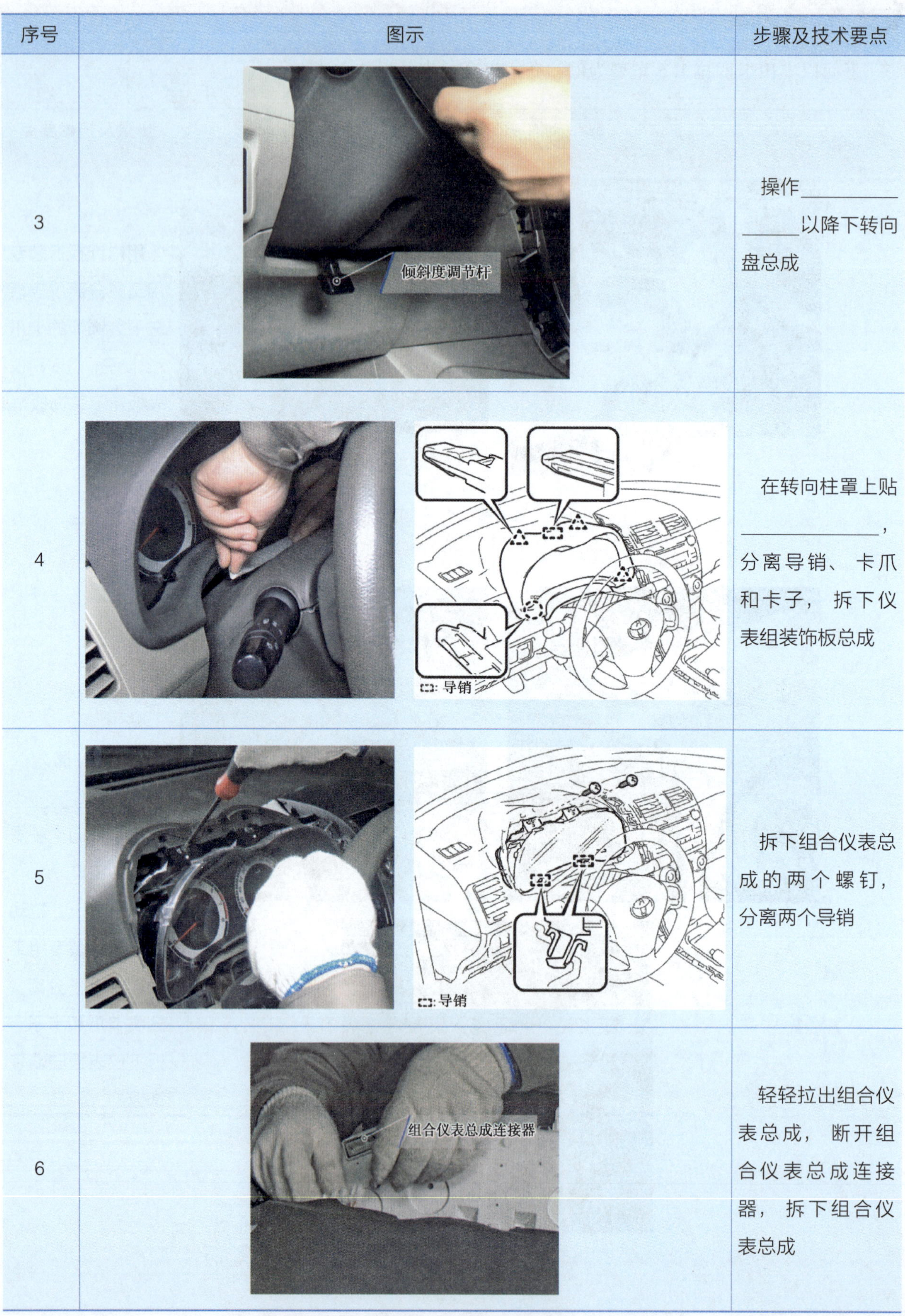

序号	图示	步骤及技术要点
3		操作________________以降下转向盘总成
4		在转向柱罩上贴______________，分离导销、卡爪和卡子，拆下仪表组装饰板总成
5		拆下组合仪表总成的两个螺钉，分离两个导销
6		轻轻拉出组合仪表总成，断开组合仪表总成连接器，拆下组合仪表总成

续表

序号	图示	步骤及技术要点
7	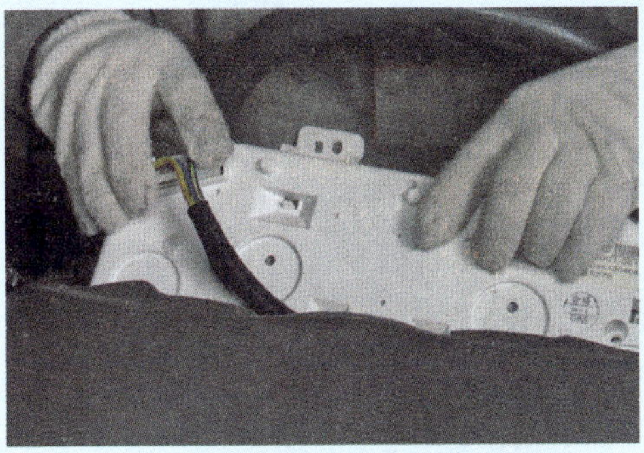	连接组合仪表总成连接器，暂时安装组合仪表总成
8	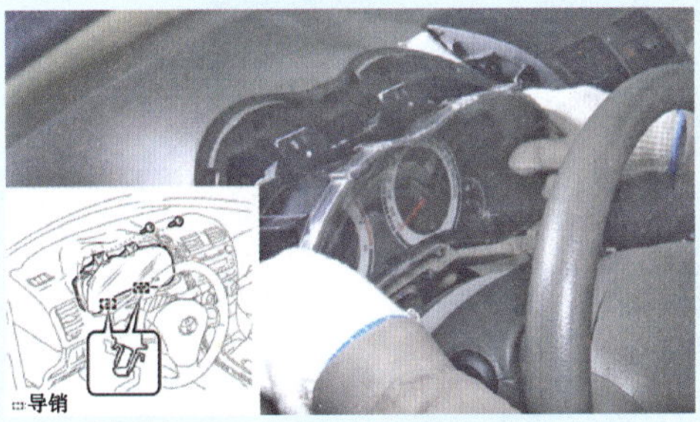	接合组合仪表的两个导销
9	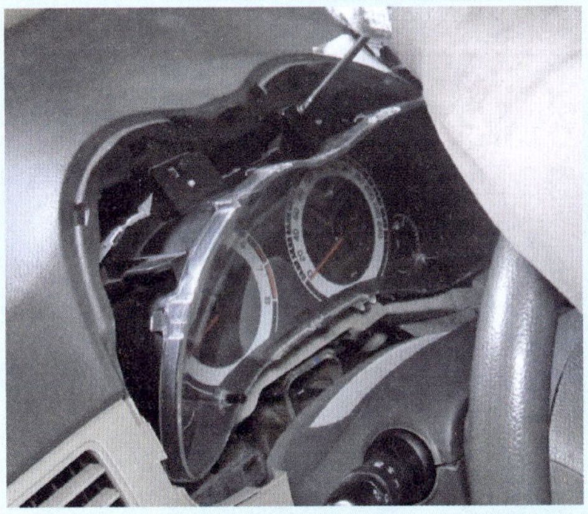	用两个螺钉安装组合仪表总成
10	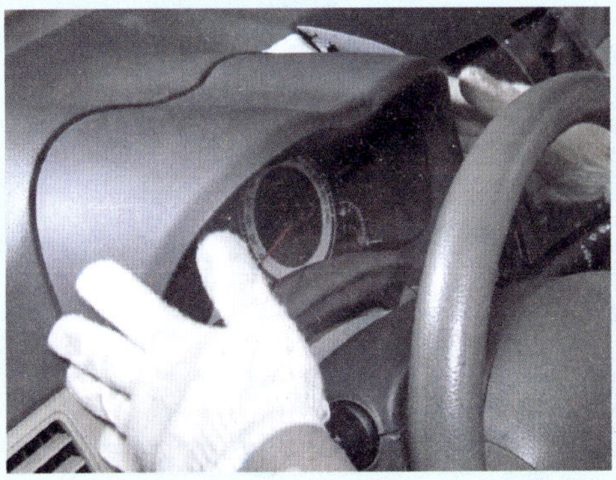	接合导销、卡爪和卡子，安装仪表组装饰板总成，清除转向柱罩上贴着的保护胶带

续表

序号	图示	步骤及技术要点
11		操作倾斜度调节杆以升起转向盘总成
12	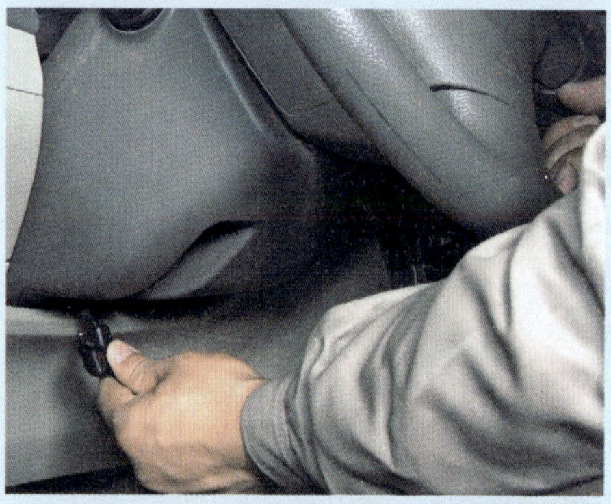	安装仪表板左端装饰板，撕下保护胶带
13	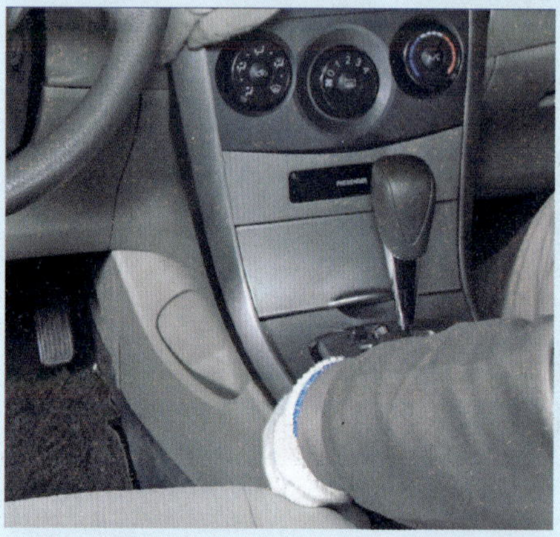	安装仪表板左下装饰板
14		整理工具，并按照“5S”要求恢复场地

任务评价

项目	作业内容	评价要点	配分	评价
准备工作	场地准备	工位应干净、整洁，地面无油污	2	
		车辆停靠在合适位置	2	
	车辆防护	铺设翼子板及前格栅布	2	
		铺设车内四件套	3	
	人员防护	工作服穿戴整齐	2	
		拆装操作时应佩戴棉纱手套	3	
	工具、量具检查	检查工具车中工具是否齐全、整洁	3	
		检查内饰板拆装专用工具是否齐全、整洁	3	
操作	操作要点	能正确使用内饰板拆装专用工具拆下仪表板左端装饰板	10	
		能操作倾斜度调节杆以降下转向盘总成	5	
		能拆下组合仪表总成的两个螺钉，分离两个导销	5	
		能拉出组合仪表总成，断开组合仪表总成连接器，拆下组合仪表总成	5	
		能正确装复组合仪表总成	20	
	技术规范	能用内饰板拆装专用工具拆卸内饰板	5	
		能用保护胶带缠绕工具，防止刮花内饰板件	5	
		能按先后顺序拆卸内饰板	5	
		能在相应部位贴上保护胶带	5	
职业素养	安全及合作	特殊操作应佩戴安全帽、防酸碱手套或绝缘手套、护目镜等防护用品	5	
		小组作业时应互相配合、合理分工，不可发生争执	5	
	“5S”管理	注意安全操作，不可随意放置工具、量具且不应有其他安全隐患	3	
		工作台、地上有油污时应及时擦掉，废弃物应环保处理	2	
总评分				

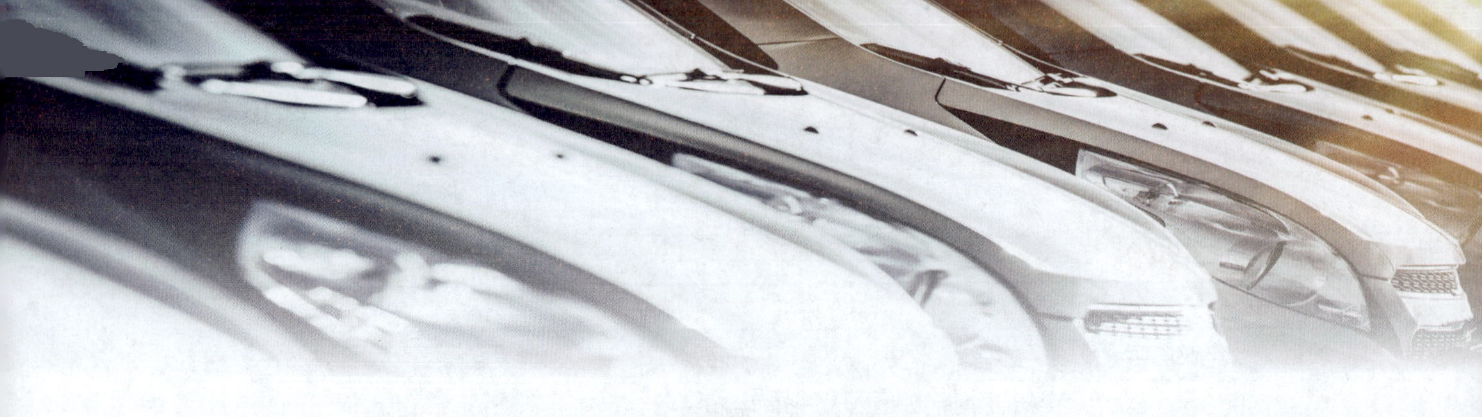

任务十五

上仪表板的拆卸（一）

学习目标

1. 能准备好拆卸上仪表板所需的工具、设备。
2. 能查阅维修手册，整理上仪表板的拆卸方法。
3. 能根据维修手册，正确使用工具拆卸上仪表板。
4. 能查阅资料，叙述上仪表板拆卸的技术标准。

任务描述

一车辆需要对蒸发器进行维修，维修前要先拆卸上仪表板。现应用丰田卡罗拉 1.6 车型学习汽车上仪表板的拆卸方法。

问题 1：上仪表板指的是哪个部位？

____

____

问题 2：在哪些情况下需要对上仪表板进行拆卸？

____

____

相关知识

汽车仪表有多种分类，具体如下。

1. 按工作原理不同

（1）传统仪表：一般指机械式仪表、电气式仪表和模拟电路电子仪表。

传统机械式仪表

（2）数字仪表：一般由 ECU 采集传感器的信号，将模拟量转换为数字量，经分析处理后控制显示装置。

数字仪表

2. 按安装方式不同

（1）组合式仪表：将各种仪表组合安装在一起。

（2）分装式仪表：将各种仪表单独安装。

任务准备

1. 工具器材

操作前需要准备以下设备、工具及辅助材料等（以单工位为例）。

设备、工具及辅助材料

序号	名称	规格	数量
1	实训车	丰田卡罗拉 1.6	1
2	工具车（含常用工具）	JTC	1
3	内饰板拆装专用工具	/	1
4	零件车	/	1
5	翼子板及前格栅布	/	1
6	车内四件套	/	1
7	保护胶带	/	1
8	棉纱手套	/	5

2. 分工及操作

职务	代码	姓名	工作内容
组长	A		
组员	B		
	C		
	D		
	E		

任务实施

下面以丰田卡罗拉 1.6 车型为例，介绍上仪表板的拆卸方法。

序号	图示	步骤及技术要点
1		断开蓄电池____________ 注意：断开电缆后等待 90 s，以防止气囊展开
2		脱开左下装饰板的______个卡爪和卡子，拆下仪表板左下装饰板
3		用同样的方法拆下仪表板右下装饰板

续表

序号	图示	步骤及技术要点
4	 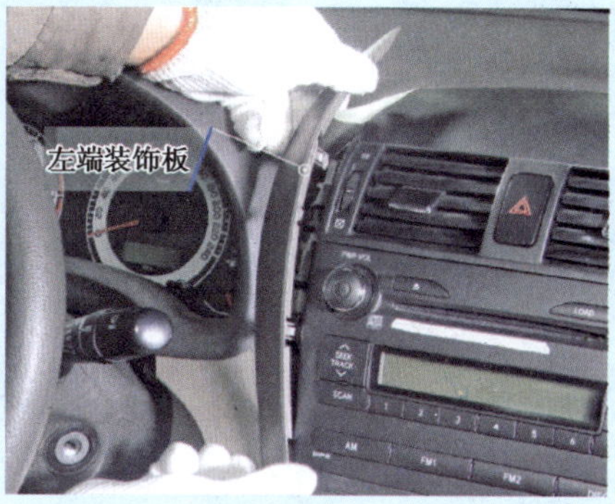	在上仪表板上贴______，插入内饰板拆装专用工具并向卡子滑动专用工具，用双手拉动专用工具将卡子脱开，拆下仪表板左端装饰板
5	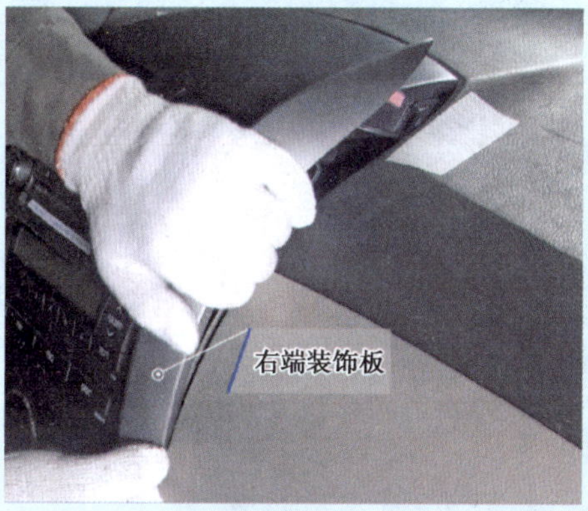	用同样的方法拆下仪表板右端装饰板
6	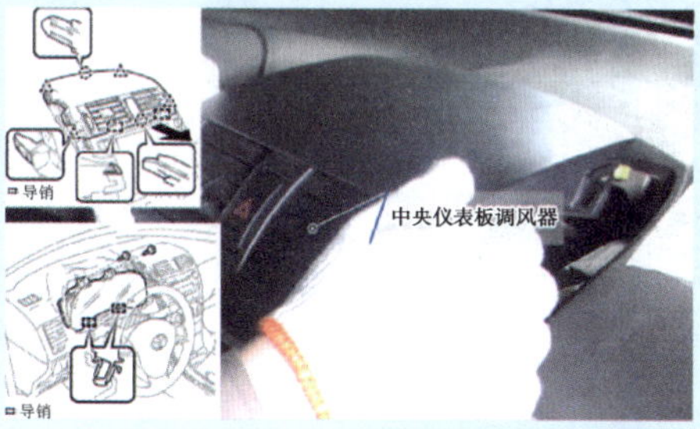 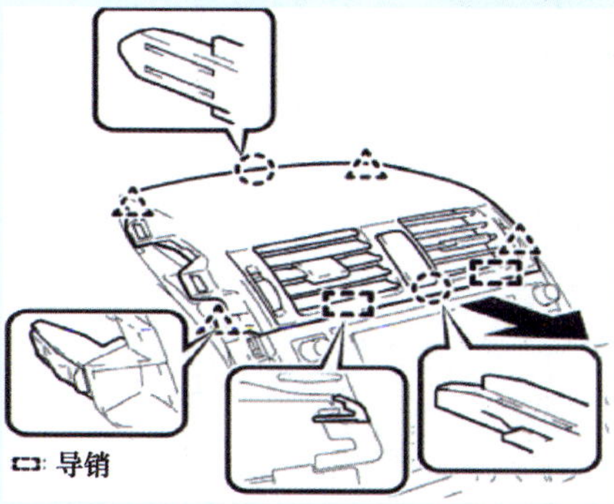 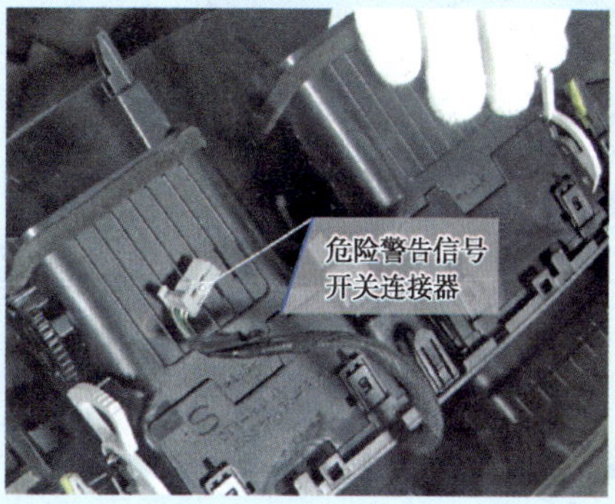	脱开中央仪表板调风器总成上的______个卡爪、______个卡子和______个导销，断开______开关连接器，拆下中央仪表板调风器总成

续表

序号	图示	步骤及技术要点
7	 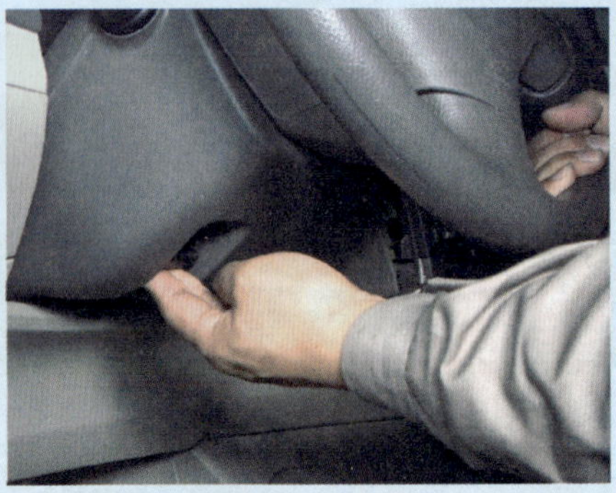 倾斜度调节杆	用手握住转向盘并向下压________________，降下转向盘总成，将转向盘调至________位置，向上拉动倾斜度调节杆固定转向盘
8	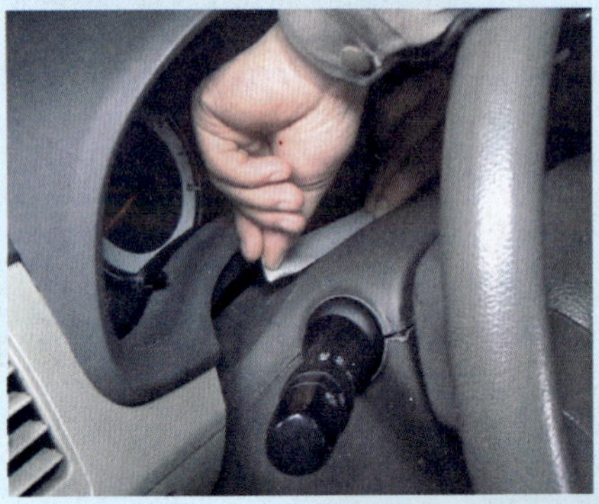  仪表组装饰板	在转向柱罩上贴保护胶带，分离________________总成上的导销、卡爪和卡子，拆下仪表组装饰板总成
9	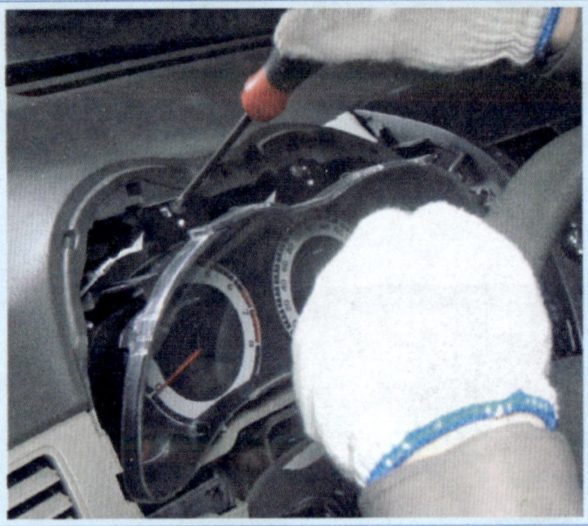	用十字旋具拆下组合仪表总成上的两个螺钉，分离两个导销
10	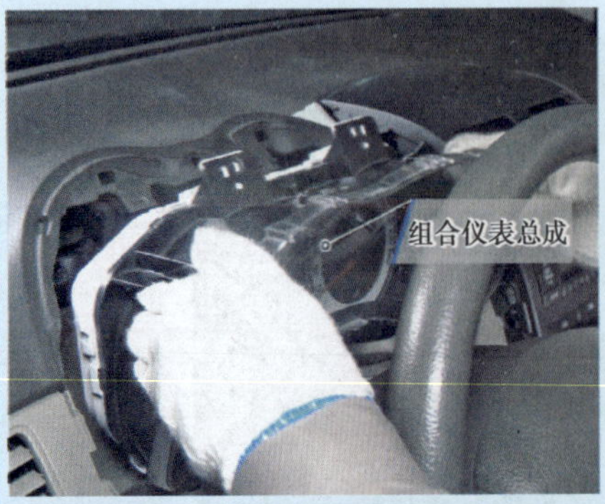 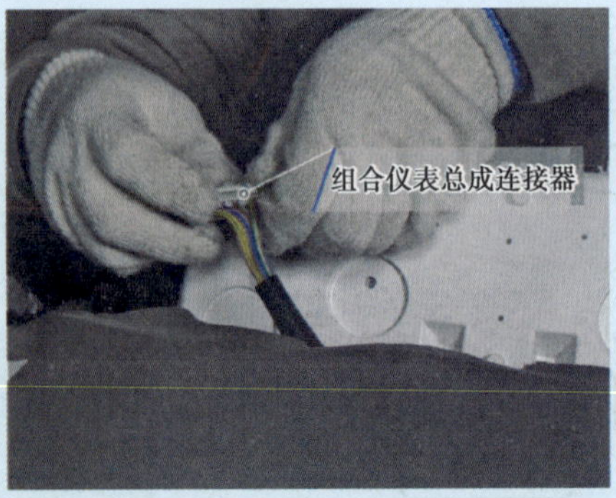 组合仪表总成 组合仪表总成连接器	轻轻拉出组合仪表总成，断开组合仪表总成连接器，拆下组合仪表总成 注意：在拆卸装饰板时，要________________________，防止____________

续表

序号	图示	步骤及技术要点
11		整理工具，并按照“5S”要求恢复场地

任务评价

项目	作业内容	评价要点	配分	评价
准备工作	场地准备	工位应干净、整洁，地面无油污	2	
		车辆停靠在合适位置	2	
	车辆防护	铺设翼子板及前格栅布	2	
		铺设车内四件套	3	
	人员防护	工作服穿戴整齐	2	
		拆装操作时应佩戴棉纱手套	3	
	工具、量具检查	检查工具车内工具是否齐全、整洁	3	
		检查内饰板拆装专用工具是否齐全、整洁	3	
操作	操作要点	能断开蓄电池负极电缆	5	
		能拆下仪表板装饰板	10	
		能拆下中央仪表板调风器总成	5	
		能断开危险警告信号开关连接器	5	
		能用手握住转向盘并向下压倾斜度调节杆，降下转向盘总成，将转向盘调至最低位置，向上拉动倾斜度调节杆固定转向盘	5	
		能拆下仪表组装饰板总成	5	
		能拉出组合仪表总成，断开组合仪表总成连接器，拆下组合仪表总成	10	
	技术规范	断开蓄电池负极电缆后等待 90 s	5	
		能使用内饰板拆装专用工具拆卸内饰板	5	
		能用保护胶带缠绕工具，防止刮花内饰板件	5	
		能在相应部位贴上保护胶带	5	

续表

项目	作业内容	评价要点	配分	评价
职业素养	安全及合作	特殊操作应佩戴安全帽、防酸碱手套或绝缘手套、护目镜等防护用品	5	
		小组作业时应互相配合、合理分工，不可发生争执	5	
	“5S”管理	注意安全操作，不可随意放置工具、量具且不应有其他安全隐患	3	
		工作台、地上有油污时应及时擦掉，废弃物应环保处理	2	
总评分				

任务十六 上仪表板的拆卸（二）

学习目标

1. 能准备拆卸上仪表板所需的工具、设备。
2. 能查阅维修手册，整理上仪表板的拆卸方法。
3. 能根据维修手册，正确使用工具拆卸上仪表板。
4. 能查阅资料，叙述上仪表板拆卸的技术标准。

任务描述

要想拆下上仪表板，除了需将中央仪表板调风器总成和组合仪表总成拆下，还要拆卸手套箱等部件。现应用丰田卡罗拉 1.6 车型继续学习上仪表板的拆卸方法。

问题 1：数字仪表的优点有哪些？

____

____

问题 2：从仪表上可以获得哪些信息？

____

____

相关知识

汽车仪表除了指示车辆基本的行驶工况信息外，还对其他的一些工况进行监控并向驾驶员发出指示或警告，如机油压力警告、冷却液温度警告、燃油不足警告、制动液不足警告等。这些信息通常以指示灯的形式显示在仪表板上或者以文字信息的形式显示在液晶显示器上，有的还伴有蜂鸣声，以引起驾驶员的注意或重视。

汽车仪表上的指示灯系统一般由光源、刻有符号图案的透光塑料板和外电路组成。指示灯的光源现多采用 LED 光源，其优点是结构简单、使用寿命长、耗电少、易于识别等。仪表指示灯一般都使用国际标准化组织规定的通用符号，如下图所示。

	充电系统故障	4WD	四驱系统故障		常亮：电子驻车开启 闪烁：电子驻车故障		盲点监测系统关闭
	安全气囊故障	I-stop	常亮：自动启停待命 闪烁：深踩制动踏板		踩下制动踏板		智能城市制动系统关闭
	检测到智能钥匙	I-stop	自动启停关闭/无法工作		踩下制动踏板		智能城市制动系统故障
	智能钥匙无电 或不在工作范围		发动机冷却液低温		主系统故障		定速巡航激活
	机油压力报警		发动机冷却液高温		动力转向故障		定速巡航取消
	系好安全带		示宽灯开启	AT	自动变速器故障		添加刮水器清洗剂
	转向灯/危险报警灯		前照灯故障		保养提醒		制动系统故障
	车门打开		前雾灯开启		常亮：车身稳定系统故障 闪烁：车身稳定系统工作		添加燃油（汽油）
	远光灯开启		后雾灯开启	TCS OFF	牵引力控制系统关闭		同时亮起时应在确保安全的情况立即停车，并牵引至专业维修机构检查
	安全指示灯	AUTO	自动驻车开启		制动防抱死系统故障		

任务准备

1. 工具器材

操作前需要准备以下设备、工具及辅助材料等（以单工位为例）。

设备、 工具及辅助材料

序号	名称	规格	数量
1	实训车	丰田卡罗拉 1. 6	1
2	工具车 （含常用工具）	JTC	1
3	内饰板拆装专用工具	/	1
4	零件车	/	1
5	翼子板及前格栅布	/	1
6	车内四件套	/	1
7	棉纱手套	/	5

2. 分工及操作

职务	代码	姓名	工作内容
组长	A		
组员	B		
	C		
	D		
	E		

任务实施

下面以丰田卡罗拉 1.6 车型为例，介绍上仪表板的拆卸方法。

序号	图示	步骤及技术要点
1	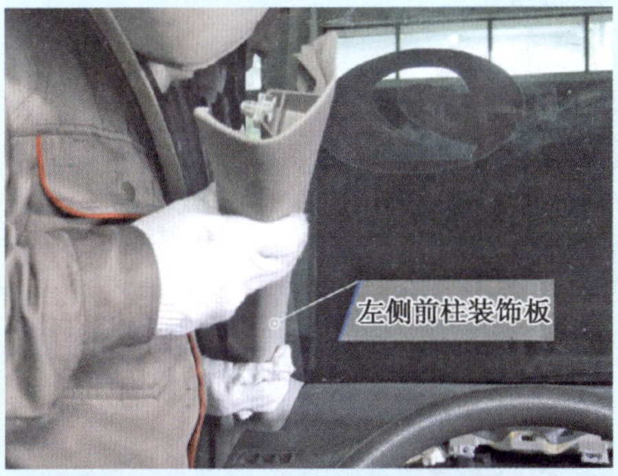 左侧前柱装饰板	用双手将左侧前柱装饰板上部拉入车厢内，脱开两个卡子和导销，拆下左侧前柱装饰板
2	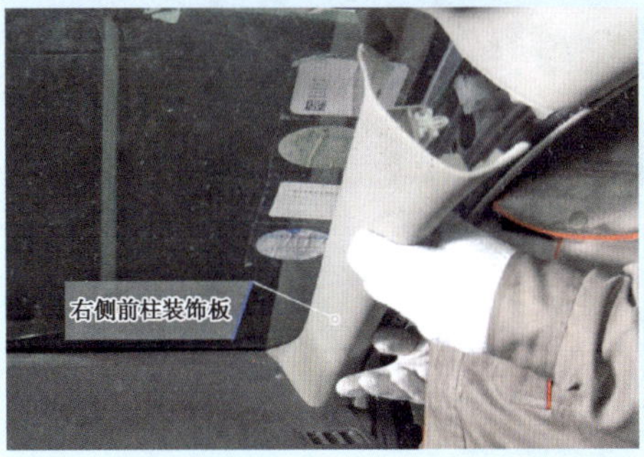 右侧前柱装饰板	用同样的方法拆下右侧前柱装饰板
3	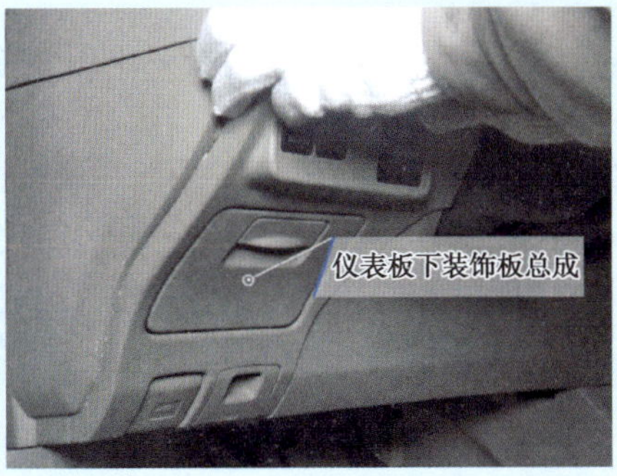 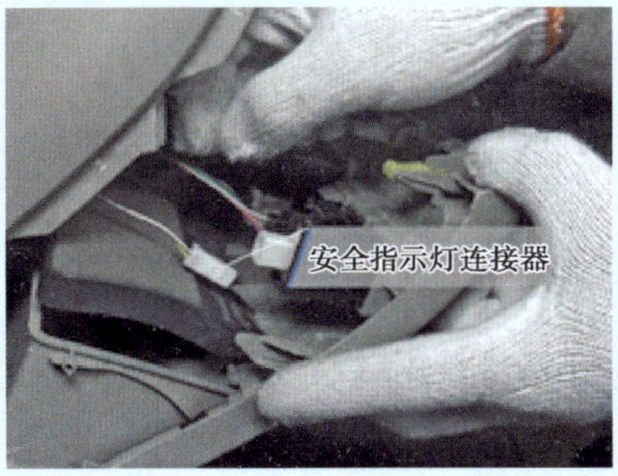 仪表板下装饰板总成；安全指示灯连接器	

续表

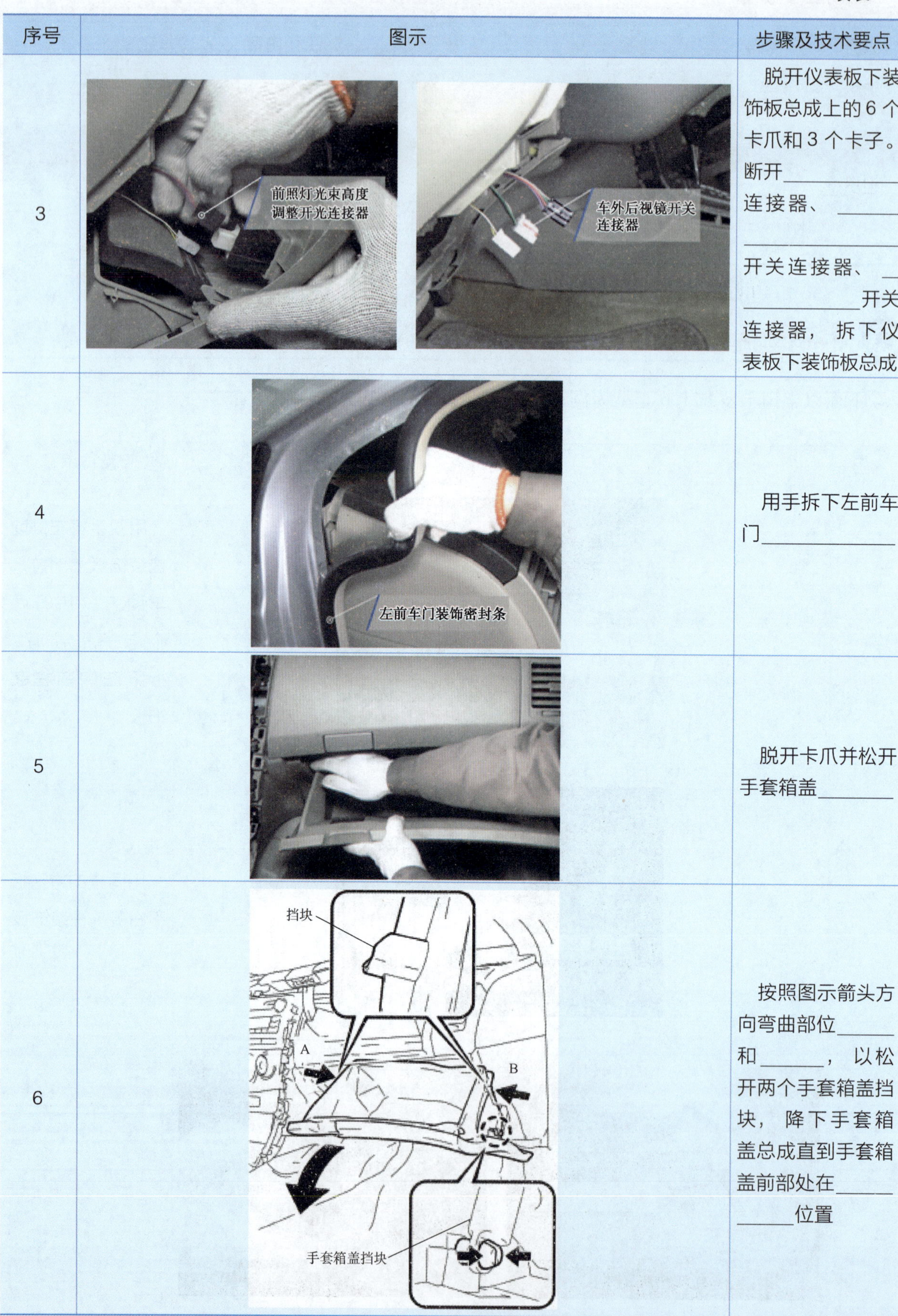

序号	图示	步骤及技术要点
3		脱开仪表板下装饰板总成上的 6 个卡爪和 3 个卡子。断开______连接器、____________开关连接器、____________开关连接器，拆下仪表板下装饰板总成
4		用手拆下左前车门______
5		脱开卡爪并松开手套箱盖______
6		按照图示箭头方向弯曲部位______和______，以松开两个手套箱盖挡块，降下手套箱盖总成直到手套箱盖前部处在____________位置

续表

序号	图示	步骤及技术要点
7	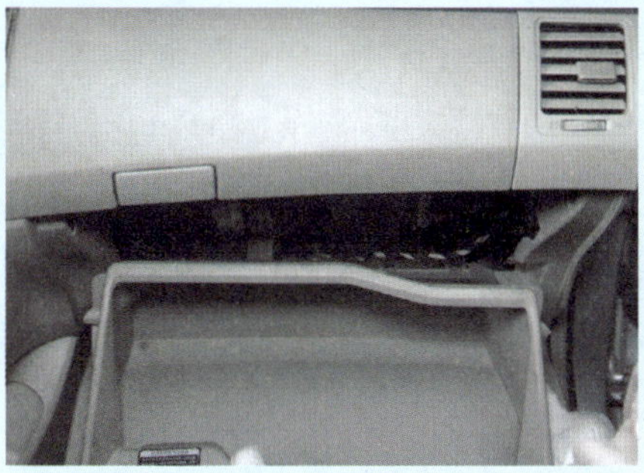 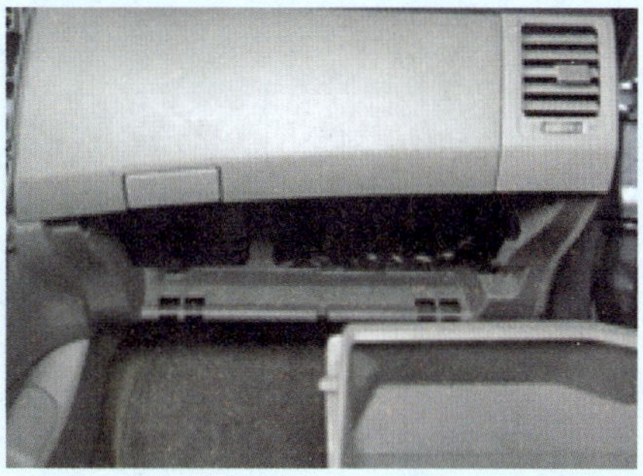	向车辆后部水平拉动手套箱盖总成以松开________，拆下手套箱盖总成
8	 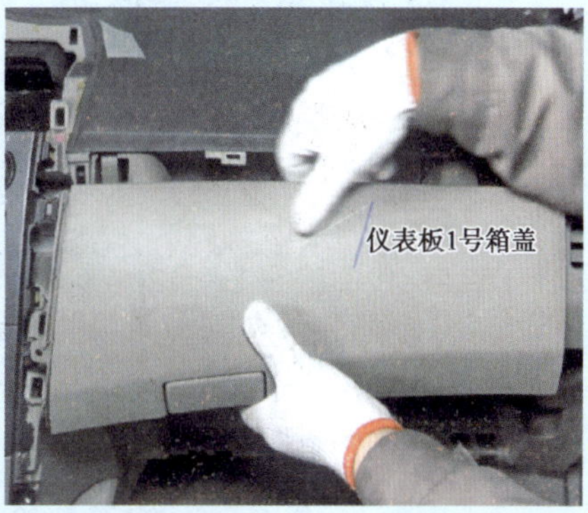 仪表板1号箱盖	用十字旋具拆下仪表板1号箱盖的螺钉，脱开3个卡爪和4个卡子，拆下仪表板1号箱盖总成
9	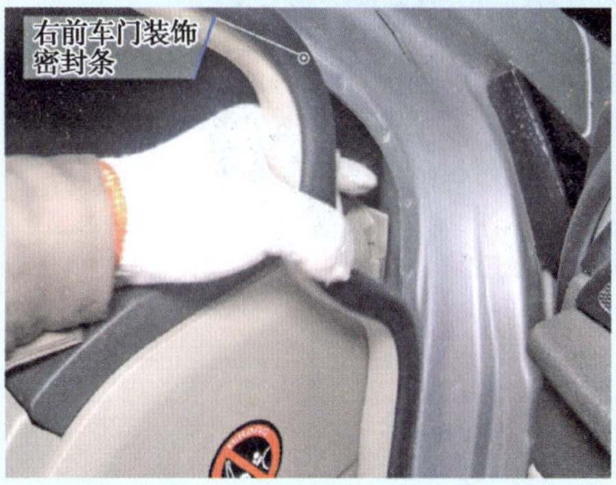 右前车门装饰密封条	用手拆下右前车门装饰密封条
10	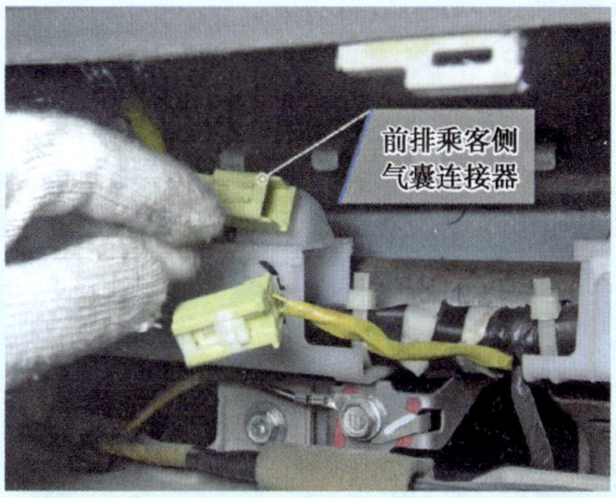 前排乘客侧气囊连接器	用手断开前排乘客侧气囊连接器 注意：________ ________ ________ ________

续表

序号	图示	步骤及技术要点
11	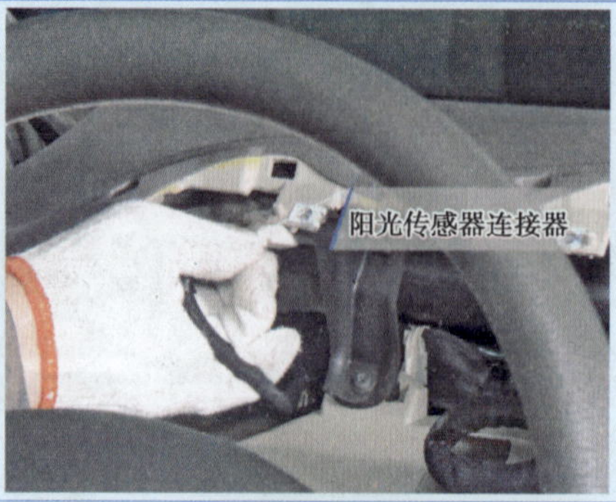	用手断开上仪表板的阳光传感器连接器
12		用________旋具拆下上仪表板的 3 个固定螺钉
13	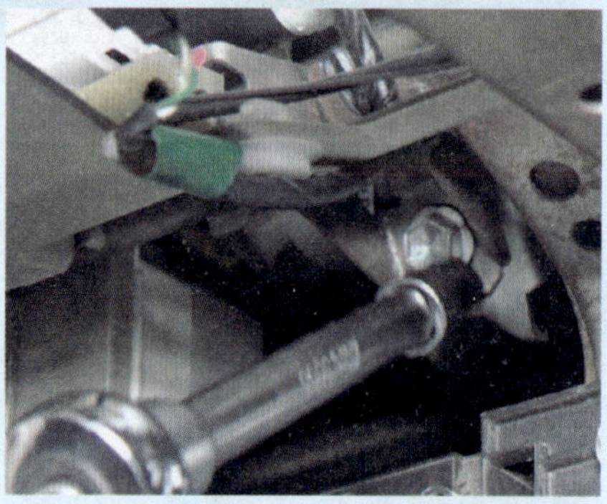	用________________拆下前排乘客侧气囊螺栓
14	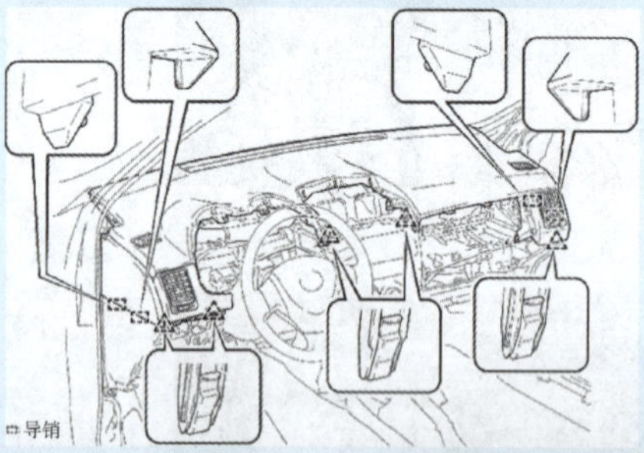 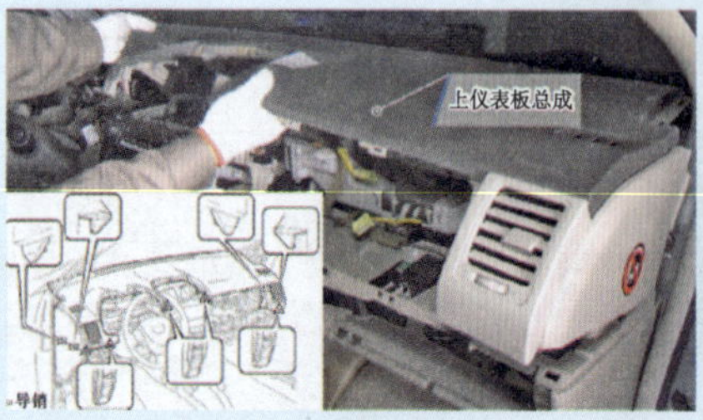 	脱开上仪表板总成上的________和________，拆下上仪表板总成

续表

序号	图示	步骤及技术要点
15		整理工具，并按照“5S”要求恢复场地

任务评价

项目	作业内容	评价要点	配分	评价
准备工作	场地准备	工位应干净、整洁，地面无油污	2	
		车辆停靠在合适位置	2	
	车辆防护	铺设翼子板及前格栅布	2	
		铺设车内四件套	3	
	人员防护	工作服穿戴整齐	2	
		拆装操作时应佩戴棉纱手套	3	
	工具、量具检查	检查工具车内工具是否齐全、整洁	3	
		检查内饰板拆装专用工具是否齐全、整洁	3	
操作	操作要点	能拆下左侧、右侧前柱装饰板	5	
		能拆下仪表板下装饰板总成	5	
		能断开安全指示灯连接器、前照灯光束高度调整开关连接器、车外后视镜开关连接器	5	
		能松开手套箱盖挡块和手套箱盖卡爪	5	
		能断开乘客侧安全气囊连接器	5	
		能用手拆下右前车门装饰密封条	5	
		能拆下上仪表板的 3 个固定螺钉	5	
		能拆下前排乘客侧气囊螺栓	5	
		能脱开上仪表板总成上的卡子和导销，拆下上仪表板总成	5	
	技术规范	断开蓄电池负极电缆后等待 90 s	5	
		能使用内饰板拆装专用工具拆卸内饰板	5	
		能用保护胶带缠绕工具，防止刮花内饰板件	5	
		能在相应部位贴上保护胶带	5	

续表

<table>
<tr><th>项目</th><th>作业内容</th><th>评价要点</th><th>配分</th><th>评价</th></tr>
<tr><td rowspan="4">职业素养</td><td rowspan="2">安全及合作</td><td>特殊操作应佩戴安全帽、防酸碱手套或绝缘手套、护目镜等防护用品</td><td>5</td><td></td></tr>
<tr><td>小组作业时应互相配合、合理分工，不可发生争执</td><td>5</td><td></td></tr>
<tr><td rowspan="2">“5S”管理</td><td>注意安全操作，不可随意放置工具、量具且不应有其他安全隐患</td><td>3</td><td></td></tr>
<tr><td>工作台、地上有油污时应及时擦掉，废弃物应环保处理</td><td>2</td><td></td></tr>
<tr><td colspan="3">总评分</td><td colspan="2"></td></tr>
</table>

任务十七

上仪表板的安装（一）

学习目标

1. 能准备安装上仪表板所需的工具、设备。
2. 能查阅维修手册，整理上仪表板的安装方法。
3. 能根据维修手册，正确使用工具安装上仪表板。
4. 能查阅资料，叙述上仪表板安装的技术标准。

任务描述

上仪表板安装是否规范、到位不仅影响汽车内饰的美观程度，甚至会影响前排乘客侧安全气囊的正常工作。现应用丰田卡罗拉 1.6 车型学习汽车上仪表板的安装方法。

问题 1：组合仪表上的指示灯有哪些？

____

____

问题 2：如何对仪表上的指示灯进行检查测试？

____

____

相关知识

汽车仪表上的报警指示灯比较多，一般来说，可分为以下三类。

1. 状态指示灯

状态指示灯用于指示车辆处在什么工作状态（如转向指示灯），灯光颜色一般为蓝色或绿色。

2. 故障指示灯

故障指示灯用于提示驾驶员车辆某个系统的功能失常，需要尽快处理，一般不影响行驶（如燃油不足、排放故障等），灯光颜色一般为黄色。

3. 警告灯

警告灯主要是在车辆出现故障或异常情况时进行警示，此类灯亮时应引起驾驶员高度重视（如机油压力警告灯），灯光颜色一般为红色。

任务准备

1. 工具器材

操作前首先需要准备以下设备、工具及辅助材料等（以单工位为例）。

设备、工具及辅助材料

序号	名称	规格	数量
1	实训车	丰田卡罗拉 1.6	1
2	工具车（含常用工具）	JTC	1
3	预置式扭力扳手	5 ~25 N · m	1
4	零件车	/	1
5	翼子板及前格栅布	/	1
6	车内四件套	/	1
7	棉纱手套	/	5

2. 分工及操作

职务	代码	姓名	工作内容
组长	A		
组员	B		
	C		
	D		
	E		

任务实施

下面以丰田卡罗拉 1.6 车型为例，介绍上仪表板的安装方法。

序号	图示	步骤及技术要点
1	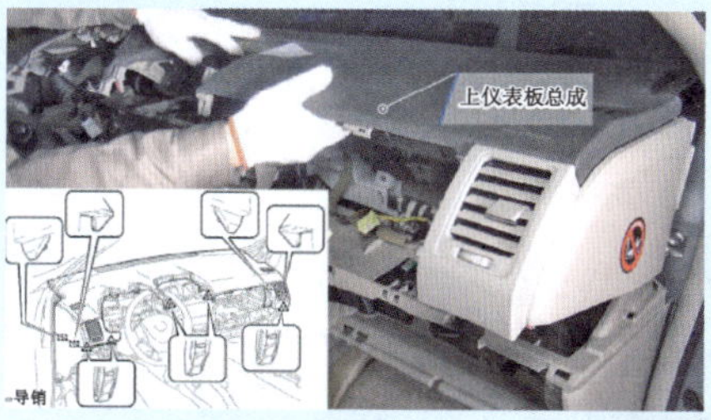	接合上仪表板上的卡爪和导销，安装上仪表板总成 注意：________ ________________ ________________
2	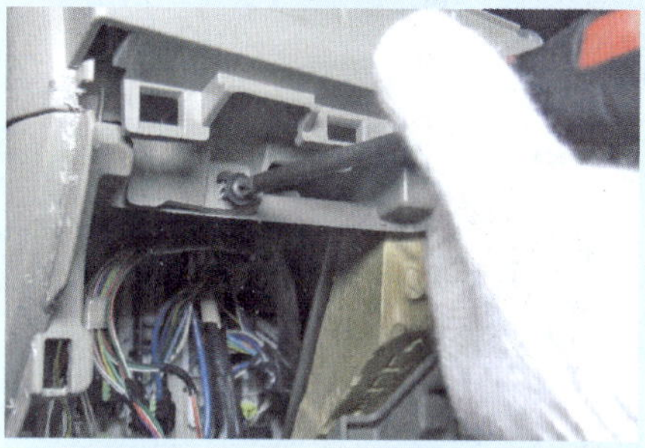	使用________安装上仪表板的3个固定螺钉
3	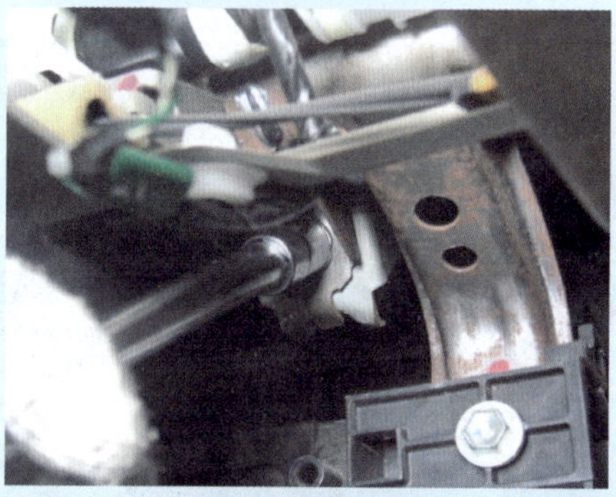	用________安装前排乘客侧气囊，用预置式扭力扳手校验扭矩，扭矩为____N · m
4	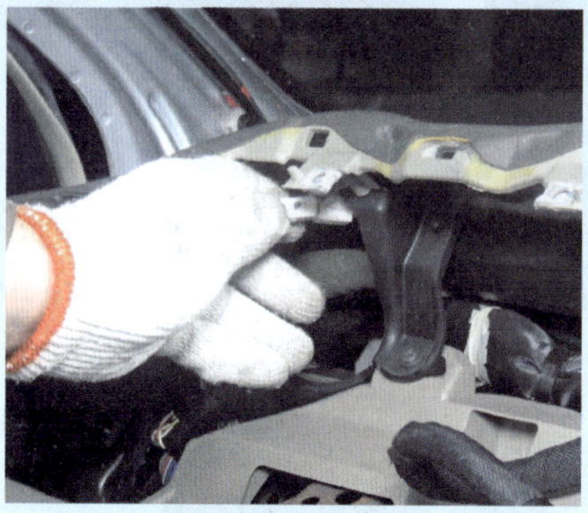	连接上仪表板上的阳光传感器连接器
5	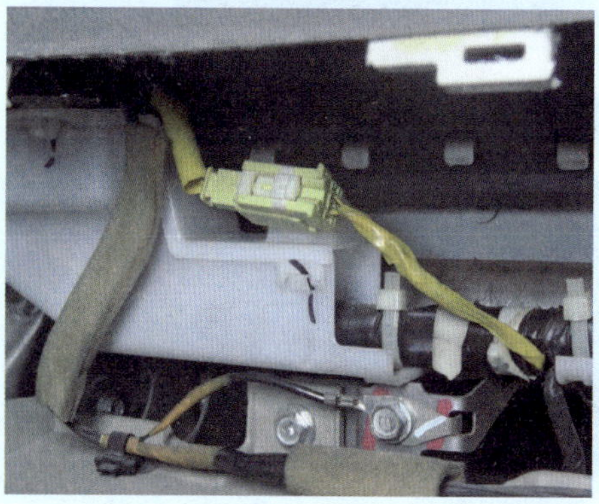	连接前排乘客侧气囊连接器，将仪表板线束总成安装到前排乘客侧气囊总成上

续表

序号	图示	步骤及技术要点
6	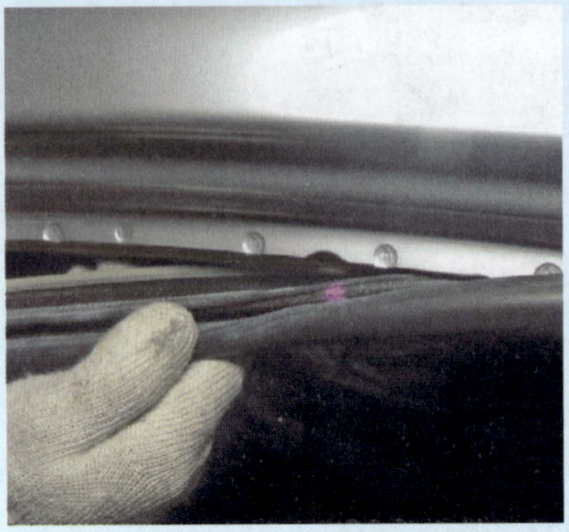	将装饰密封条上的________定位标记对准车身的________部分，安装左前车门装饰密封条 注意：________________________
7	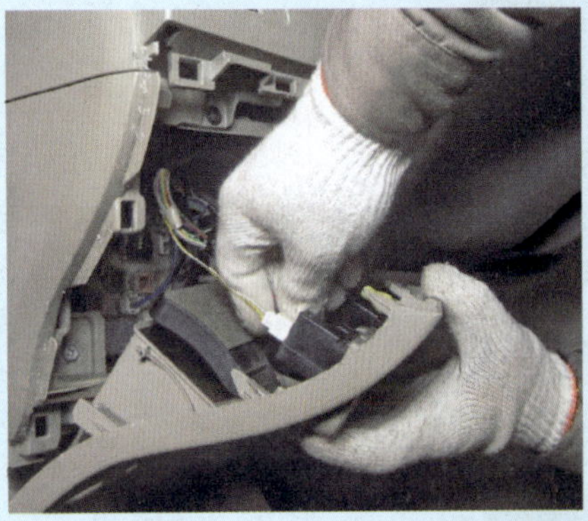 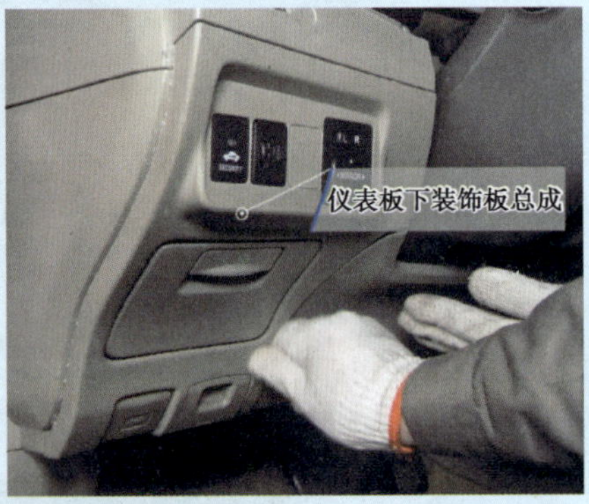 仪表板下装饰板总成	连接安全指示灯连接器、前照灯光束高度调整开关连接器、车外后视镜开关连接器，接合 6 个卡爪和 3 个卡子，安装仪表板下装饰板总成
8	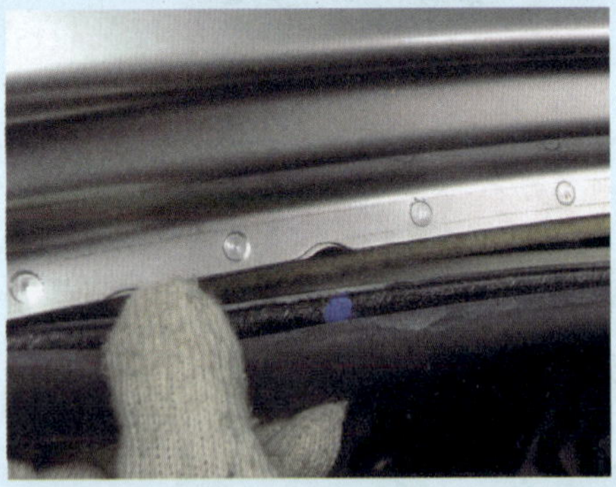	将装饰密封条上的________定位标记对准车身的________部分，安装右前车门装饰密封条
9	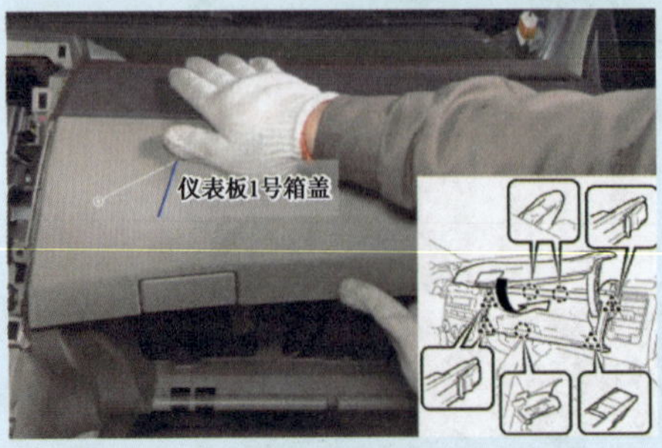 仪表板1号箱盖	接合仪表板 1 号箱盖的 3 个卡爪和 4 个卡子，使用十字旋具安装仪表板 1 号箱盖总成上的螺钉

续表

序号	图示	步骤及技术要点
9	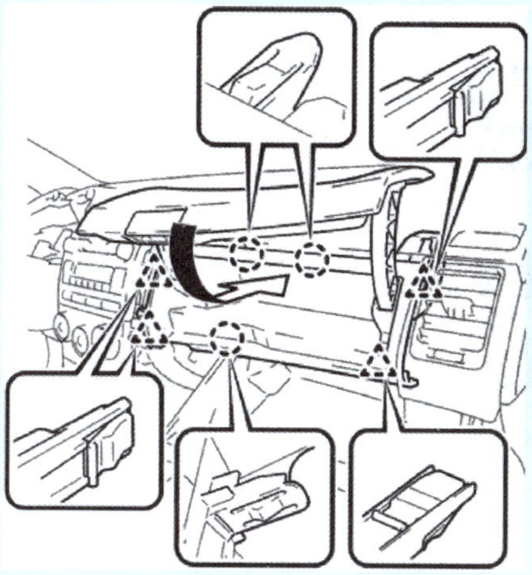 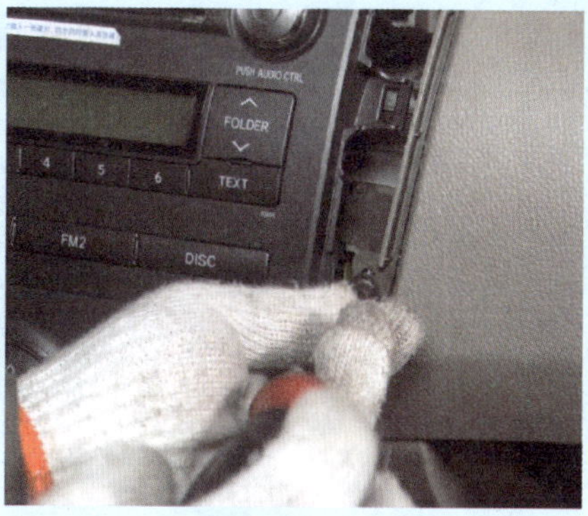	
10	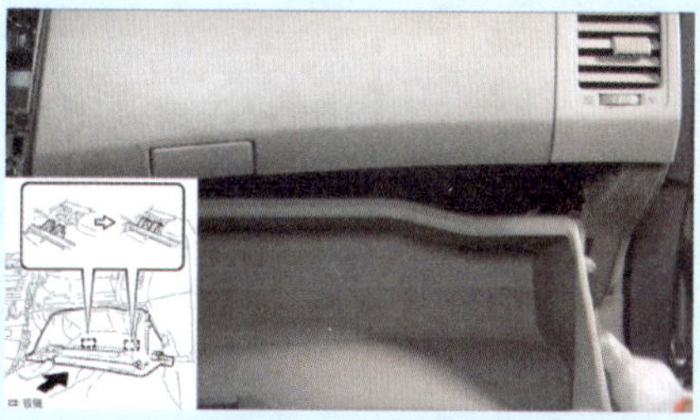 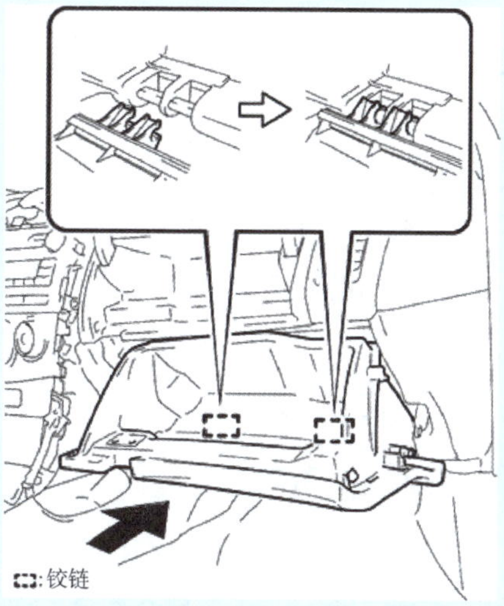 铰链 :铰链	用手______插入手套箱盖总成并接合两个铰链
11	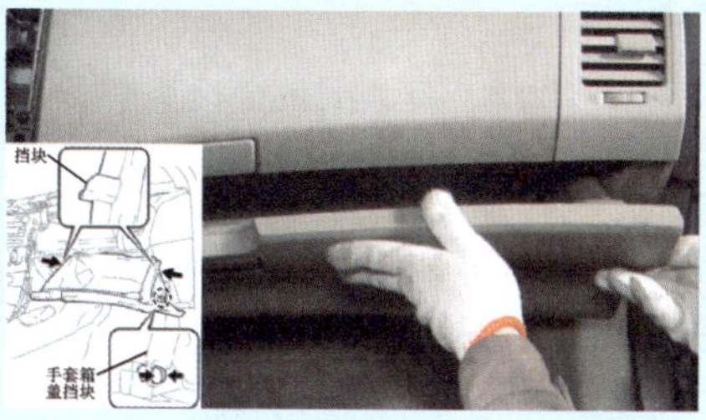 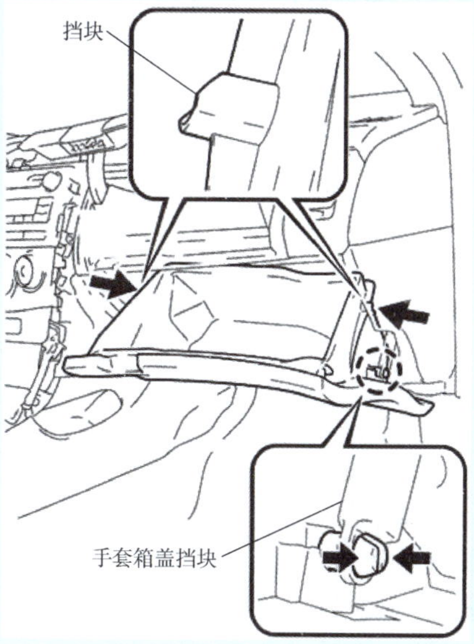 挡块 手套箱盖挡块 挡块 手套箱盖挡块	接合手套箱盖卡爪，连接手套箱盖挡块，安装手套箱盖总成，由于上仪表板安装步骤较多，安装时要注意观察______ ______

续表

序号	图示	步骤及技术要点
12	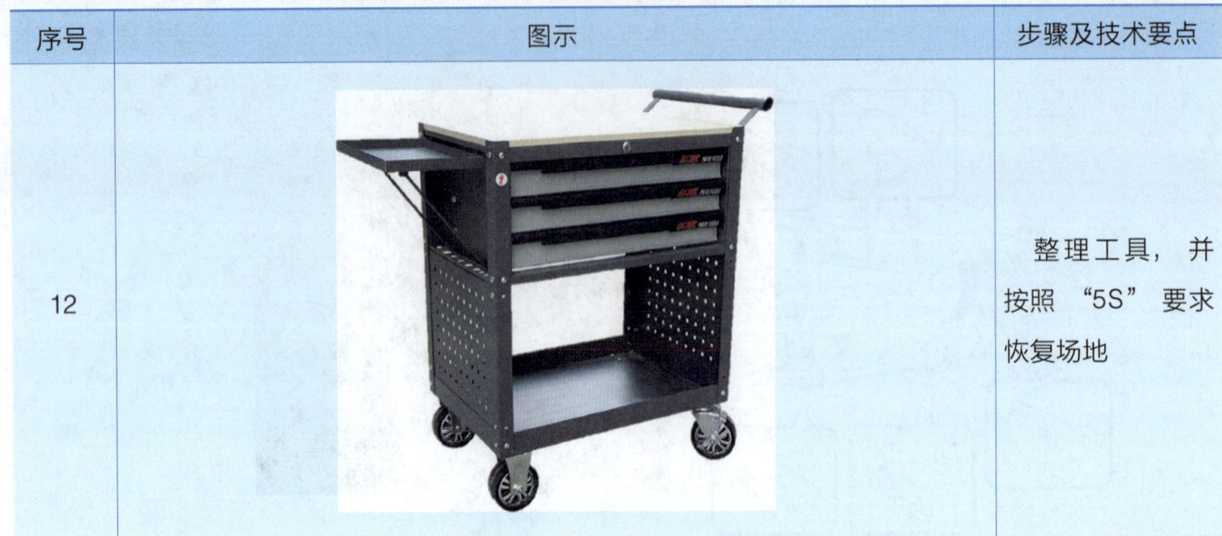	整理工具，并按照“5S”要求恢复场地

任务评价

项目	作业内容	评价要点	配分	评价
准备工作	场地准备	工位应干净、整洁，地面无油污	2	
		车辆停靠在合适位置	2	
	车辆防护	铺设翼子板及前格栅布	2	
		铺设车内四件套	3	
	人员防护	工作服穿戴整齐	2	
		拆装操作时应佩戴棉纱手套	3	
	工具、量具检查	检查工具车中工具是否齐全、整洁	3	
		检查预置式扭力扳手是否能正常工作	3	
操作	操作要点	能安装上仪表板总成	5	
		能使用十字旋具安装上仪表板的 3 个固定螺钉	5	
		能用 15 mm 螺栓安装前排乘客侧气囊	5	
		能安装左前车门装饰密封条	5	
		能连接乘客侧安全气囊连接器	5	
		能连接安全指示灯连接器、前照灯光束高度调整开关连接器、车外后视镜开关连接器	5	
		能安装右前车门装饰密封条	5	
		能安装手套箱盖总成	5	
		能安装仪表板 1 号箱盖总成	5	

续表

<table>
<tr><th>项目</th><th>作业内容</th><th>评价要点</th><th>配分</th><th>评价</th></tr>
<tr><td rowspan="4">操作</td><td rowspan="4">技术规范</td><td>能知道乘客侧安全气囊总成固定螺栓标准安装力矩</td><td>5</td><td></td></tr>
<tr><td>能正确定位左前车门装饰密封条安装标记</td><td>5</td><td></td></tr>
<tr><td>能正确定位右前车门装饰密封条安装标记</td><td>5</td><td></td></tr>
<tr><td>能在断电情况下连接乘客侧安全气囊连接器</td><td>5</td><td></td></tr>
<tr><td rowspan="4">职业素养</td><td rowspan="2">安全及合作</td><td>特殊操作应佩戴安全帽、防酸碱手套或绝缘手套、护目镜等防护用品</td><td>5</td><td></td></tr>
<tr><td>小组作业时应互相配合、合理分工，不可发生争执</td><td>5</td><td></td></tr>
<tr><td rowspan="2">“5S”管理</td><td>注意安全操作，不可随意放置工具、量具且不应有其他安全隐患</td><td>3</td><td></td></tr>
<tr><td>工作台、地上有油污时应及时擦掉，废弃物应环保处理</td><td>2</td><td></td></tr>
<tr><td colspan="3">总评分</td><td colspan="2"></td></tr>
</table>

任务十八 上仪表板的安装（二）

学习目标

1. 能准备安装上仪表板所需的工具、设备。
2. 能查阅维修手册，整理上仪表板的安装方法。
3. 能根据维修手册，正确使用工具安装上仪表板。
4. 能查阅资料，叙述上仪表板安装的技术标准。

任务描述

为完成上仪表板的安装，除安装上仪表板总成、前排乘客侧气囊等零部件外，还要安装装饰板和中央仪表板调风器等零部件。现应用丰田卡罗拉 1.6 车型继续学习上仪表板的安装方法。

问题 1：拆装仪表板过程中为什么一定要先断电？

____

____

问题 2：如何判断安全气囊系统的工作状态？

____

____

任务准备

1. 工具器材

操作前需要准备以下设备、工具及辅助材料等（以单工位为例）。

设备、工具及辅助材料

序号	名称	规格	数量
1	实训车	丰田卡罗拉 1.6	1
2	工具车（含常用工具）	JTC	1
3	零件车	/	1
4	车内四件套	/	1
5	翼子板及前格栅布	/	1
6	棉纱手套	/	5

2. 分工及操作

职务	代码	姓名	工作内容
组长	A		
组员	B		
	C		
	D		
	E		

任务实施

下面以丰田卡罗拉 1.6 车型为例，介绍上仪表板的安装方法。

序号	图示	步骤及技术要点
1	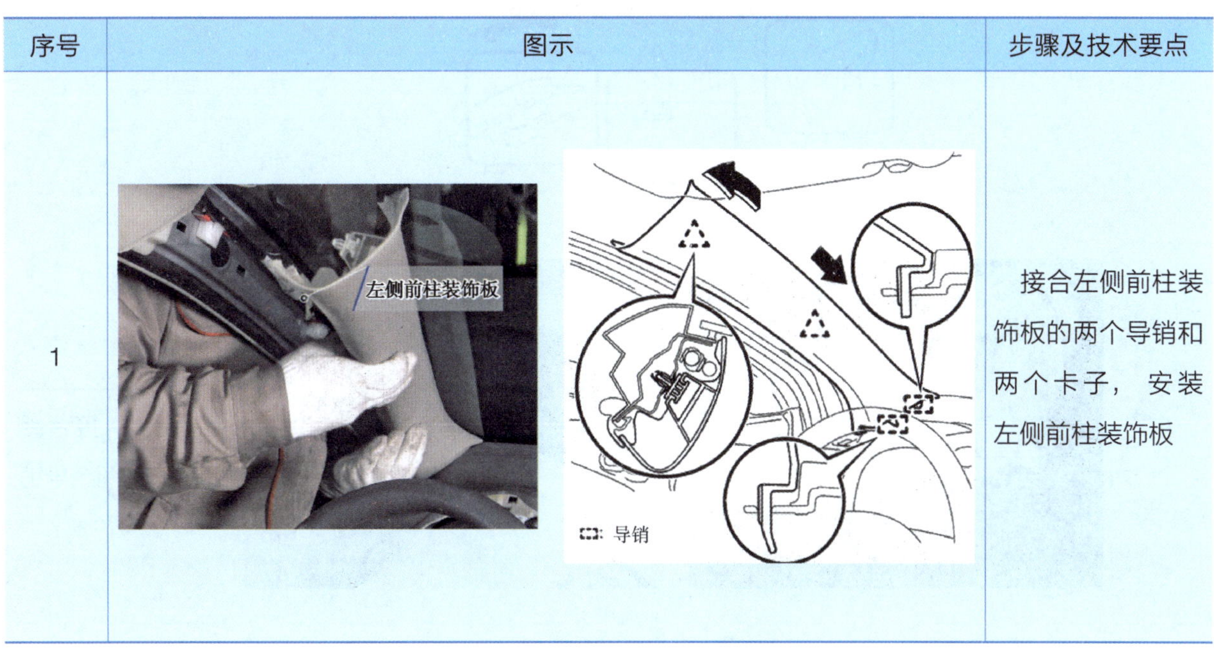	接合左侧前柱装饰板的两个导销和两个卡子，安装左侧前柱装饰板

续表

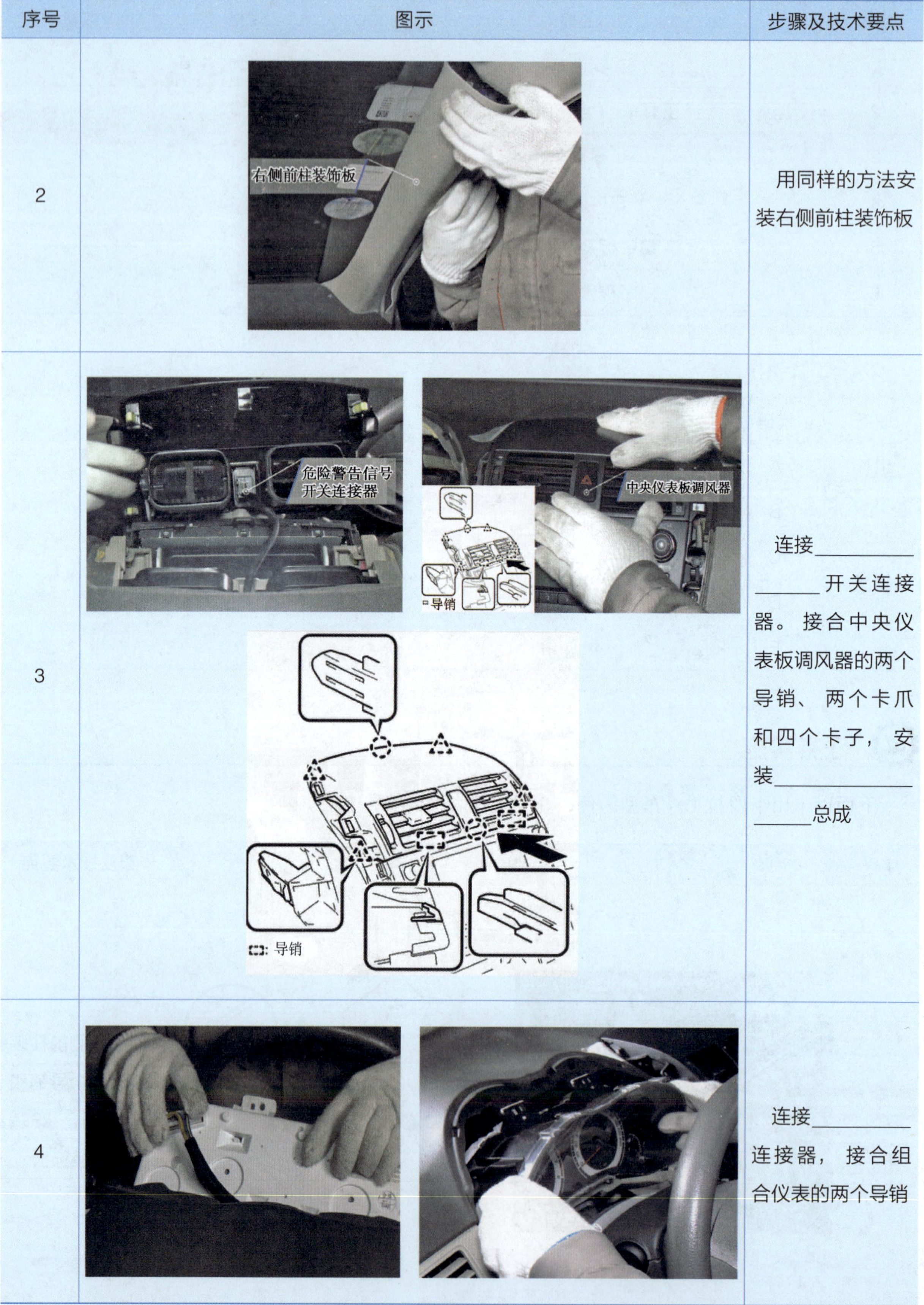

序号	图示	步骤及技术要点
2		用同样的方法安装右侧前柱装饰板
3		连接__________________开关连接器。接合中央仪表板调风器的两个导销、两个卡爪和四个卡子，安装__________________总成
4		连接__________连接器，接合组合仪表的两个导销

续表

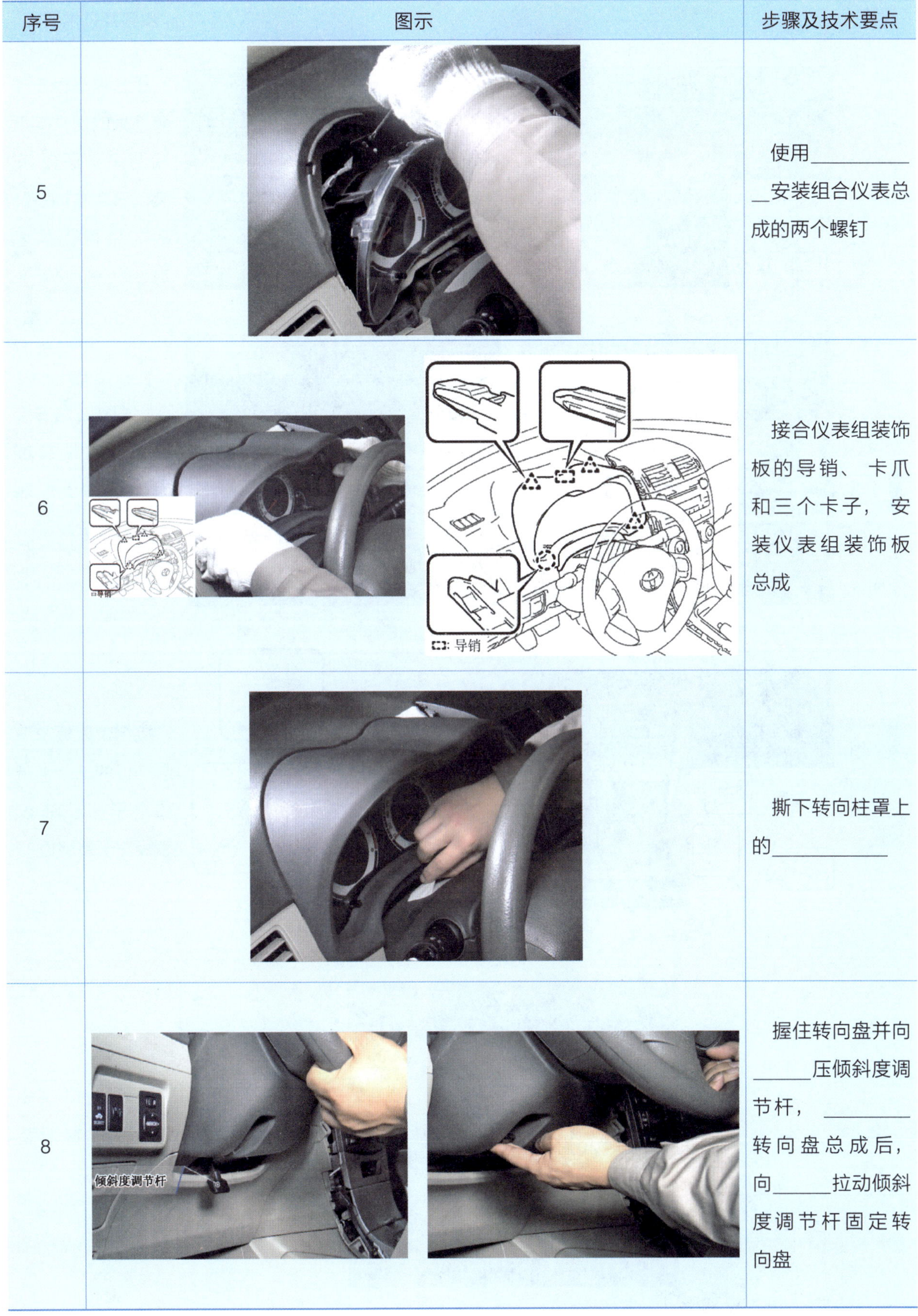

序号	图示	步骤及技术要点
5		使用___________安装组合仪表总成的两个螺钉
6		接合仪表组装饰板的导销、卡爪和三个卡子，安装仪表组装饰板总成
7		撕下转向柱罩上的__________
8		握住转向盘并向______压倾斜度调节杆，_________转向盘总成后，向______拉动倾斜度调节杆固定转向盘

续表

序号	图示	步骤及技术要点
9	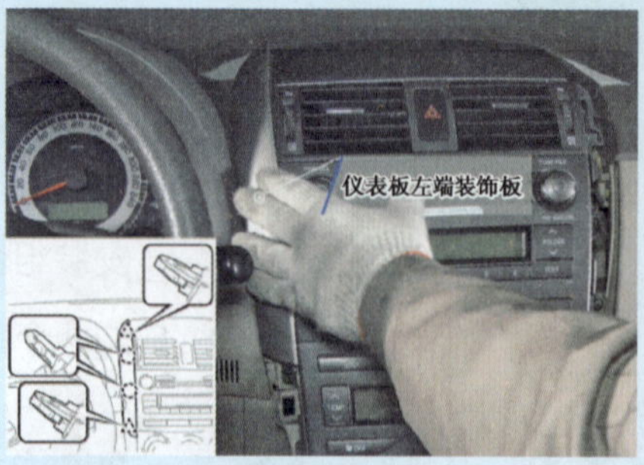 	接合仪表板左端装饰板的两个卡爪和两个卡子，安装仪表板左端装饰板，清除上仪表板上的保护胶带
10	 	用同样方法安装仪表板右端装饰板，清除上仪表板上的保护胶带
11	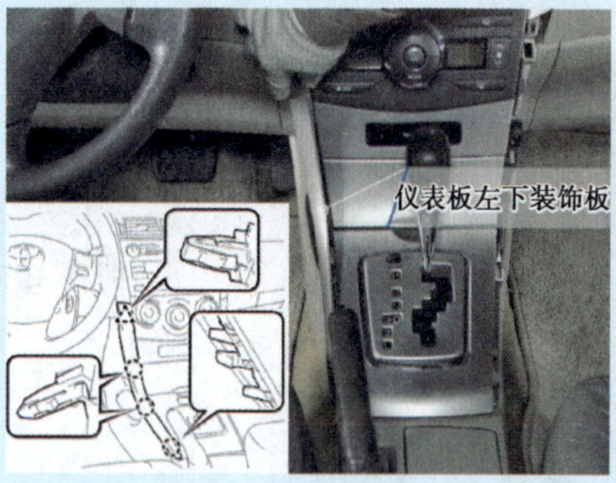 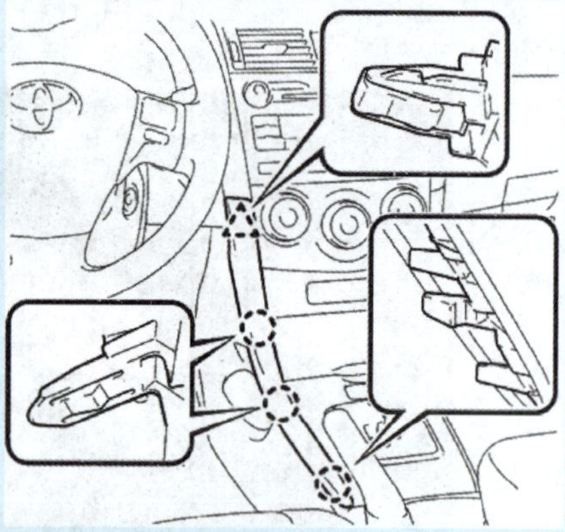	接合仪表板左下装饰板的三个卡爪和卡子，安装仪表板左下装饰板
12	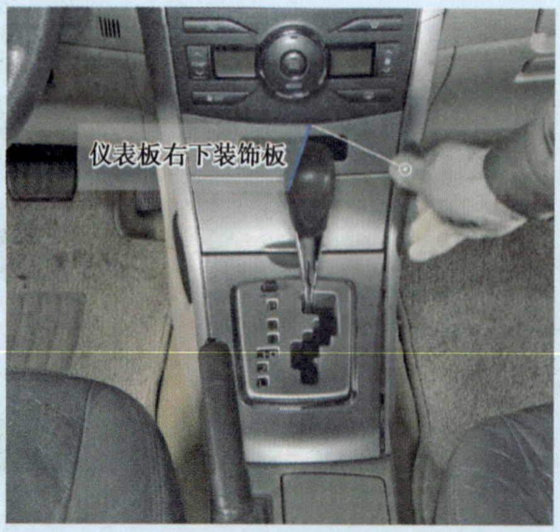	用同样的方法安装仪表板右下装饰板

续表

序号	图示	步骤及技术要点
13	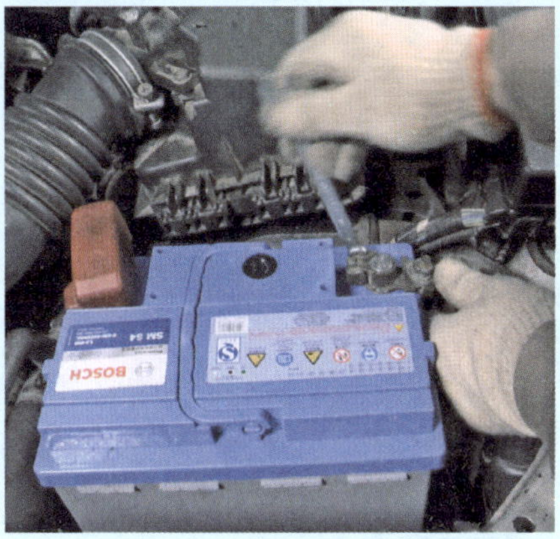	将蓄电池________连接到________________
14	 	将点火开关置于________位置约______s 后，安全气囊警告指示灯________，说明安全气囊系统________ 不同车型的上仪表板的结构和安装方法各不相同，需按照维修手册规范操作
15		整理工具，并按照“5S”要求恢复场地

任务评价

项目	作业内容	评价要点	配分	评价
准备工作	场地准备	工位应干净、整洁，地面无油污	2	
		车辆停靠在合适位置	2	
	车辆防护	铺设翼子板及前格栅布	2	
		铺设车内四件套	3	
	人员防护	工作服穿戴整齐	2	
		拆装操作时应佩戴棉纱手套	3	
	工具、量具检查	检查工具车内工具是否齐全、整洁	6	
操作	操作要点	能安装左侧、右侧前柱装饰板	5	
		能连接危险警告信号开关连接器	5	
		能安装中央仪表板调风器总成	10	
		能使用十字旋具安装组合仪表总成	5	
		能安装仪表组装饰板总成	10	
		能将蓄电池负极电缆连接到蓄电池负极上	5	
		能检查安全气囊警告指示灯工作情况	5	
	技术规范	能在重新连接蓄电池电缆时，重新设置收音机、电动座椅等系统有关参数	10	
		能正确判断安全气囊系统是否正常工作	10	
职业素养	安全及合作	特殊操作应佩戴安全帽、防酸碱手套或绝缘手套、护目镜等防护用品	5	
		小组作业时应互相配合、合理分工，不可发生争执	5	
	“5S”管理	注意安全操作，不可随意放置工具、量具且不应有其他安全隐患	3	
		工作台、地上有油污时应及时擦掉，废弃物应环保处理	2	
总评分				

任务十九 刮水器电动机总成的拆卸

学习目标

1. 能准备拆卸刮水器电动机总成所需的工具、设备。
2. 能查阅维修手册，整理刮水器电动机总成的拆卸方法。
3. 能根据维修手册，正确使用工具拆卸刮水器电动机总成。
4. 能查阅资料，叙述刮水器电动机总成拆卸的技术标准。

任务描述

一车辆刮水器无法动作，经维修技师检查后发现是刮水器电动机不工作所导致的，现需要将刮水器电动机总成拆卸下来，以待进一步检查。

问题1：电动刮水器的作用有哪些？

____

____

问题2：如何操作电动刮水器？

____

____

相关知识

刮水器是刮擦风窗玻璃水污的装置，有时与风窗洗涤装置共同工作，属于汽车附属装置。

一般汽车的前风窗玻璃上装有两个刮水片，部分汽车在后风窗玻璃上装有一个刮水片，有些豪华轿车的前照灯也装有刮水器和清洗器系统，这样可以更有效地保证行车安全。

任务准备

1. 工具器材

操作前需要准备以下设备、工具及辅助材料等（以单工位为例）。

设备、工具及辅助材料

序号	名称	规格	数量
1	实训车	丰田卡罗拉 1.6	1
2	工具车（含常用工具）	JTC	1
3	零件车	/	1
4	内饰板拆装专用工具	/	1
5	翼子板及前格栅布	/	1
6	车内四件套	/	1
7	棉纱手套	/	5
8	拆装工作台	/	1

2. 分工及操作

职务	代码	姓名	工作内容
组长	A		
组员	B		
	C		
	D		
	E		

任务实施

下面以丰田卡罗拉 1.6 车型为例，介绍刮水器电动机总成的拆卸方法。

序号	图示	步骤及技术要点
1	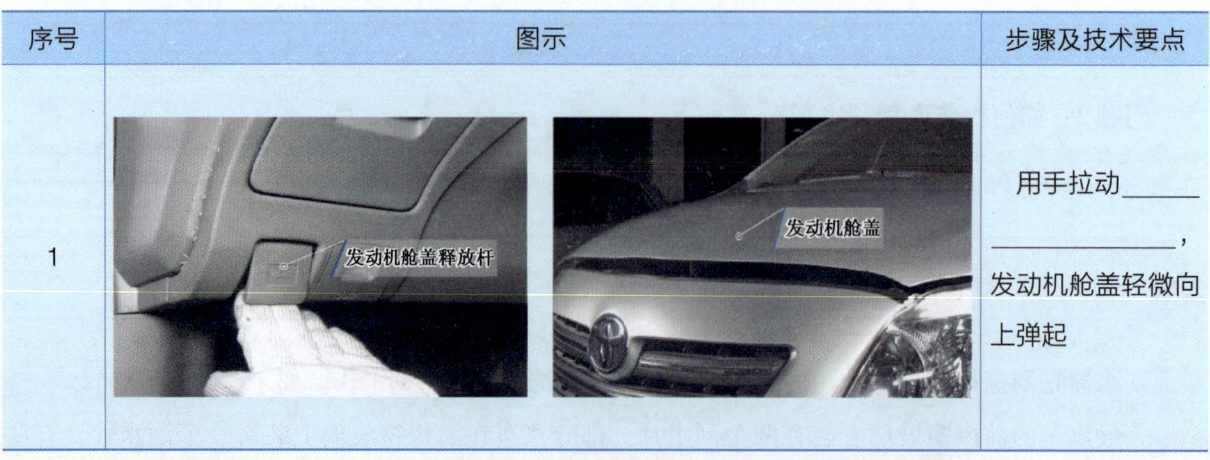	用手拉动____________________，发动机舱盖轻微向上弹起

续表

序号	图示	步骤及技术要点
2	  发动机舱盖辅助卡钩 发动机舱盖支撑杆	用手释放辅助卡钩把手并提起发动机舱盖，确保支撑杆完全插入槽内，使发动机舱盖保持________状态
3		用内饰板拆装专用工具拆下前刮水器臂的两个端盖
4	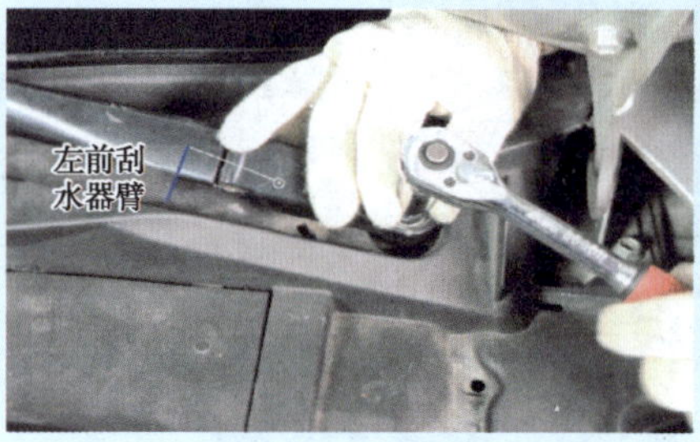 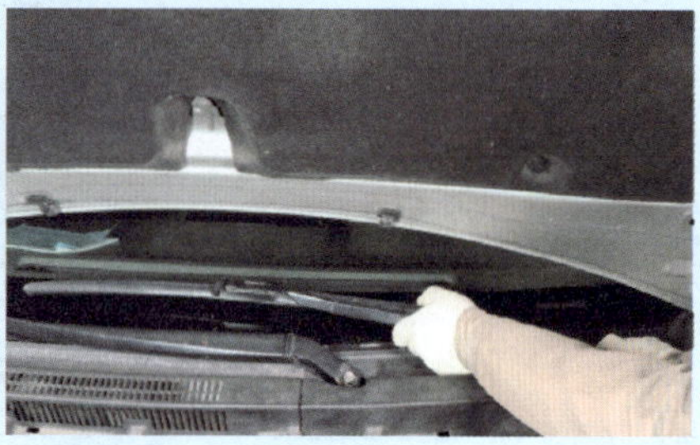 左前刮水器臂	用__________拆下左前刮水器臂固定螺母，取下左前刮水器臂和刮水片总成
5	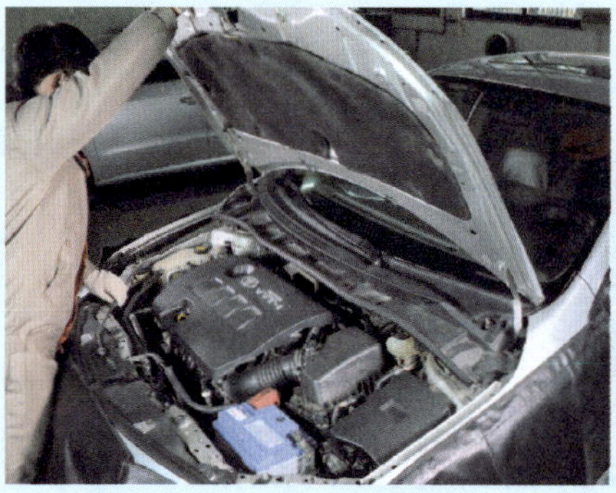 	用右手向上略微撑起__________，左手将支撑杆从发动机舱盖槽内移开，将支撑杆放回卡子内，轻轻放下发动机舱盖

续表

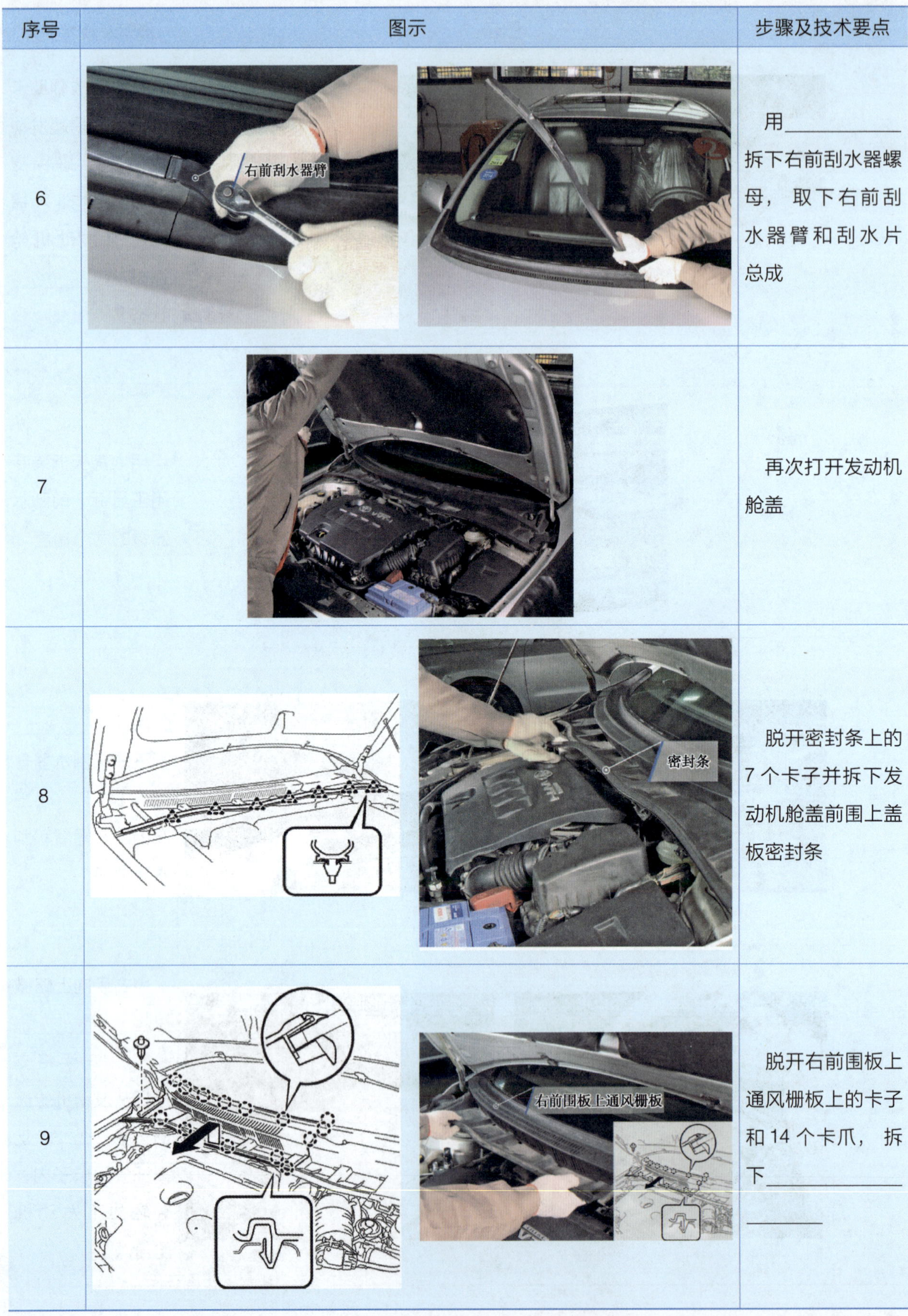

序号	图示	步骤及技术要点
6		用________拆下右前刮水器螺母，取下右前刮水器臂和刮水片总成
7		再次打开发动机舱盖
8		脱开密封条上的7个卡子并拆下发动机舱盖前围上盖板密封条
9		脱开右前围板上通风栅板上的卡子和14个卡爪，拆下________________

续表

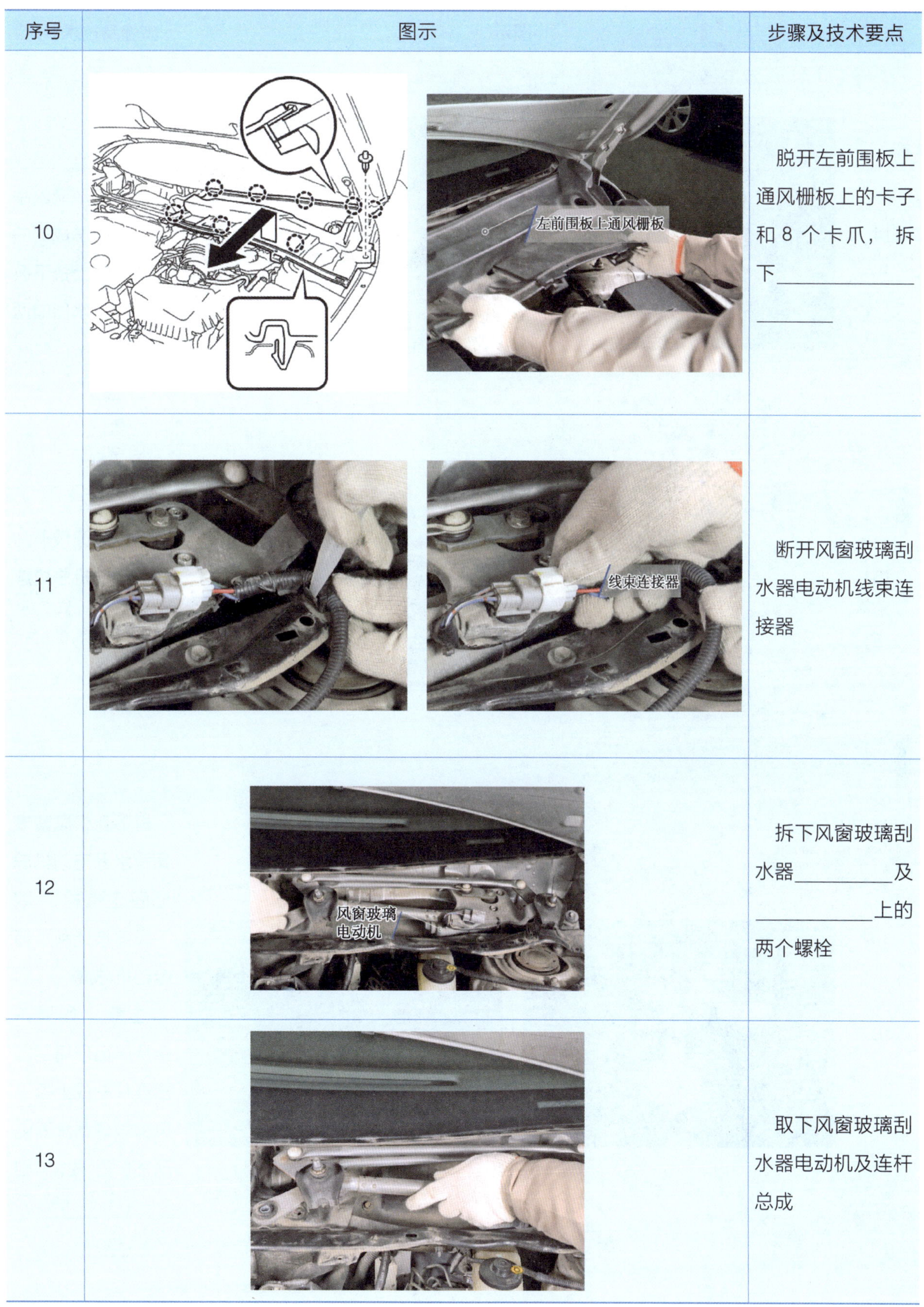

序号	图示	步骤及技术要点
10		脱开左前围板上通风栅板上的卡子和 8 个卡爪，拆下________________
11		断开风窗玻璃刮水器电动机线束连接器
12		拆下风窗玻璃刮水器__________及__________上的两个螺栓
13		取下风窗玻璃刮水器电动机及连杆总成

续表

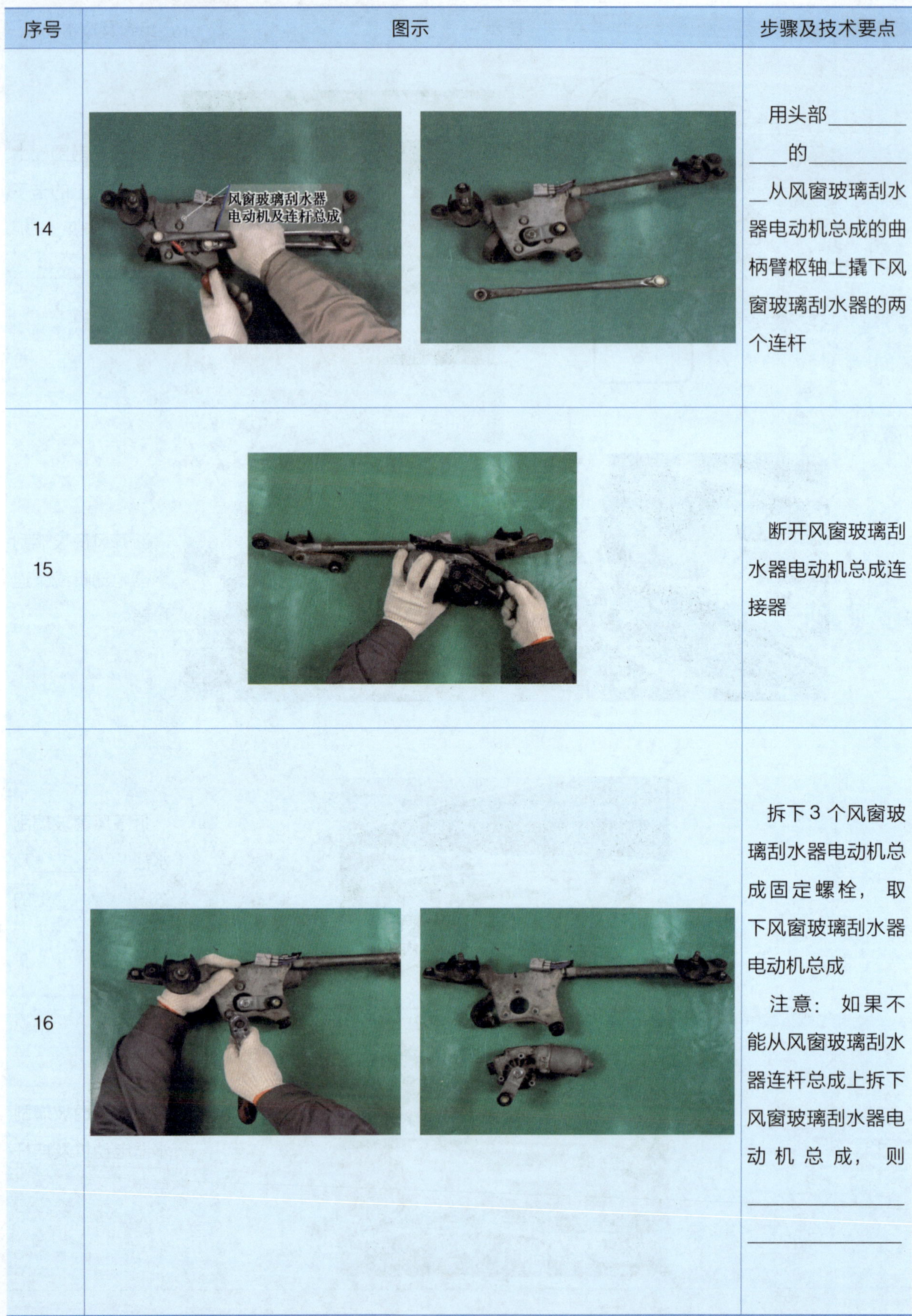

序号	图示	步骤及技术要点
14		用头部____________的____________从风窗玻璃刮水器电动机总成的曲柄臂枢轴上撬下风窗玻璃刮水器的两个连杆
15		断开风窗玻璃刮水器电动机总成连接器
16		拆下 3 个风窗玻璃刮水器电动机总成固定螺栓，取下风窗玻璃刮水器电动机总成 注意：如果不能从风窗玻璃刮水器连杆总成上拆下风窗玻璃刮水器电动机总成，则________________________________

续表

序号	图示	步骤及技术要点
17		断开刮水器电动机线束卡夹，拆下刮水器电动机线束 不同车型刮水器电动机总成的拆卸方法类似，一般需要先拆下________________，再根据不同车型的具体情况，拆卸影响刮水器电动机总成的零部件，最后拆下__________________
18		整理工具，并按照“5S”要求恢复场地

任务评价

项目	作业内容	评价要点	配分	评价
准备工作	场地准备	工位应干净、整洁，地面无油污	2	
		车辆停靠在合适位置	2	
	车辆防护	铺设翼子板及前格栅布	2	
		铺设车内四件套	3	
	人员防护	工作服穿戴整齐	2	
		拆装操作时应佩戴棉纱手套	3	
	工具、量具检查	检查工具车中工具是否齐全、整洁	6	

续表

项目	作业内容	评价要点	配分	评价
操作	操作要点	能打开发动机舱盖	5	
		能使用内饰板拆装专用工具拆下前刮水器臂的两个端盖	5	
		能取下左前、右前刮水器臂和刮水片总成	5	
		能拆下发动机舱盖前围上盖板密封条、通风栅板	5	
		能断开风窗玻璃刮水器电动机线束连接器	5	
		能拆下风窗玻璃刮水器电动机及连杆总成上的两个螺栓	5	
		能取下风窗玻璃刮水器电动机及连杆总成	5	
		能拆下风窗玻璃刮水器的两个连杆	5	
		能断开风窗玻璃刮水器电动机总成连接器	5	
		能取下风窗玻璃刮水器电动机总成	5	
		能断开刮水器电动机线束卡夹，拆下刮水器电动机线束	5	
	技术规范	能在拆卸刮水器臂时不损坏风窗玻璃	10	
职业素养	安全及合作	特殊操作应佩戴安全帽、防酸碱手套或绝缘手套、护目镜等防护用品	5	
		小组作业时应互相配合、合理分工，不可发生争执	5	
	“5S”管理	注意安全操作，不可随意放置工具、量具且不应有其他安全隐患	3	
		工作台、地上有油污时应及时擦掉，废弃物应环保处理	2	
总评分				

任务二十 刮水器电动机总成的检查

学习目标

1. 能准备检查刮水器电动机总成所需的工具、设备。
2. 能查阅维修手册，整理刮水器电动机总成的检查方法。
3. 能根据维修手册，正确使用工具、量具检查刮水器电动机总成。
4. 能查阅维修资料，叙述刮水器电动机总成检查的技术标准。

任务描述

将刮水器电动机总成拆卸后，需要对刮水器电动机总成通电检查以判断其技术状况。现应用丰田卡罗拉 1.6 车型学习刮水器电动机总成的检查方法。

问题 1：电动刮水器有哪些挡位？

____

____

问题 2：各刮水挡位分别适用于什么情况？

____

____

相关知识

电动刮水系统一般在汽车组合开关手柄上设有刮水器控制开关。电动刮水器设有高速挡、低速挡、间歇挡、空挡、点动挡和洗涤挡 6 个挡位，各挡位的功能及使用情况如下。

控制开关位置	使用情况	功能
高速挡 HI	大雨	加快刮水片的摆动频率，使其将雨水快速刮干净
低速挡 LO	中雨	能刮净雨水，但其自身的摆动频率不是很快，不会影响视线
间歇挡 INT	小雨	刮水器每 3 ~6 s 工作一次
空挡 OFF	不工作时	使刮水器停止工作并复位到最初状态
点动挡 MIST	有非连续水滴时	刮水器电动机低速工作，松开刮水器开关手柄，开关自动跳回空挡
洗涤挡 PULL	玻璃脏污时	洗涤电动机向风窗玻璃喷出清洗液，刮水器以低速挡工作，擦净风窗玻璃

任务准备

1. 工具器材

操作前需要准备以下设备、工具及辅助材料等（以单工位为例）。

设备、工具及辅助材料

序号	名称	规格	数量
1	刮水器电动机总成	丰田卡罗拉 1. 6	1
2	工具车（含常用工具）	JTC	1
3	拆装工作台	/	1
4	测试连接线套装	/	1
5	零件车	/	1
6	蓄电池	12 V	1
7	棉纱手套	/	5

2. 分工及操作

职务	代码	姓名	工作内容
组长	A		
组员	B		
	C		
	D		
	E		

任务实施

下面以丰田卡罗拉 1.6 车型为例，介绍刮水器电动机总成的检查方法。

序号	图示	步骤及技术要点
1	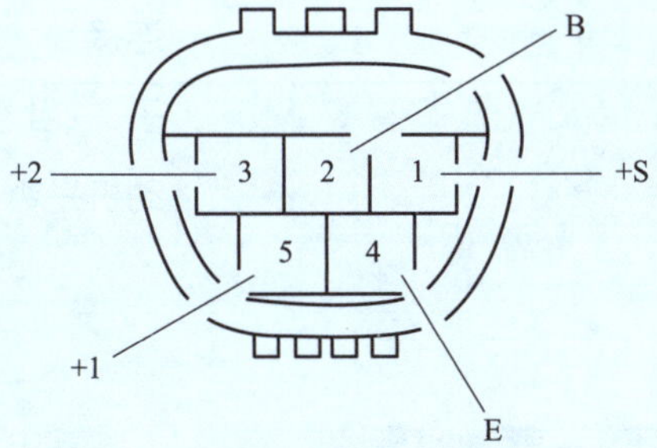 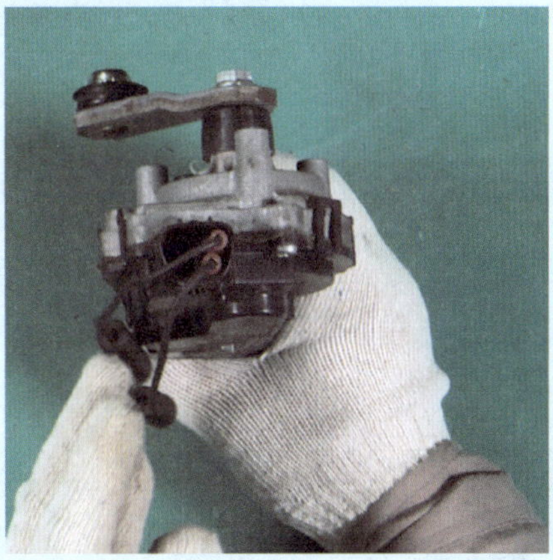 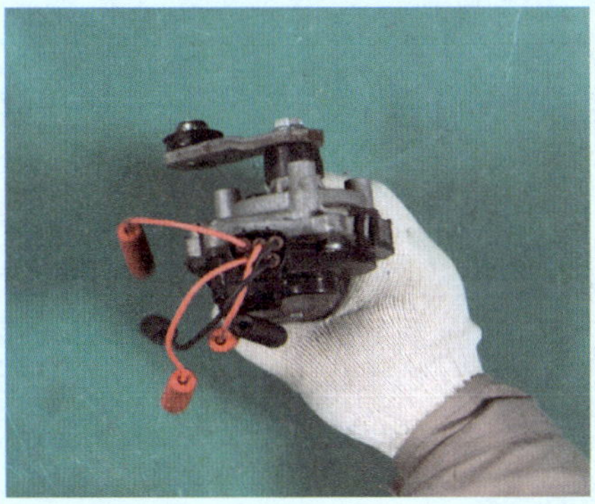 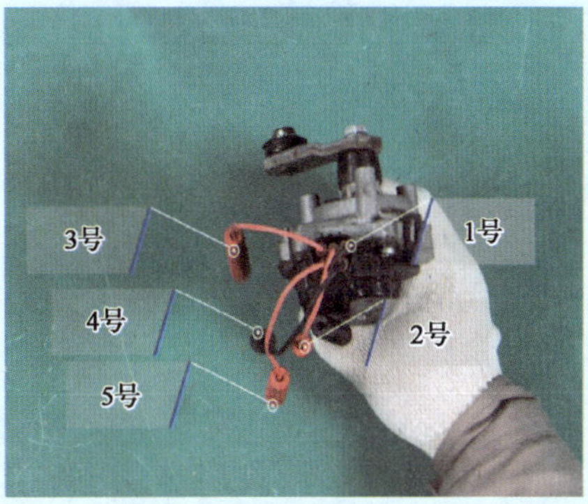	将__________分别与刮水器电动机总成______和______端子相连，将__________分别与刮水器电动机总成______、______和______端子相连

续表

序号	图示	步骤及技术要点
2	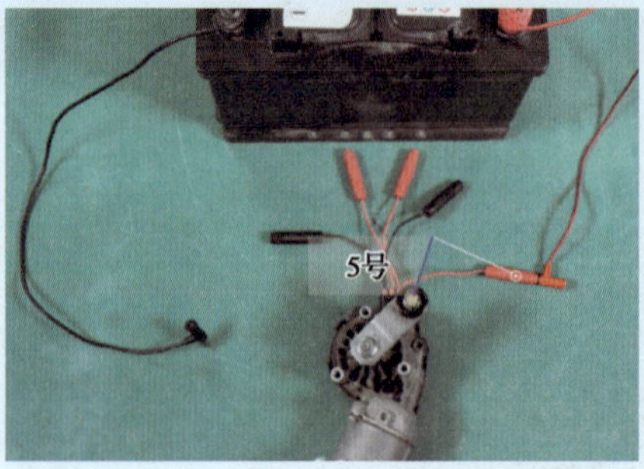 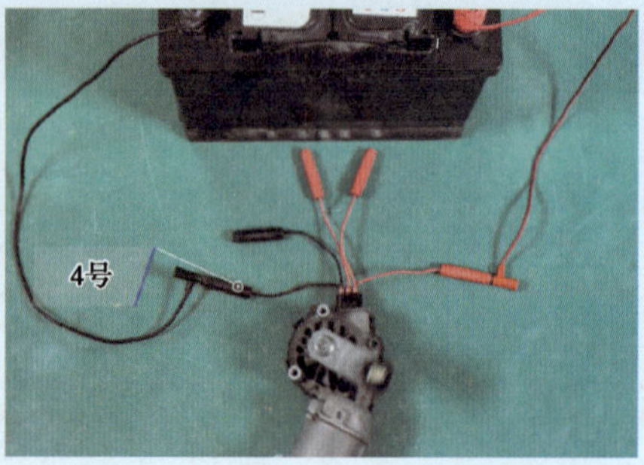	根据汽车维修手册，将蓄电池__________连接到__________端子，蓄电池__________连接到________端子，目视检查电动机是否______________
3	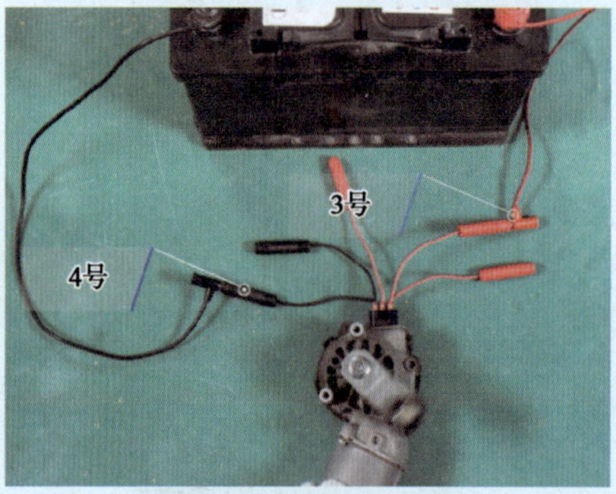	将蓄电池__________连接到________端子，将蓄电池__________连接到________端子，目视检查电动机是否________
4	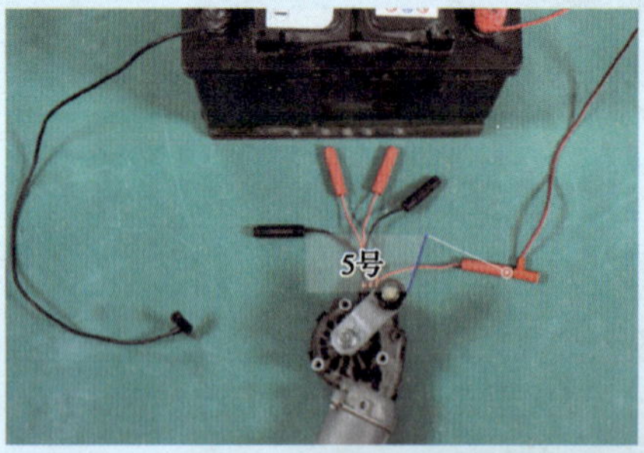 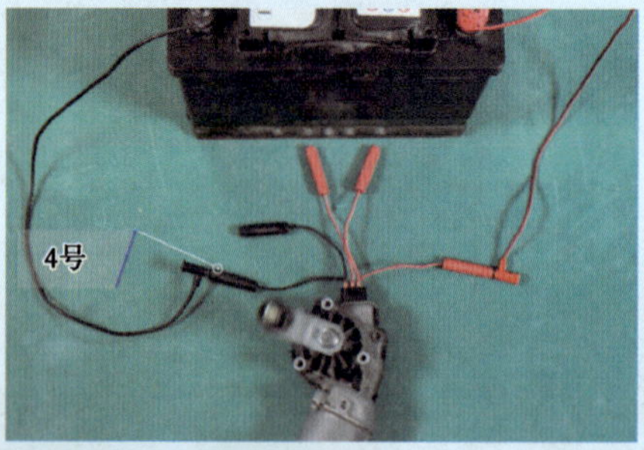 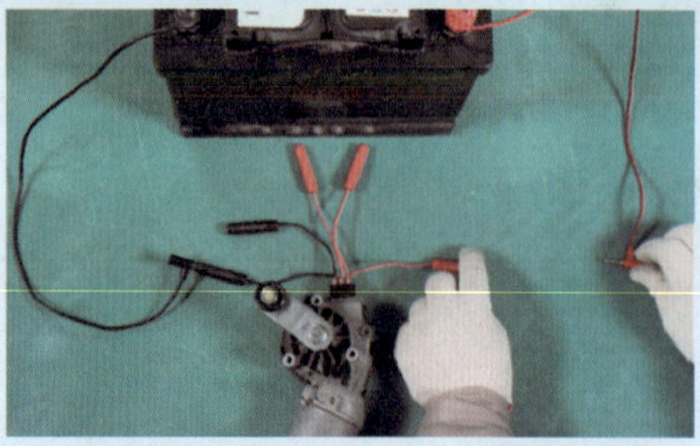	将蓄电池__________连接至________端子，将蓄电池__________连接至________端子 电动机________时，断开__________端子使刮水器电动机____________________________

续表

序号	图示	步骤及技术要点
5	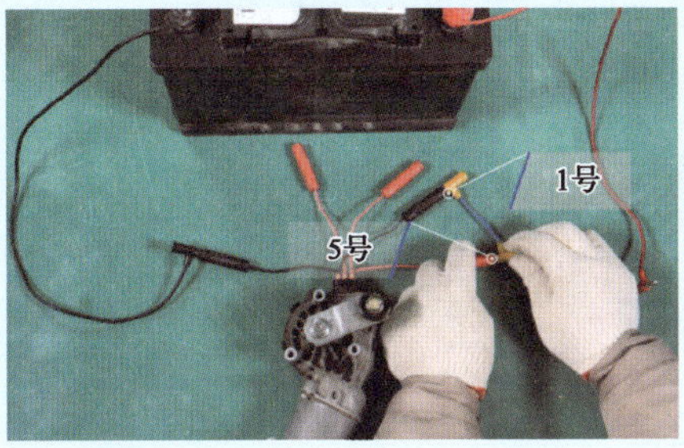 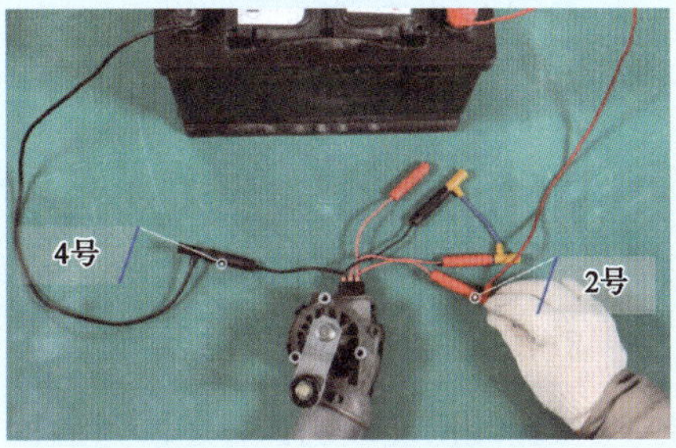	用连接线连接________端子和________端子。将蓄电池____________连接至________端子，将蓄电池____________连接至________端子，使电动机________________
6	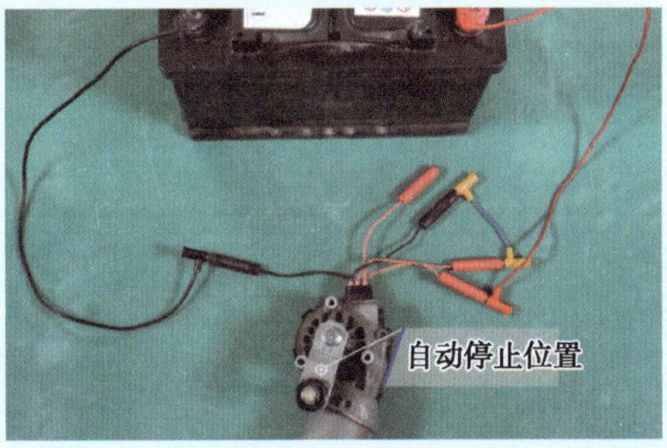	检查电动机能否在自动停止位置自动停止，检查刮水器电动机总成时，一般需要检查刮水器电动机总成在______和________时的运行情况，以及刮水器的__________
7		整理工具，并按照“5S”要求恢复场地

任务评价

项目	作业内容	评价要点	配分	评价
准备工作	场地准备	工位应干净、整洁，地面无油污	2	
		蓄电池、刮水器电动机总成等应稳固放置于拆装工作台上	2	
	设备防护	工具车要稳固，防止移动倾覆	2	
		拆装工作台要平稳，防止零件掉落	3	
	人员防护	工作服穿戴整齐	2	
		拆装操作时应佩戴棉纱手套	3	
	工具、量具检查	检查测试连接线套装是否齐全、整洁	3	
		检查蓄电池是否能正常工作	3	
操作	操作要点	能将蓄电池正极引线连接到 5 号端子，蓄电池负极引线连接到 4 号端子，并能目视检查电动机是否低速运行	5	
		能将蓄电池正极引线连接到 3 号端子，蓄电池负极引线连接到 4 号端子，并能目视检查电动机是否高速运行	5	
		能正确连接测试线至对应端子	10	
		能在电动机低速旋转时，断开 5 号端子，使刮水器电动机停止在除自动停止位置外的任何位置	10	
		能将蓄电池正极引线连接至 2 号端子，蓄电池负极引线连接至 4 号端子，使电动机以低速重新启动	5	
		能检查电动机能否在自动停止位置自动停止	10	
	技术规范	能掌握刮水器电动机的测试方法	10	
		能掌握电动机插接器端子号及其相对应的功能	5	
		能叙述测试连接器的规范	5	
职业素养	安全及合作	特殊操作应佩戴安全帽、防酸碱手套或绝缘手套、护目镜等防护用品	5	
		小组作业时应互相配合、合理分工，不可发生争执	5	
	“5S” 管理	注意安全操作，不可随意放置工具、量具且不应有其他安全隐患	3	
		工作台、地上有油污时应及时擦掉，废弃物应环保处理	2	
总评分				

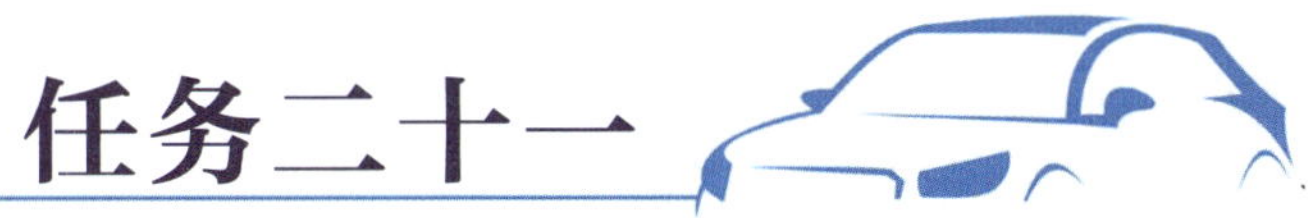

任务二十一 刮水器电动机总成的安装

学习目标

1. 能准备安装刮水器电动机总成所需的工具、设备。
2. 能查阅维修手册，整理刮水器电动机总成的安装方法。
3. 能根据维修手册，正确使用工具安装刮水器电动机总成。
4. 能查阅维修资料，叙述刮水器电动机总成安装的技术标准。

任务描述

应按照维修手册规范安装刮水器电动机总成。现应用丰田卡罗拉 1.6 车型学习汽车刮水器电动机总成的安装方法。

问题 1：汽车刮水系统主要由哪些部件组成？

____

____

问题 2：刮水器电动机总成安装完毕后需要复位吗？

____

____

相关知识

刮水系统主要由刮水器电动机、传动机构（包括涡轮箱、曲柄、连杆和摆杆）、刮水器臂等组成。此外，还包括开关、间歇继电器等附属机构。

1. 刮水器电动机

汽车刮水器电动机一般采用三刷二速刮水器电动机，安装于前风窗玻璃空调进气格栅的下面。刮水器电动机主要由直流电动机、减速机构和复位机构等组成。

2. 传动机构

刮水器的传动机构有钢索式和连杆式两种形式，现广泛采用四连杆机构中的曲柄摇杆机构。

3. 刮水器臂

刮水器臂由刮水器臂头部、刮片弹簧、刮杆和夹持架等组成。

任务准备

1. 工具器材

操作前需要准备以下设备、工具及辅助材料等（以单工位为例）。

设备、工具及辅助材料

序号	名称	规格	数量
1	拆装工作台	/	1
2	实训车	丰田卡罗拉 1.6	1
3	工具车（含常用工具）	JTC	1
4	预置式扭力扳手	10～100 N·m	1
5	零件车	/	1
6	翼子板和前格栅布	/	1
7	润滑脂	/	1
8	车内四件套	/	1
9	棉纱手套	/	5
10	扎带	中号	5

2. 分工及操作

职务	代码	姓名	工作内容
组长	A		
组员	B		
	C		
	D		
	E		

任务实施

下面以丰田卡罗拉1.6车型为例，介绍刮水器电动机总成的安装方法。

序号	图示	步骤及技术要点
1		安装刮水器电动机线束，接合连接器卡夹，用新的扎带固定刮水器电动机线束并剪掉扎带的多余部分
2		用预置式扭力扳手拧紧3个螺栓以安装风窗玻璃刮水器电动机总成，扭矩为____N·m
3		连接风窗玻璃刮水器电动机总成连接器

续表

序号	图示	步骤及技术要点
4	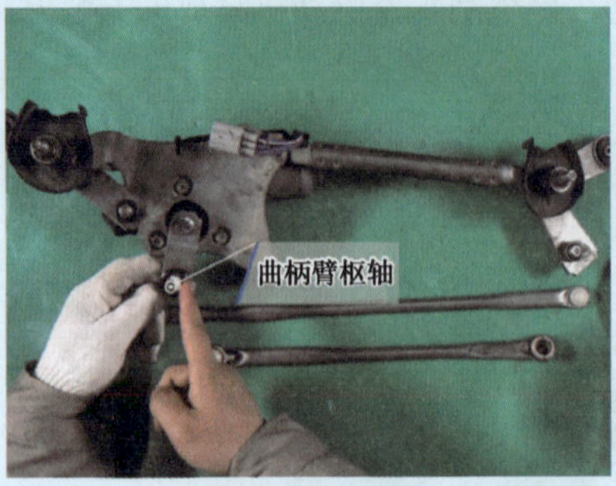 曲柄臂枢轴	在风窗玻璃刮水器电动机总成的曲柄臂枢轴上涂抹____________
5	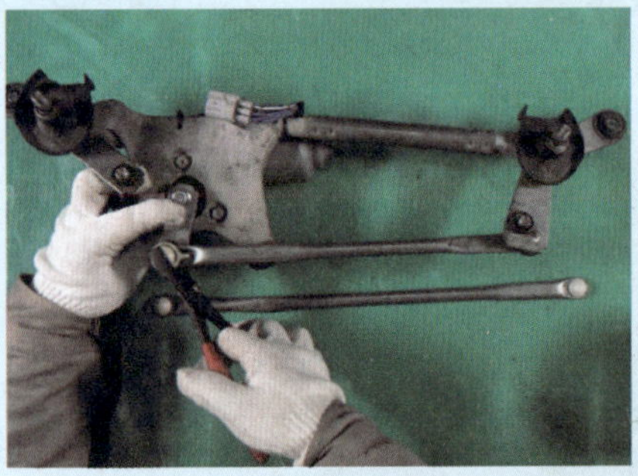 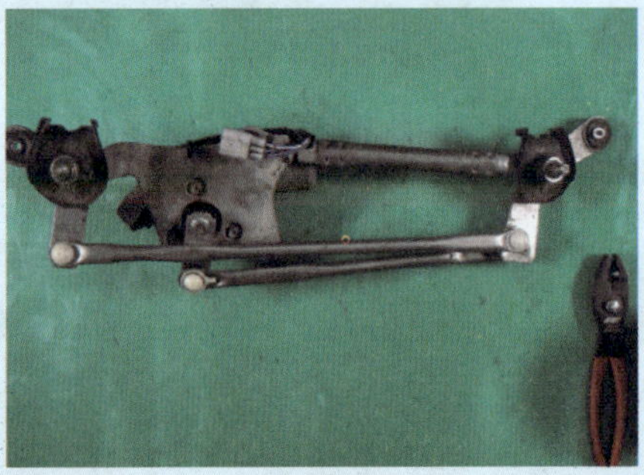	用__________夹住风窗玻璃刮水器____________和____________，将风窗玻璃刮水器连杆总成的两个连杆安装到风窗玻璃刮水器电动机总成的曲柄臂枢轴上
6	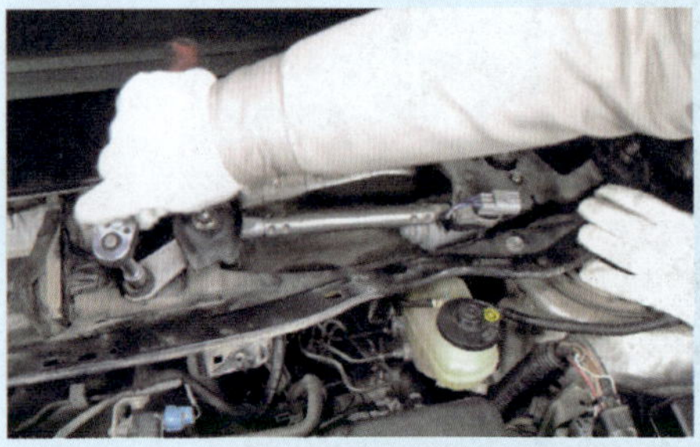	用两个螺栓安装风窗玻璃刮水器电动机及连杆总成，扭矩为____N · m，用预置式扭力扳手校验扭矩
7	 	连接风窗玻璃刮水器电动机和连杆总成连接器，固定线束

续表

序号	图示	步骤及技术要点
8	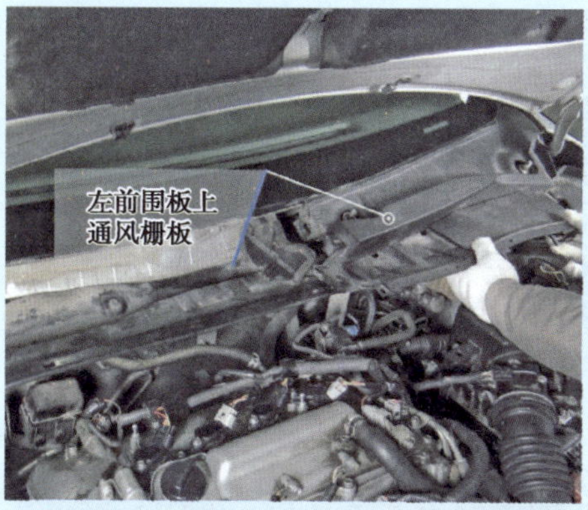 左前围板上通风栅板	安装左前围板上通风栅板
9	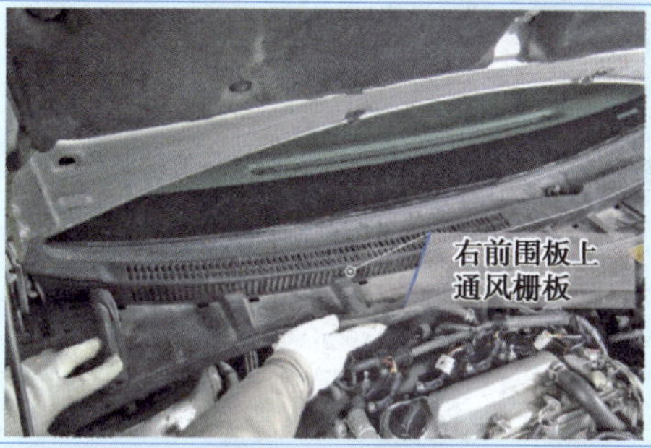 右前围板上通风栅板	安装右前围板上通风栅板
10	 前围上盖板密封条	依次接合 7 个卡子，安装发动机舱盖前围上盖板密封条
11	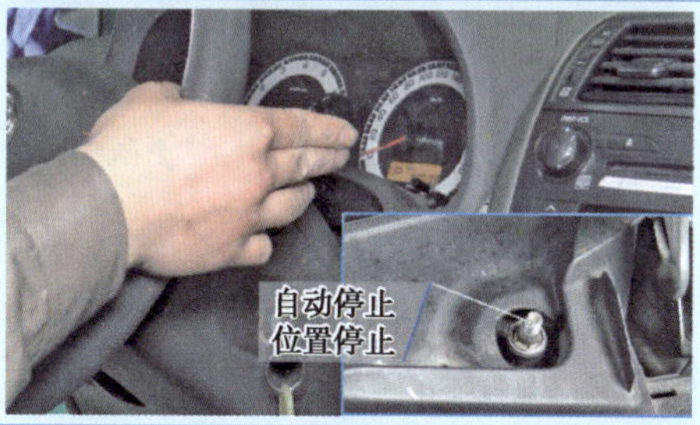 自动停止位置停止	________点火开关后，打开________________再________，使刮水器在____________
12	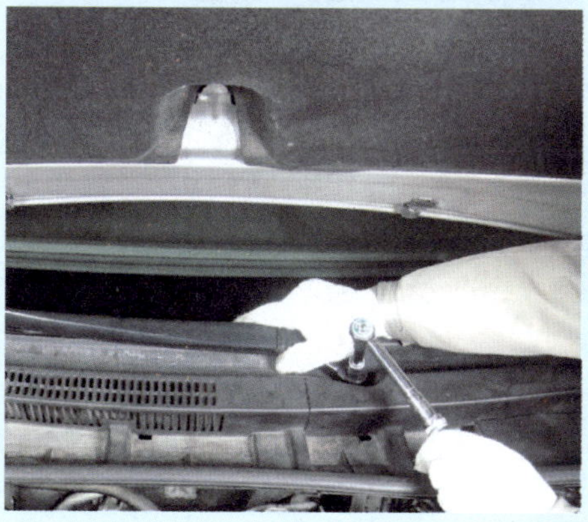	用预置式扭力扳手安装右前刮水器臂和刮水片总成，用手握住刮水器臂铰链以紧固螺母，扭矩为____N · m

续表

序号	图示	步骤及技术要点
13	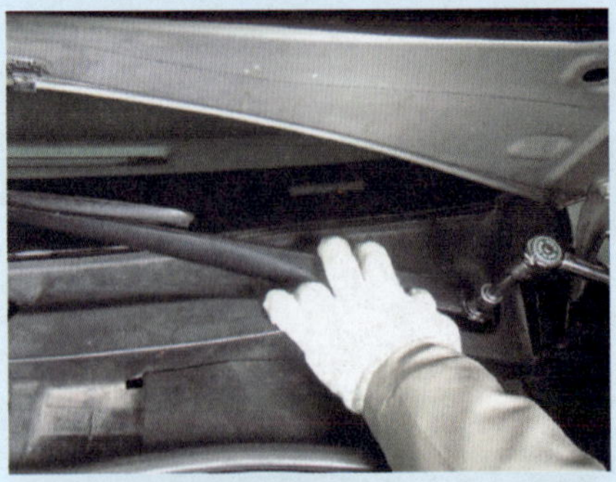	用同样的方法安装左前刮水器臂和刮水片总成
14	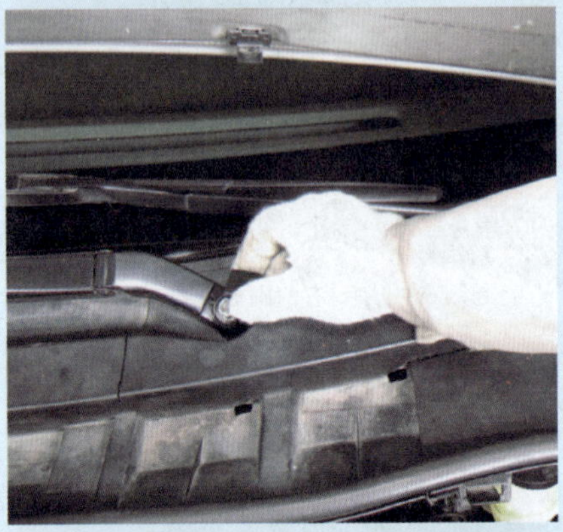	安装前刮水器臂的两个端盖
15		关闭发动机舱盖
16		在风窗玻璃上_______________的同时，操作前刮水器，确保前刮水器工作正常，并且___________ 刮水器电动机总成安装完毕，应反复检查刮水器臂的摆动位置，确保刮水器工作正常，并且能够在_______________________停止

续表

序号	图示	步骤及技术要点
17		整理工具，并按照“5S”要求恢复场地

任务评价

项目	作业内容	评价要点	配分	评价
准备工作	场地准备	工位应干净、整洁，地面无油污	2	
		车辆停靠在合适位置	2	
	车辆防护	铺设翼子板及前格栅布	2	
		铺设车内四件套	3	
	人员防护	工作服穿戴整齐	2	
		拆装操作时应佩戴棉纱手套	3	
	工具、量具检查	检查工具车中工具是否齐全、整洁	3	
		检查预置式扭力扳手是否能正常工作	3	
操作	操作要点	能正确安装刮水器电动机线束，接合连接器卡夹	5	
		能正确安装风窗玻璃刮水器电动机总成及连接器	5	
		能在风窗玻璃刮水器电动机总成的曲柄臂枢轴上涂抹润滑脂	5	
		能正确安装风窗玻璃刮水器电动机及连杆总成	10	
		能正确安装通风栅板及密封条	5	
		能在打开点火开关后，打开刮水器开关再关闭，使刮水器在自动停止位置停止	5	
		能正确安装左前、右前刮水器臂和刮水片总成	5	
		能正确操作前刮水器，反复检查刮水器臂的摆动位置，确保刮水器工作正常，并且能够在自动停止位置停止	5	
	技术规范	能掌握紧固件的标准紧固力矩	10	
		能掌握检查刮水系统工作状态是否正常的方法	10	

续表

项目	作业内容	评价要点	配分	评价
职业素养	安全及合作	特殊操作应佩戴安全帽、防酸碱手套或绝缘手套、护目镜等防护用品	5	
		小组作业时应互相配合、合理分工，不可发生争执	5	
	“5S”管理	注意安全操作，不可随意放置工具、量具且不应有其他安全隐患	3	
		工作台、地上有油污时应及时擦掉，废弃物应环保处理	2	
总评分				

任务二十二 刮水片的更换

学习目标

1. 能准备更换刮水片所需的工具、设备。
2. 查阅维修手册，整理刮水片的更换方法。
3. 能根据维修手册，正确使用工具更换刮水片。
4. 能查阅维修资料，叙述更换刮水片的技术标准。

任务描述

一车辆刮水器刮水不干净，且工作时有噪声，经维修技师检查发现，刮水片磨损严重。随着刮水器使用次数增加，刮水片逐渐磨损，刮水片的刮水性能会越来越差，同时会发出噪声，甚至刮伤风窗玻璃。因此，需要定期更换刮水片。现应用大众朗逸1.4T车型学习汽车刮水片的更换方法。

问题1：如何正确操作、使用刮水器？

____

____

问题2：更换刮水片时应注意哪些问题？

____

____

相关知识

刮水片是刮水系统中的执行器件，它由四连杆机构组成，通过安装在前围板转轴上的刮水器臂驱动，其作用是将玻璃表面的雨水抹平并形成均匀的水膜层，使光线穿过时不产生折射和弯曲变形。

1. 刮水片的分类

刮水片按照有无骨架分为有骨刮水片和无骨刮水片。

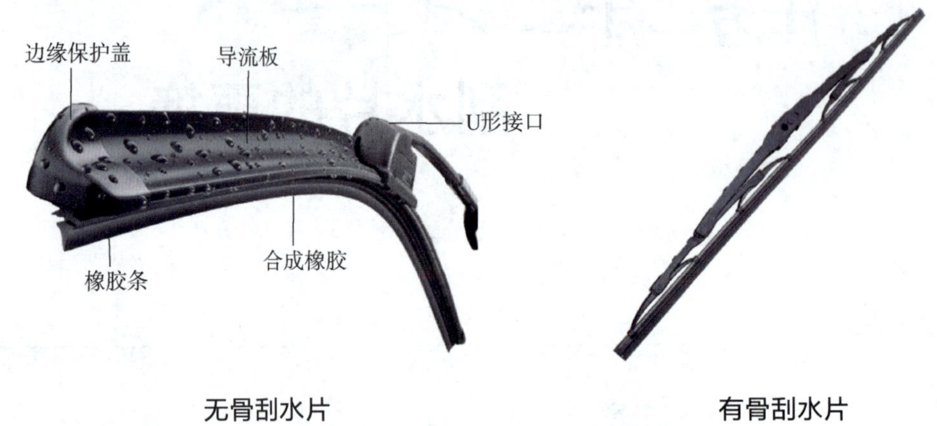

无骨刮水片　　有骨刮水片

2. 刮水片的结构

有骨刮水片由支架与橡胶刮片组成，支架包括主支架与副支架，其目的是使刮水片与风窗玻璃间的压力分布均匀。无骨刮水片则没有支架部分。

任务准备

1. 工具器材

操作前需要准备以下设备、工具及辅助材料等（以单工位为例）。

设备、工具及辅助材料

序号	名称	规格	数量
1	实训车	大众朗逸 1.4T	1
2	工具车（含常用工具）	JTC	1
3	零件车	/	1
4	翼子板及前格栅布	/	1
5	车内四件套	/	1
6	刮水片	无骨	2
7	软布	/	2

2. 分工及操作

职务	代码	姓名	工作内容
组长	A		
组员	B		
	C		
	D		
	E		

任务实施

下面以大众朗逸1.4T车型为例，介绍刮水片的更换方法。

序号	图示	步骤及技术要点
1		关闭__________，拔下___________，1 min内拨动刮水器_______至“___________”挡位，使刮水器臂处于风窗玻璃________位置
2		抬起左侧刮水器臂，将软布垫在前风窗玻璃面上，按下左侧刮水片________，将_________取下，将刮水器臂________放在_______上 注意：__________________________________

续表

序号	图示	步骤及技术要点
2	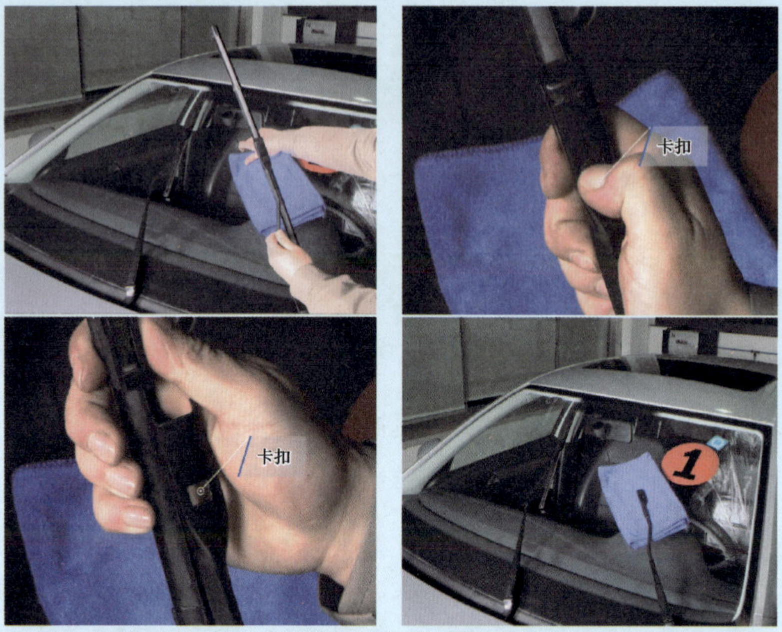 卡扣 卡扣	
3	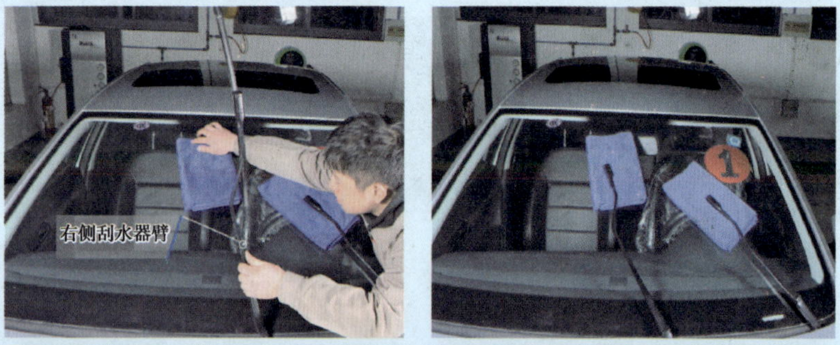 右侧刮水器臂	用同样的方法将右侧刮水片拆下，做好保护措施
4		抬起右侧刮水器臂，将新的刮水片安装到刮水器臂头部，确保安装牢靠。取走软布并将刮水器臂放回风窗玻璃面上

续表

序号	图示	步骤及技术要点
5	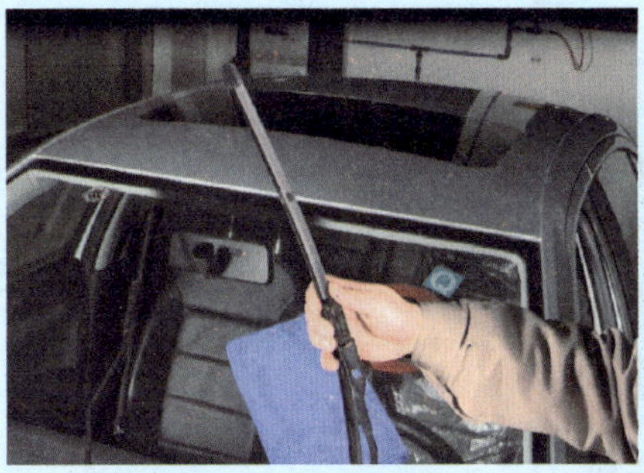 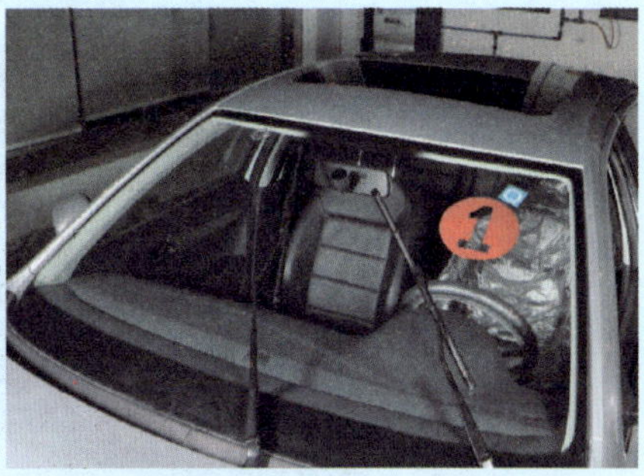	用同样的方法安装左侧刮水片 注意：主副驾驶侧的刮水片尺寸不一样，一般主大副小，需要按照车型选择合适尺寸的刮水片
6	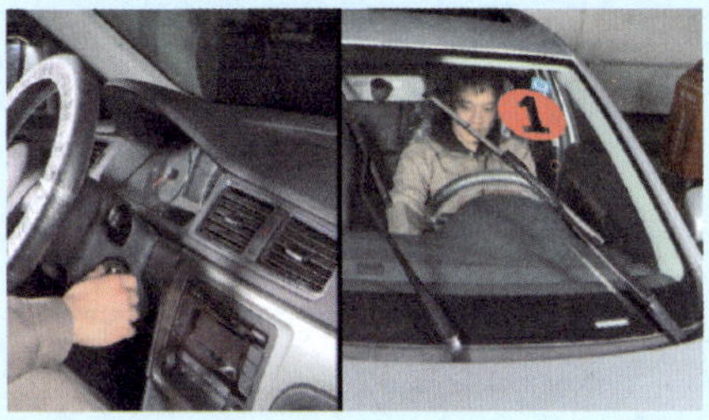 	________点火开关，拨动刮水器开关至“____________”位置，使刮水器臂回到________
7	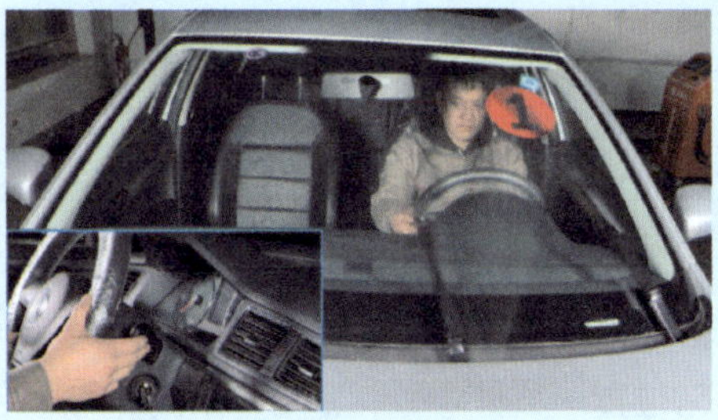	拨动刮水器开关至“________”位置，喷嘴向风窗玻璃喷出洗涤液，刮水片刮水测试，确保刮水片安装可靠、玻璃面被刮刷干净 刮水片分为____________和____________，其安装接口各有不同，要根据车型购买合适的刮水片。不同车型更换刮水片的方式不同，有的车型有中间维护位置，如大众朗逸，而有些车型没有中间维护位置，如丰田卡罗拉

续表

序号	图示	步骤及技术要点
8		整理工具，并按照“5S”要求恢复场地

任务评价

项目	作业内容	评价要点	配分	评价
准备工作	场地准备	工位应干净、整洁，地面无油污	2	
		车辆停靠在合适位置	2	
	车辆防护	铺设翼子板及前格栅布	2	
		铺设车内四件套	3	
	人员防护	工作服穿戴整齐	2	
		拆装操作时应避免划伤双手	3	
	工具、量具检查	检查工具车中工具是否齐全、整洁	6	
操作	操作要点	能正确操作使刮水器臂处于风窗玻璃中间维护位置	10	
		能将刮水片取下，将刮水器臂头部放在软布上	10	
		能正确安装左右两侧新刮水片	10	
		能打开点火开关，拨动刮水器开关至“点动挡”位置，使刮水器臂回到正常位置	5	
		能拨动刮水器开关至“洗涤挡”位置	10	
	技术规范	能叙述将刮水片运行至中间维护位置的方法	5	
		能在未安装刮水片时，不让刮水器臂与风窗玻璃接触，以免损坏风窗玻璃	5	
		能按照车型选择合适尺寸的刮水片	5	
		能叙述刮水系统的操作和检查方法	5	

续表

项目	作业内容	评价要点	配分	评价
职业素养	安全及合作	特殊操作应佩戴安全帽、防酸碱手套或绝缘手套、护目镜等防护用品	5	
		小组作业时应互相配合、合理分工，不可发生争执	5	
	“5S”管理	注意安全操作，不可随意放置工具、量具且不应有其他安全隐患	3	
		工作台、地上有油污时应及时擦掉，废弃物应环保处理	2	
总评分				

任务二十三

风窗玻璃清洗器系统的检查与调整

学习目标

1. 能准备风窗玻璃清洗器系统检查与调整所需的工具、设备。
2. 能查询维修手册，整理风窗玻璃清洗器系统的检查与调整方法。
3. 能根据维修手册，正确使用工具检查与调整风窗玻璃清洗器系统。
4. 能查阅维修资料，叙述风窗玻璃清洗器系统检查与调整的技术标准。

任务描述

一般风窗玻璃清洗器系统主要由喷嘴、三通接头、储液罐、喷水电动机和各管路组成。现应用比亚迪 S6 车型学习风窗玻璃清洗器系统的检查与调整方法。

问题 1：选用玻璃清洗液时有什么要求？

____

____

问题 2：如何添加玻璃清洗液？

____

____

任务准备

1. 工具器材

操作前首先需要准备以下设备、工具及辅助材料等（以单工位为例）。

设备、 工具及辅助材料

序号	名称	规格	数量
1	实训车	比亚迪 S6	1
2	工具车 （含常用工具）	JTC	1
3	零件车	/	1
4	大头针	/	1
5	砂纸	800 号	2
6	翼子板及前格栅布	/	1
7	车内四件套	/	1
8	棉纱手套	/	5

2. 分工及操作

职务	代码	姓名	工作内容
组长	A		
组员	B		
	C		
	D		
	E		

任务实施

下面以比亚迪 S6 车型为例，介绍风窗玻璃清洗器系统的检查与调整方法。

序号	图示	步骤及技术要点
1	清洗器系统管路	检查风窗玻璃清洗器系统的管路，应__________或________
2		目视检查塑料管路，应________________、________或________现象

续表

序号	图示	步骤及技术要点
3	 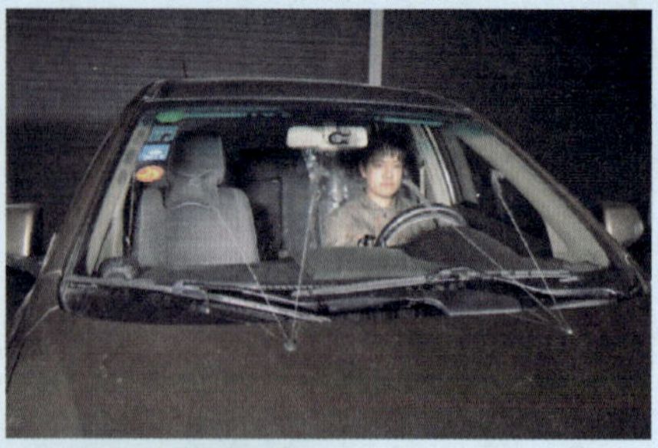 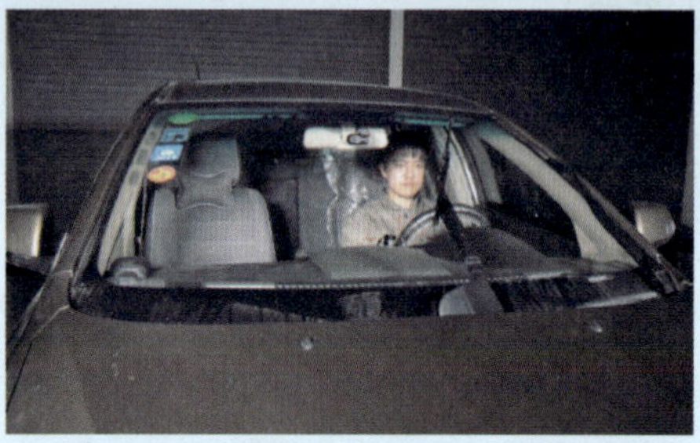	按动＿＿＿＿＿＿，待刮水器＿＿＿＿＿＿后检查刮水效果，应有＿＿＿＿＿＿刮水痕迹
4	  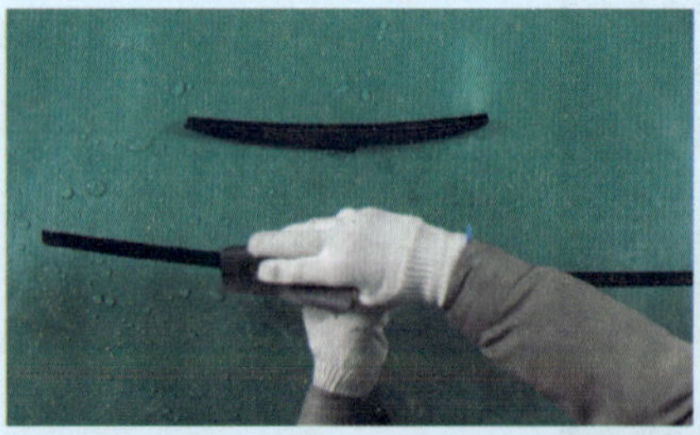 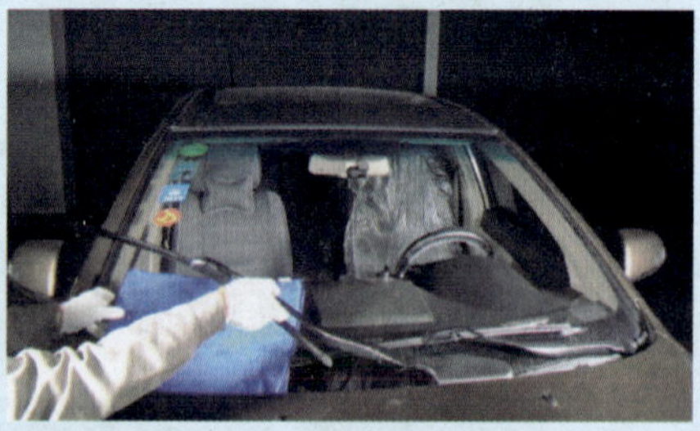	如果出现左图所示刮水效果，应＿＿＿＿＿＿或用以下方法修复。先将＿＿＿＿＿与＿＿＿＿＿＿分离，用＿＿＿＿浸湿＿＿＿＿＿＿，用＿＿＿＿＿砂纸将刮水片来回磨＿＿＿＿次，再用清水清洗干净后将其放回即可 注意：这种方法的原理主要是利用水和砂纸将刮水片因灰尘、冷暖温度变化所造成的小变形磨平

续表

序号	图示	步骤及技术要点
5	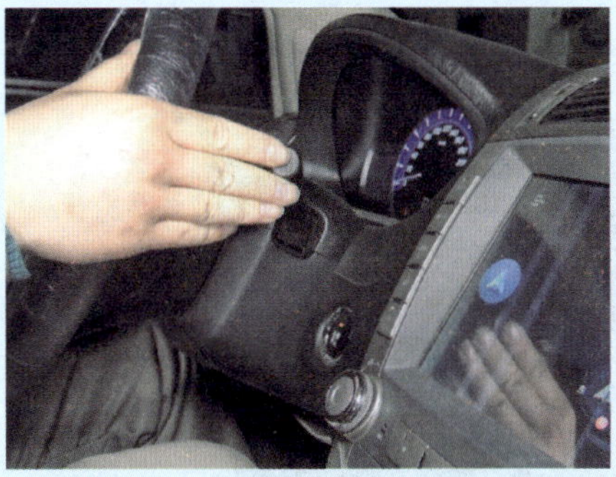	打开刮水器开关，刮水器臂应摆动正常
6	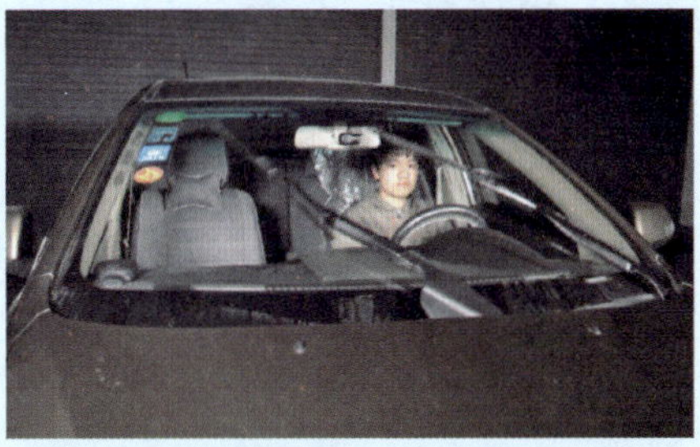	转换刮水器开关工作挡位，刮水器电动机应以相应的______、________、______、________转速工作，否则，应检查刮水器电动机与线路
7	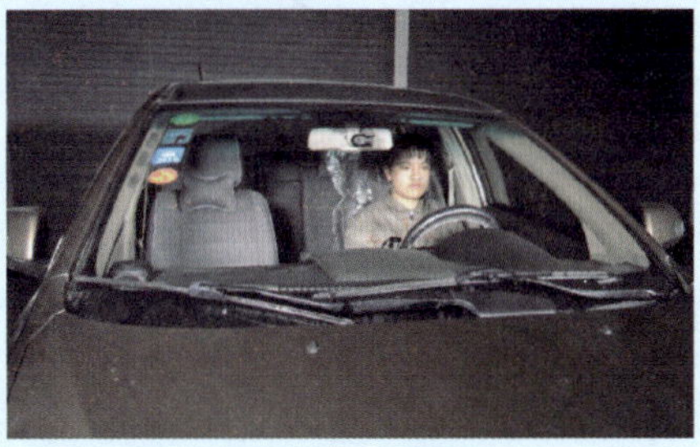	当刮水器开关__________时，刮水器应能________________位置
8	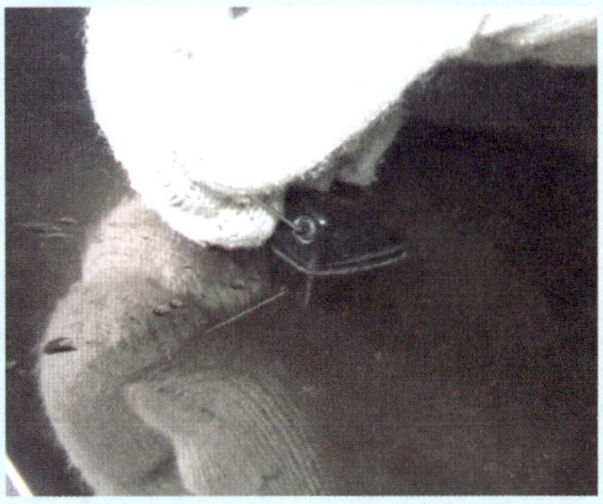	喷嘴喷射角度不合适时，可在喷嘴内插入一根直径________喷嘴孔径的________，__________调整喷洒方向，使喷洗器喷洒液落在刮水器的____________ 为使刮水系统发挥出最佳效果，刮水系统需要使用______________，以更好地清除附在风窗玻璃上的灰尘、污物

续表

序号	图示	步骤及技术要点
9		整理工具，并按照“5S”要求恢复场地

任务评价

项目	作业内容	评价要点	配分	评价
准备工作	场地准备	工位应干净、整洁，地面无油污	2	
		车辆停靠在合适位置	2	
	车辆防护	铺设翼子板及前格栅布	2	
		铺设车内四件套	3	
	人员防护	工作服穿戴整齐	2	
		拆装操作时应佩戴棉纱手套	3	
	工具、量具检查	检查工具车中工具是否齐全、整洁	6	
操作	操作要点	能检查风窗玻璃清洗器系统的管路有无松动或脱落	10	
		能目视检查塑料管路	5	
		能按动喷液开关，待刮水器停止后检查刮水效果	10	
		能打开刮水器开关，刮水器臂应摆动正常	10	
		能转换刮水器开关工作挡位，刮水器电动机应以相应的间歇、低速、中速、高速转速工作	10	
		能正确使用大头针调整喷嘴喷洒方向	10	
	技术规范	能掌握风窗玻璃清洗器系统的检查与调整方法	10	

续表

<table>
<tr><th>项目</th><th>作业内容</th><th>评价要点</th><th>配分</th><th>评价</th></tr>
<tr><td rowspan="4">职业素养</td><td rowspan="2">安全及合作</td><td>特殊操作应佩戴安全帽、防酸碱手套或绝缘手套、护目镜等防护用品</td><td>5</td><td></td></tr>
<tr><td>小组作业时应互相配合、合理分工，不可发生争执</td><td>5</td><td></td></tr>
<tr><td rowspan="2">“5S”管理</td><td>注意安全操作，不可随意放置工具、量具且不应有其他安全隐患</td><td>3</td><td></td></tr>
<tr><td>工作台、地上有油污时应及时擦掉，废弃物应环保处理</td><td>2</td><td></td></tr>
<tr><td colspan="3">总评分</td><td colspan="2"></td></tr>
</table>

任务二十四 倒车雷达的安装

学习目标

1. 能准备安装倒车雷达所需的工具、设备。
2. 能查询维修手册，整理倒车雷达的安装方法。
3. 能根据维修手册，正确使用工具安装倒车雷达。
4. 能查阅维修资料，叙述倒车雷达安装的技术标准。

任务描述

一车辆需加装倒车雷达，现应用大众 POLO1.4 车型学习汽车倒车雷达的安装方法。

问题 1：倒车雷达有什么作用？

____

____

问题 2：加装倒车雷达时有什么注意事项？

____

____

相关知识

倒车雷达全称为倒车防撞雷达，也称泊车辅助装置，是一种安装在汽车前、后保险杠上的电子侦测系统。倒车雷达采用超声波检测技术，通过声音、提示等告知驾驶员车辆周围障碍物的情况，从而辅助驾驶员安全、轻松地倒车，避免碰撞。

倒车雷达由超声波传感器（又称探头）、控制器和显示器（或蜂鸣器）等组成。倒车雷达一般采用超声波测距原理，传感器在控制器的控制下发射超声波信号，当遇到障碍物时，产生回波信号。传感器接收到回波信号后，经控制器进行数据处理，并判断出障碍物的位置，显示距离并发出其他警示信号，从而达到安全倒车的目的。

任务准备

1. 工具器材

操作前需要准备以下设备、工具及辅助材料等（以单工位为例）。

设备、工具及辅助材料

序号	名称	规格	数量
1	实训车	大众 POLO1.4	1
2	工具车（含常用工具）	JTC	1
3	手电钻	/	1
4	开孔器	/	1 套
5	零件车	/	1
6	游标卡尺	0 ~200 mm	1
7	内饰板拆装专用工具	/	1
8	钢直尺	0 ~100 cm	1
9	胶带	/	1
10	记号笔	/	1
11	扎带	中号	若干
12	密封胶	/	1 袋
13	车轮挡块	/	4
14	挡板	/	1
15	棉纱手套	/	5
16	车内四件套	/	1

2. 分工及操作

职务	代码	姓名	工作内容
组长	A		
组员	B		
	C		
	D		
	E		

任务实施

下面以大众 POLO1.4 车型为例，介绍倒车雷达的安装方法。

序号	图示	步骤及技术要点
1	  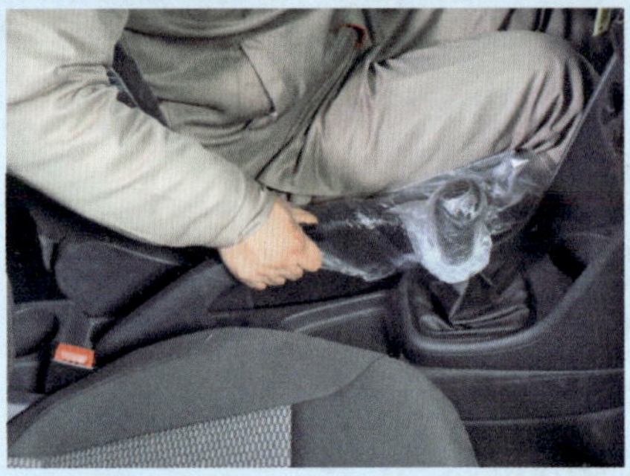	汽车停放在________地面上，用车轮挡块固定好前后车轮，拉起____________
2	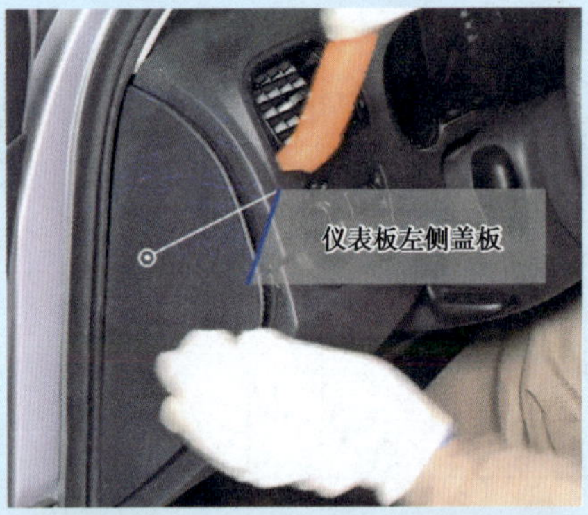 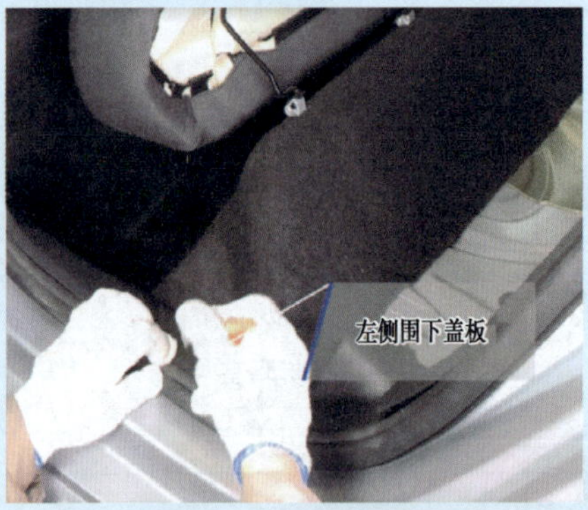 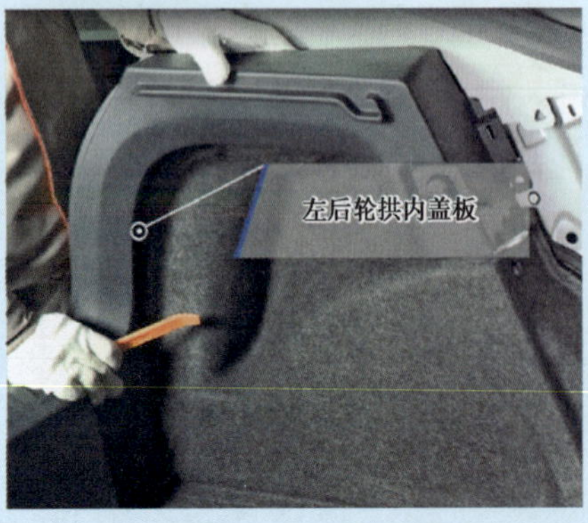 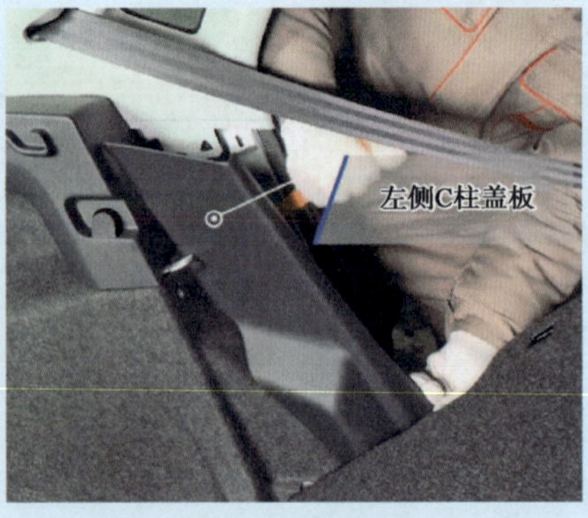	用内饰板拆装专用工具拆下车辆仪表板左侧至行李舱后端__________

续表

序号	图示	步骤及技术要点
2	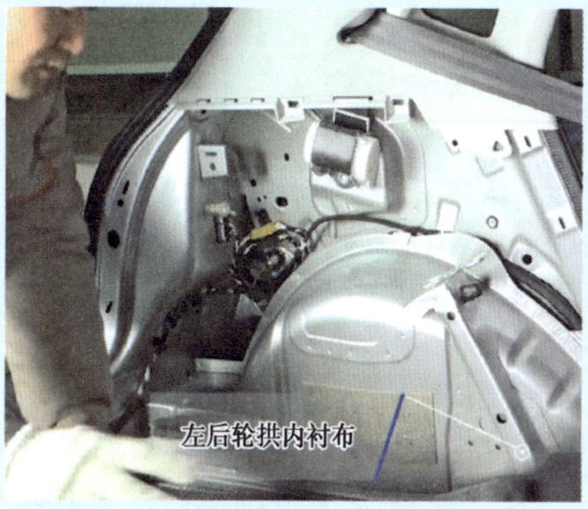 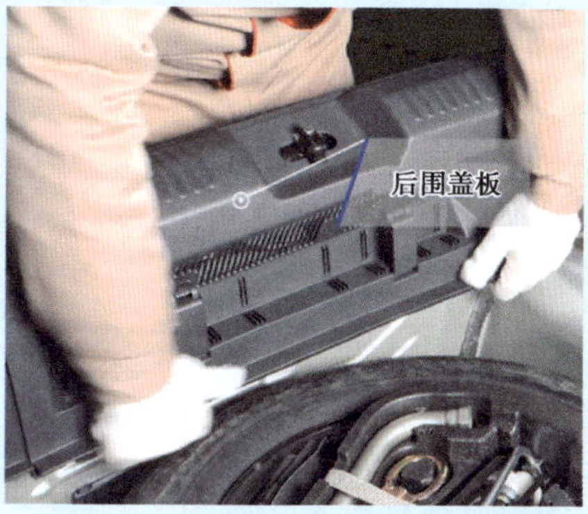 左后轮拱内衬布 后围盖板	
3	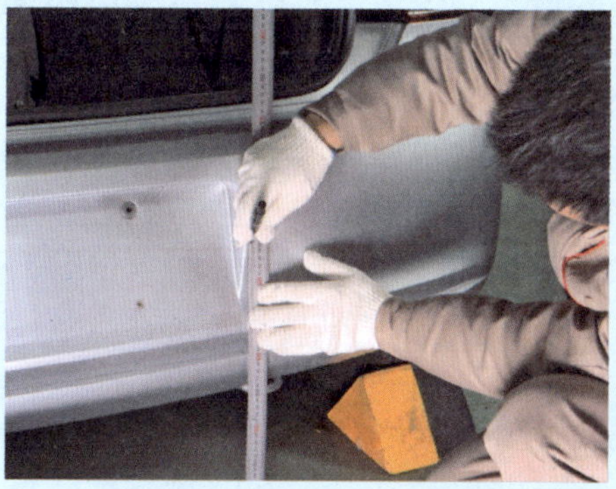	在车辆后保险杠上，用钢直尺量取倒车雷达探头________与________的________，用记号笔做标记 注意：轿车倒车雷达探头安装孔一般距离地面________cm
4		用________将________连接起来，作为________参照线

续表

序号	图示	步骤及技术要点
5	 	以________为基准，沿胶带向左________cm、______cm 处，向______ 5 cm、45 cm 处，用记号笔绘制________标记为雷达探头安装开孔点 注意：从左至右分别记 4 个雷达探头安装孔为________、__________、______、______，______到______的距离记为______。不同车型的______距离及各个雷达探头间距参照安装说明调整
6	 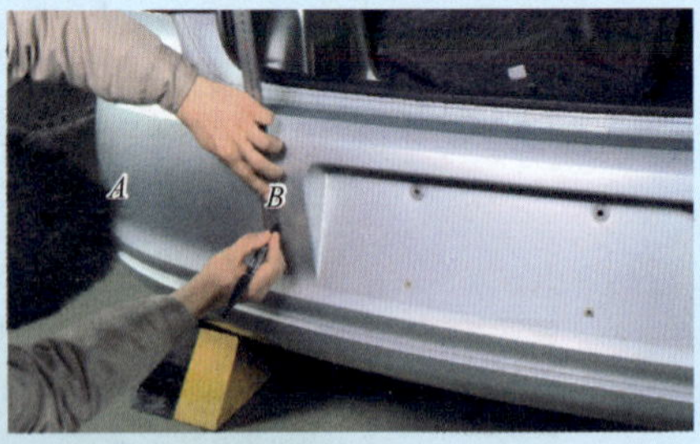 	撕掉胶带，再次确认倒车雷达探头打孔点

续表

序号	图示	步骤及技术要点
7	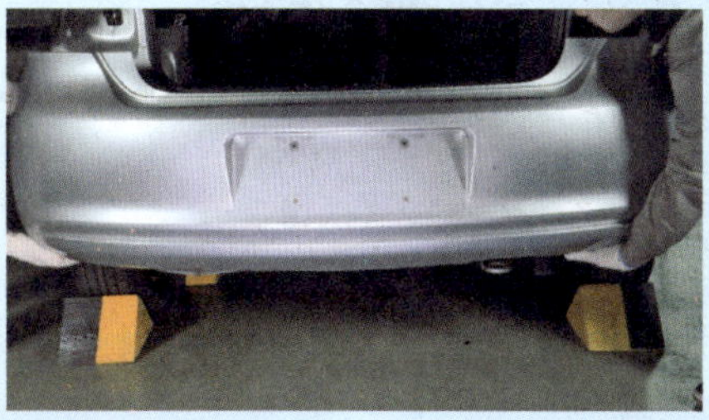 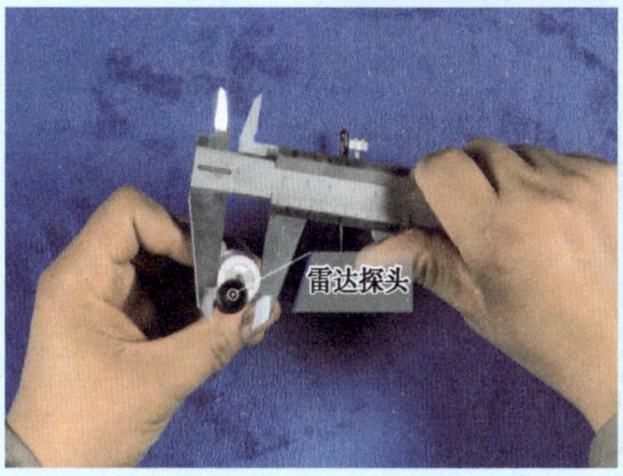 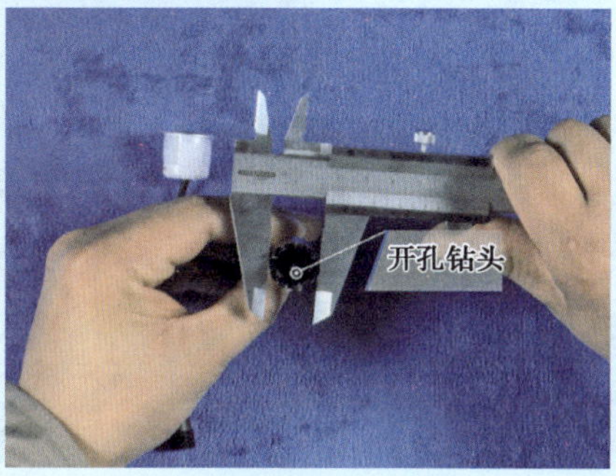	拆下汽车后保险杠，用________测量________和雷达________直径，确保开孔钻头与倒车雷达探头直径________
8	 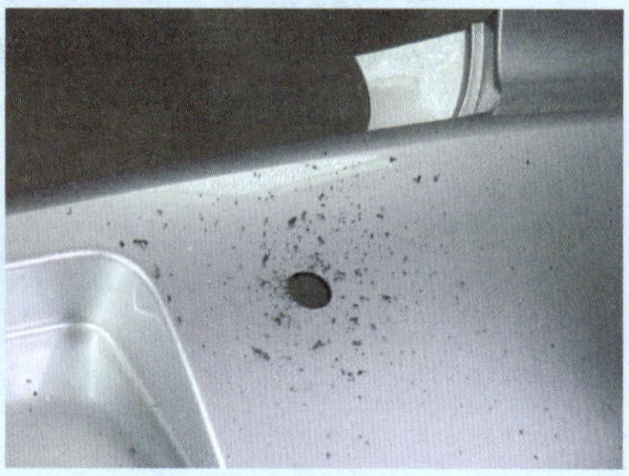	用开孔器和手电钻在开孔点打孔，确定探头最终安装位置 注意：开孔时，注意观察________________________________，以免损坏保险杠
9	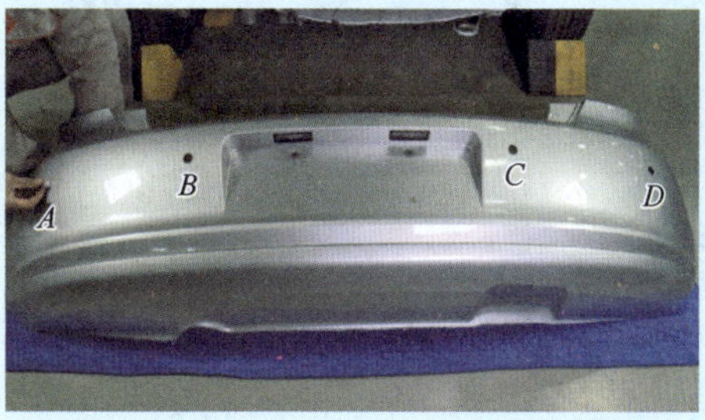	按照倒车雷达探头连接线上的标注字母，从____到____依次将其装入后保险杠的安装孔 注意：安装时，应使______________________，以免影响监测效果

续表

序号	图示	步骤及技术要点
10	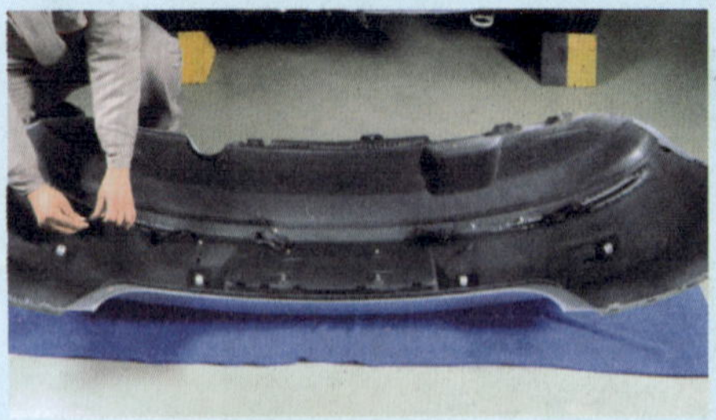	按顺序固定倒车雷达探头连接线
11	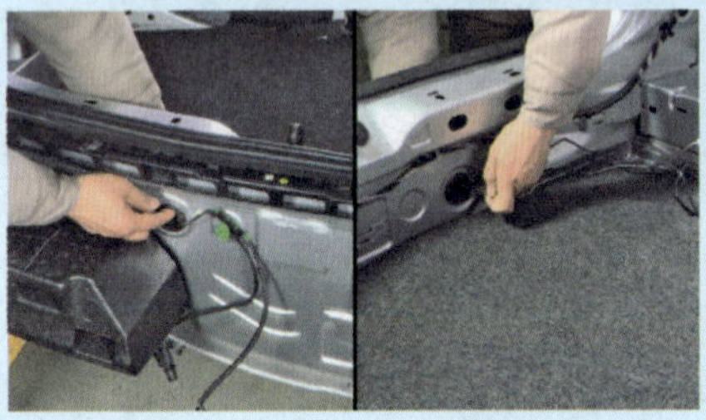 	将雷达探头连接线引至车辆行李舱内 注意：连接线所经过的橡胶套需涂抹__________，防止水渗入车内
12		装复安装倒车雷达探头的后保险杠
13	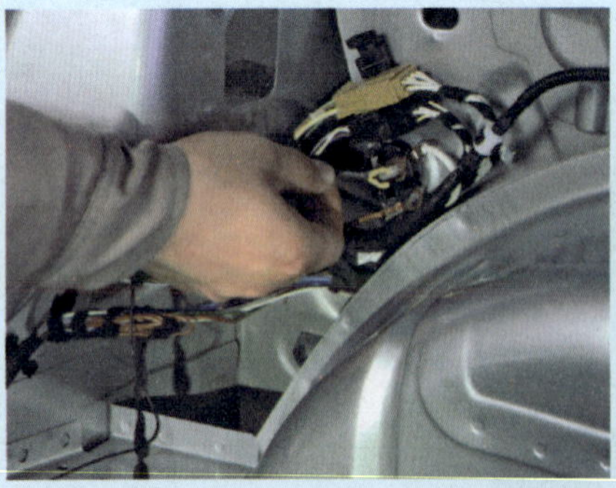 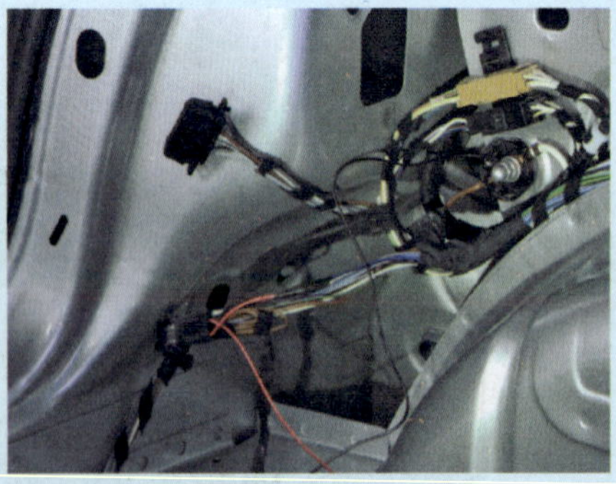	连接主机电源线束中____________与__________搭铁，连接______________与______________ 注意：连接点应______________，正极线应用________________绝缘

续表

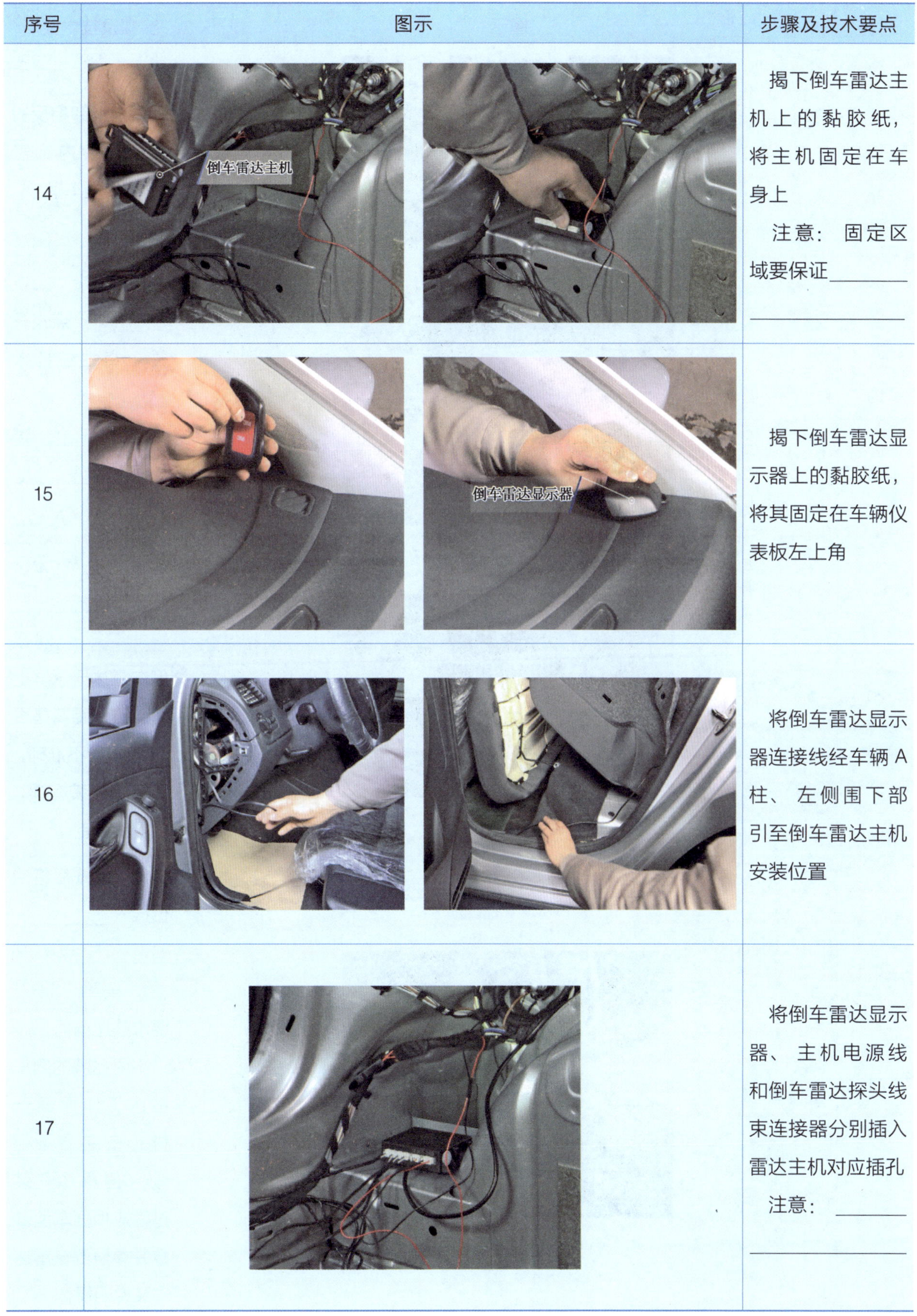

序号	图示	步骤及技术要点
14		揭下倒车雷达主机上的黏胶纸，将主机固定在车身上 注意：固定区域要保证________________
15		揭下倒车雷达显示器上的黏胶纸，将其固定在车辆仪表板左上角
16		将倒车雷达显示器连接线经车辆 A 柱、左侧围下部引至倒车雷达主机安装位置
17		将倒车雷达显示器、主机电源线和倒车雷达探头线束连接器分别插入雷达主机对应插孔 注意：________________

续表

序号	图示	步骤及技术要点
18	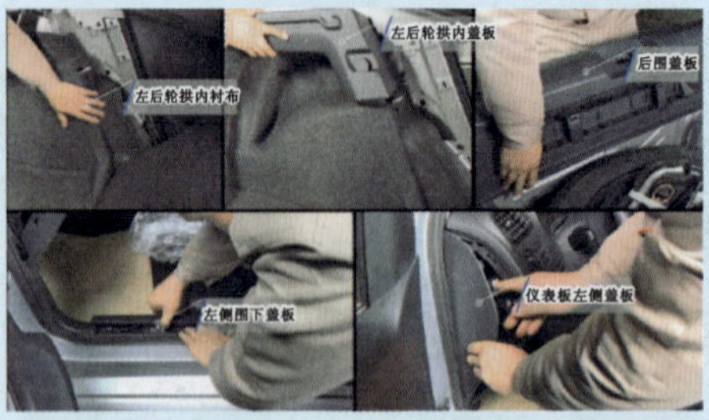	按与拆卸相反的顺序安装内饰盖板，恢复车辆
19		________点火开关，将挡位挂入________ 注意：________________
20		用________分别逐渐靠近________________，观察倒车雷达显示屏上对应测试距离是否准确。若不准确，则说明安装有误，应重新安装
21	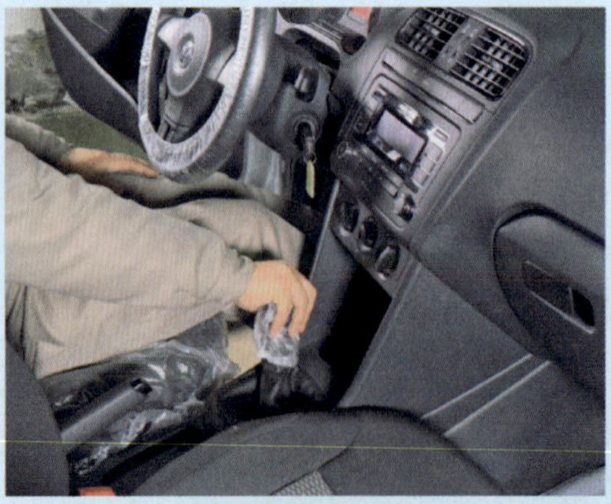	测试完成后将挡位挂入________，________点火开关，按照“5S”要求整理场地 不同品牌的倒车雷达工作原理一样，安装方法相似，但具体安装过程应根据车型参数并参照倒车雷达安装说明操作

任务评价

项目	作业内容	评价要点	配分	评价
准备工作	场地准备	工位应干净、整洁，地面无油污	2	
		车辆停靠在合适位置	2	
	车辆防护	安装好车轮挡块，防止车辆移动	2	
		铺设车内四件套	3	
	人员防护	工作服穿戴整齐	2	
		拆装操作时应佩戴棉纱手套	3	
	工具、量具检查	检查工具车中工具是否齐全、整洁	3	
		检查手电钻、内饰板拆装专用工具等是否齐全、整洁	3	
操作	操作要点	能拆下车辆仪表板左侧至行李舱后端装饰盖板	5	
		能正确测量并绘制开孔点	5	
		能用游标卡尺测量开孔钻头和雷达探头直径	5	
		能正确选用开孔器开孔	5	
		能按顺序固定倒车雷达探头、连接线并装复保险杠	10	
		能正确连接、固定倒车雷达主机及线束	5	
		能对倒车雷达进行测试	10	
	技术规范	能叙述轿车倒车雷达探头安装孔与地面距离	5	
		能控制好各雷达探头间的间距	5	
		能在连接线所经过的橡胶套处涂抹密封胶	5	
		能将倒车雷达主机正极线用胶布或热缩管绝缘	5	
职业素养	安全及合作	特殊操作应佩戴安全帽、防酸碱手套或绝缘手套、护目镜等防护用品	5	
		小组作业时应互相配合、合理分工，不可发生争执	5	
	“5S”管理	注意安全操作，不可随意放置工具、量具且不应有其他安全隐患	3	
		工作台、地上有油污时应及时擦掉，废弃物应环保处理	2	
总评分				

任务二十五

空调压缩机总成的更换

学习目标

1. 能准备空调压缩机总成更换所需的工具、设备。
2. 能查阅维修手册，整理空调压缩机总成更换的方法。
3. 能根据维修手册，正确使用工具更换空调压缩机总成。
4. 能查阅维修资料，叙述空调压缩机总成更换的技术标准。

任务描述

一车辆空调不制冷，经维修技师检查发现空调压缩机有明显漏油、漏气现象。汽车空调压缩机起压缩和输送制冷剂蒸气的作用，如有泄漏或异响等现象需要更换空调压缩机。现应用大众朗逸1.4T车型学习汽车空调压缩机总成的更换方法。

问题1：如何正确使用空调制冷系统？

____

____

问题2：如何判断空调压缩机是否正常工作？

____

____

相关知识

汽车空调制冷系统工作过程如下。

1. 压缩过程：将流经蒸发器的低温、低压气态制冷剂压缩为高温、高压的气态制冷剂，输送到冷凝器。

2. 冷凝过程：将高温、高压的气态制冷剂冷却，使其变为中温、高压的液态制冷剂，送入储液干燥器。

3. 干燥过程：将中温、高压的液态制冷剂过滤，除去制冷剂中的杂质和水分，送入节流阀，并储存小部分的制冷剂。

4. 膨胀过程：利用节流原理，将过滤后的中温、高压液态制冷剂转变为低压雾状的液态和气态混合物，送入蒸发器。

5. 蒸发过程：低压雾状的液态和气态混合物流至蒸发器，吸收周围的热量而汽化，达到制冷的目的。

任务准备

1. 工具器材

操作前需要准备以下设备、工具及辅助材料等（以单工位为例）。

设备、工具及辅助材料

序号	名称	规格	数量
1	实训车	大众朗逸 1.4T	1
2	工具车（含常用工具）	JTC	1
3	制冷剂回收加注机	Robinair AC350C	1
4	预置式扭力扳手	10～100 N · m	1
5	零件车	/	1
6	量杯	/	2
7	镊子	/	1
8	橡胶堵头	/	4
9	翼子板及前格栅布	/	1
10	车内四件套	/	1
11	橡胶手套/棉纱手套	/	若干
12	拆装工作台	/	1
13	冷冻机油	100 ml	1
14	“O”形密封圈	朗逸专用	2
15	举升机	剪式	1

2. 分工及操作

职务	代码	姓名	工作内容
组长	A		
组员	B		
	C		
	D		
	E		

任务实施

下面以大众朗逸 1.4T 车型为例，介绍空调压缩机总成的更换方法。

序号	图示	步骤及技术要点
1	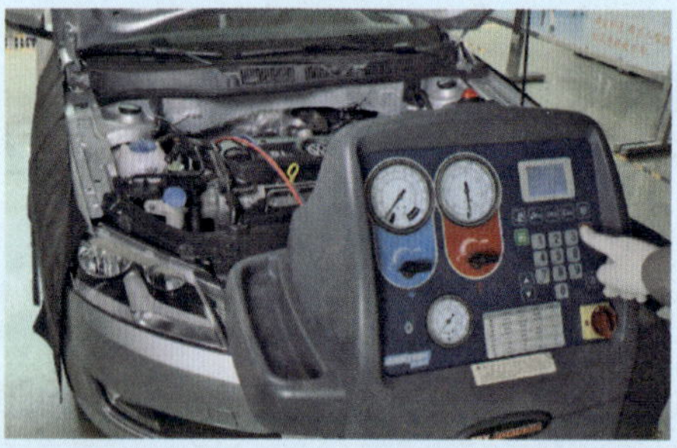	使用制冷剂回收加注机回收制冷剂 注意：________ __________
2	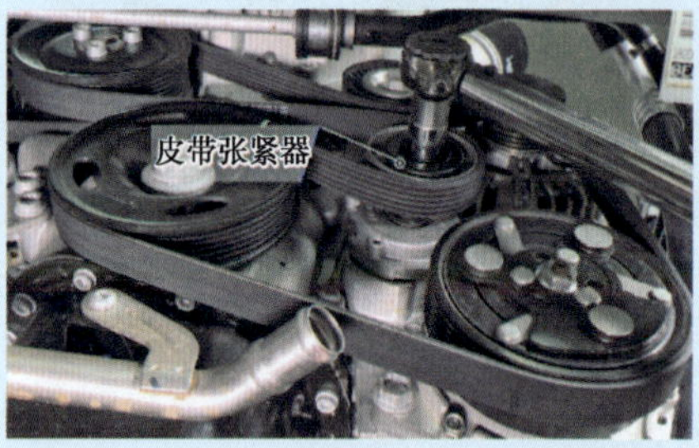 	将实训车举升至合适高度并锁止，用套筒工具和扭力扳手______时针拨动__________，卸下皮带张紧力，取下__________ ________ 注意：______ __________
3	 	用__________拆下空调压缩机出口管接头固定螺栓（红色圆圈所示），取下空调压缩机出口管 注意：______ __________

续表

序号	图示	步骤及技术要点
4	 空调压缩机出口	用__________（红色圆圈所示）封堵空调压缩机出口与管接头，______________________
5	  进口管接头	用___________拆下空调压缩机进口管接头固定螺栓（红色圆圈所示），取下空调压缩机进口管
6	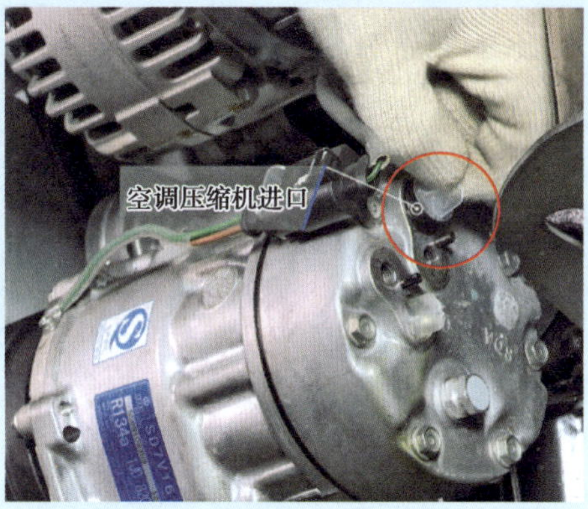 空调压缩机进口	用__________（红色圆圈所示）封堵空调压缩机进口与管接头，防止空气及异物进入
7	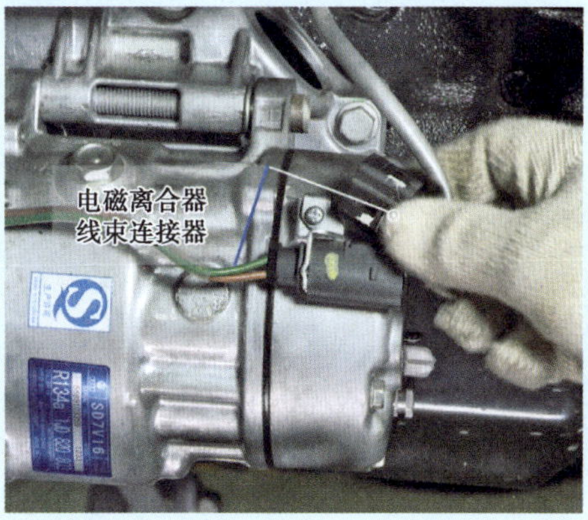 电磁离合器线束连接器	断开空调压缩机_____________线束连接器

续表

序号	图示	步骤及技术要点
8	 张紧器	用______拆卸下张紧器固定螺栓，取下张紧器
9	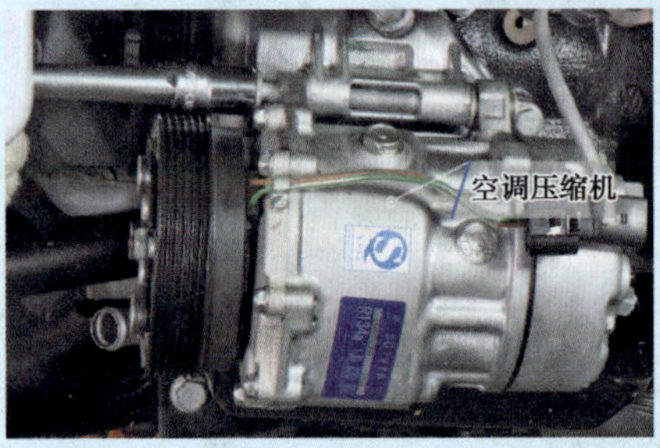  空调压缩机	用______拆卸下空调压缩机总成上的两个固定螺栓，取下空调压缩机总成
10	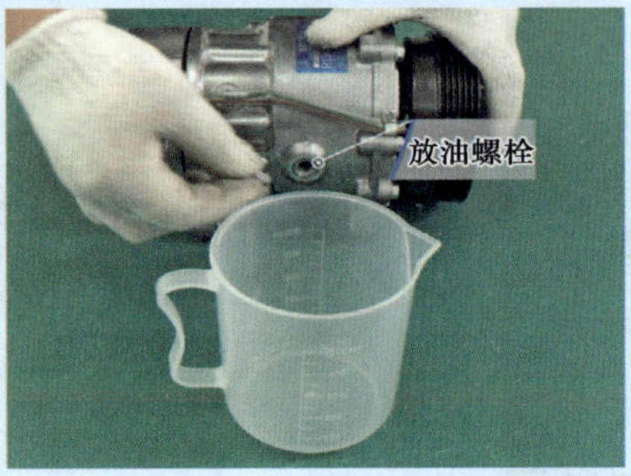  放油螺栓	拆下旧压缩机放油螺栓，将______倒在量杯内，根据______检查机油油量
11		在另一个量杯内倒入与旧压缩机机油______的新机油

续表

序号	图示	步骤及技术要点
12	 	将量杯内的新机油倒入已排净机油的新压缩机曲轴箱内，安装放油螺栓，扭矩为______N·m，用预置式扭力扳手校验扭矩 注意：______________________
13		将新压缩机安装至空调压缩机支架，用螺栓固定，扭矩为____N·m，用预置式扭力扳手校验扭矩
14	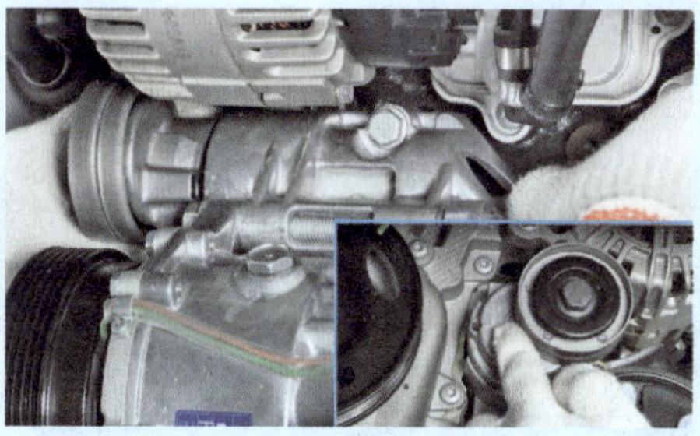	安装皮带张紧轮，用螺栓固定，扭矩为____N·m，用预置式扭力扳手校验扭矩
15	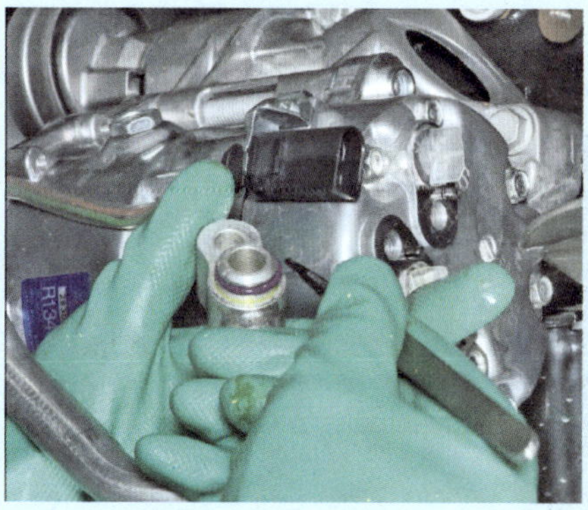 	将浸润________________的新“O”形密封圈用镊子安装至空调压缩机进口管接头，将管接头安装至压缩机进口，用螺栓固定，扭矩为______N·m，用预置式扭力扳手校验扭矩

续表

序号	图示	步骤及技术要点
16	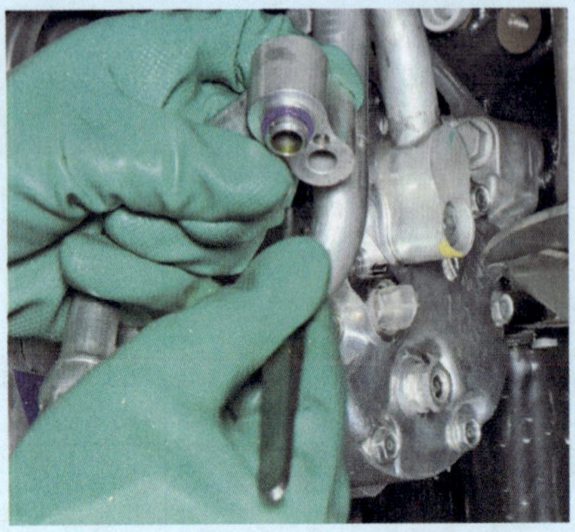 	将浸润冷冻机油的新“O”形密封圈用镊子安装至空调压缩机出口管接头，将管接头安装至压缩机出口，用螺栓固定，扭矩为______N·m，用预置式扭力扳手校验扭矩
17		连接电磁离合器线束连接器
18	 	将空调压缩机皮带按照规定绕法套在各皮带盘上，用套筒扳手______时针拨动张紧轮将皮带安装到位
19		整理工具，并按照“5S”要求恢复场地

任务评价

项目	作业内容	评价要点	配分	评价
准备工作	场地准备	工位应干净、整洁，地面无油污	2	
		车辆停靠在举升机合适位置	2	
	车辆防护	铺设翼子板及前格栅布	2	
		铺设车内四件套	3	
	人员防护	工作服穿戴整齐	2	
		拆装操作时应佩戴棉纱手套	3	
	工具、量具检查	检查制冷剂回收加注机是否能正常工作	3	
		检查工具车中工具是否齐全、整洁	3	
操作	操作要点	能用制冷剂回收加注机回收制冷剂	5	
		能用套筒工具逆时针拨动皮带张紧器，取下空调压缩机驱动皮带	5	
		能用内六角工具拆下空调压缩机进、出口管接头固定螺栓，取下空调压缩机进、出口管	5	
		能用橡胶堵头封堵空调压缩机进、出口	5	
		能用套筒工具拆卸下张紧器固定螺栓，取下张紧器	5	
		能用套筒工具拆卸下空调压缩机总成两个固定螺栓，取下空调压缩机总成	5	
		能排放旧冷冻机油，加注规定量的新冷冻机油	5	
		能将浸润冷冻机油的新“O”形密封圈安装至空调压缩机进、出口管接头	5	
		能将空调压缩机皮带按照规定绕法套在各皮带盘上，用套筒扳手逆时针拨动张紧轮将皮带安装到位	5	
	技术规范	能掌握驱动皮带的正确安装方向和规定绕法	5	
		能掌握紧固件的标准紧固力矩	5	
		能按规定量加注新冷冻机油	5	
		能将新“O”形密封圈放在冷冻机油中浸润	5	
职业素养	安全及合作	特殊操作应佩戴安全帽、防酸碱手套或绝缘手套、护目镜等防护用品	5	
		小组作业时应互相配合、合理分工，不可发生争执	5	
	“5S”管理	注意安全操作，不可随意放置工具、量具且不应有其他安全隐患	3	
		工作台、地上有油污时应及时擦掉，废弃物应环保处理	2	
总评分				

任务二十六

空调压缩机电磁离合器的拆检

学习目标

1. 能准备拆检空调压缩机电磁离合器所需的工具、设备。
2. 能查阅维修手册，整理空调压缩机电磁离合器的拆检方法。
3. 能根据维修手册，正确使用工具拆检空调压缩机电磁离合器。
4. 能查阅维修资料，叙述空调压缩机电磁离合器拆检的技术标准。

任务描述

空调压缩机电磁离合器是发动机和压缩机间的动力传递装置，如果其损坏将导致空调系统不能制冷。现应用大众朗逸 1.4T 车型学习空调压缩机电磁离合器的拆检方法。

问题 1：空调压缩机有哪些类型？

____

____

问题 2：如何判别空调压缩机电磁离合器是否工作？

____

____

相关知识

汽车空调用电磁离合器安装在空调压缩机上，其作用是将发动机的动力传递给压缩机主轴，使压缩机运转，完成制冷循环。

压缩机电磁离合器主要由压盘、带轮（转子）和电磁线圈等组成。压盘与压缩机主轴相连，带轮通过传动带由发动机驱动，电磁线圈安装在压缩机的壳体上。

压缩机的工作或停转由电磁离合器线圈电源的通断控制。当接通空调开关使空调制冷系统进入工作状态时，电磁离合器的电磁线圈通电，线圈通电后产生磁力将压盘吸向带轮，使两者结合在一起，发动机的动力便通过带轮传递到压盘，带动压缩机运转；当空调制冷系统停止工作时，电磁离合器的电磁线圈断电，磁力消失，压盘与带轮分离，此时带轮通过轴承在压缩机的主轴上空转，压缩机停止运转。

任务准备

1. 工具器材

操作前首先需要准备以下设备、工具及辅助材料等（以单工位为例）。

设备、工具及辅助材料

序号	名称	规格	数量
1	拆装工作台	/	1
2	工具车（含常用工具）	JTC	1
3	空调压缩机总成	大众朗逸 1.4T	1
4	预置式扭力扳手	10 ~100 N · m	1
5	零件车	/	1
6	三爪拉马	/	1
7	压缩机离合器压盘拆装专用工具	大众专用	1
8	卡簧钳	直头/弯头	各 1
9	数字万用表	UNI-T UT58E	1
10	磁性吸棒	/	1
11	百分表及磁性表座	0 ~40 mm	1
12	蓄电池	12 V	1
13	测试连接线	带插头	若干
14	清洁剂	中性	1
15	软布	/	1
16	棉纱手套	/	5

2. 分工及操作

职务	代码	姓名	工作内容
组长	A		
组员	B		
	C		
	D		
	E		

任务实施

下面以大众朗逸 1.4T 车型为例，介绍空调压缩机电磁离合器的拆检方法。

序号	图示	步骤及技术要点
1	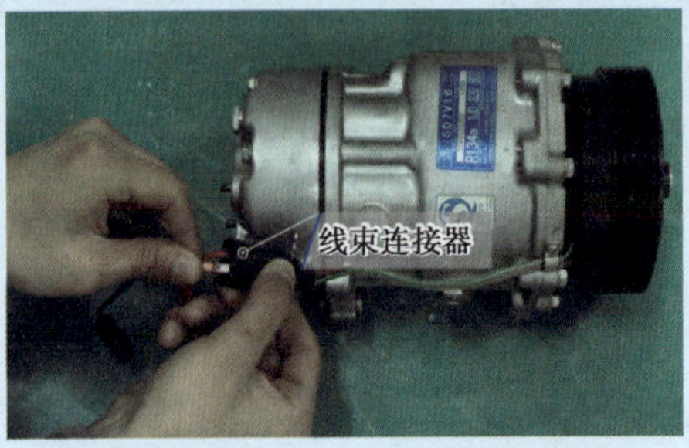	用________分别连接电磁离合器线束连接器的两个端子
2	 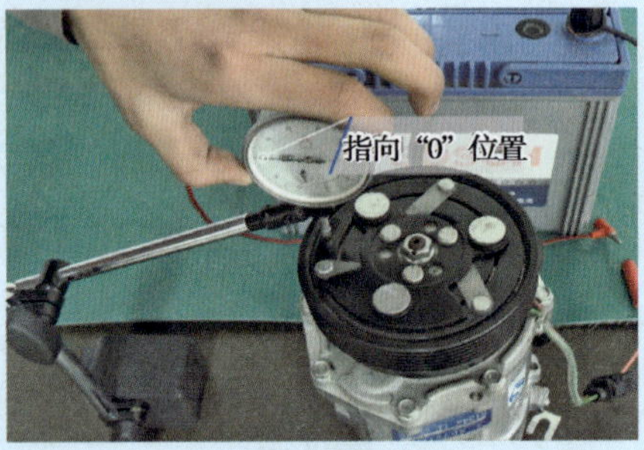	将安装好的百分表______抵在空调压缩机____________，将百分表表头大表针调整指向________位置
3	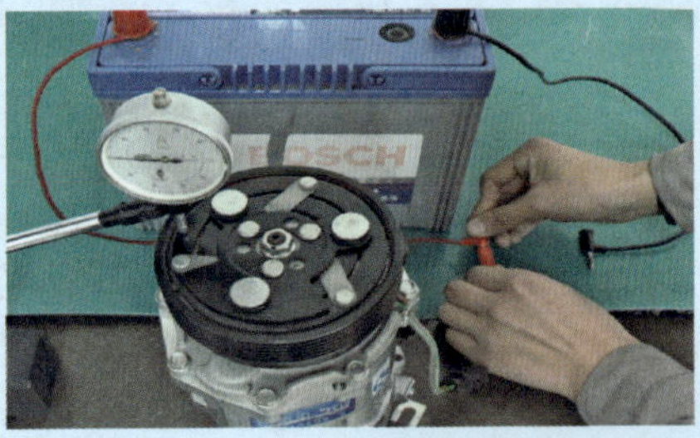 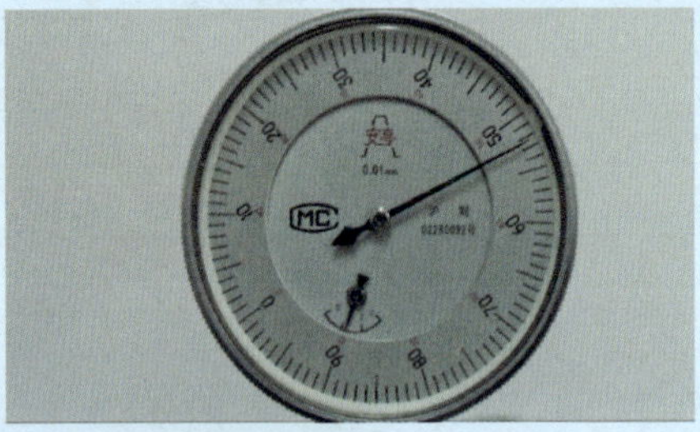 	将______和______连接线分别连接蓄电池的______和______，电磁离合器应______；将百分表指针______记为______与______间隙。测试完毕，拆下蓄电池连接线并移开百分表 注意：皮带轮与压盘间隙应为________mm

续表

序号	图示	步骤及技术要点
4	 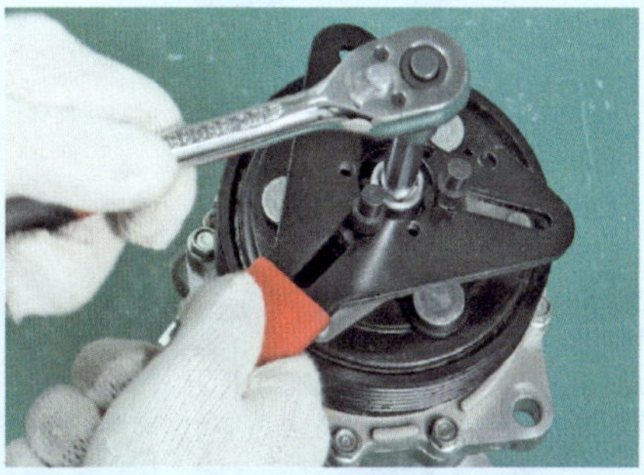  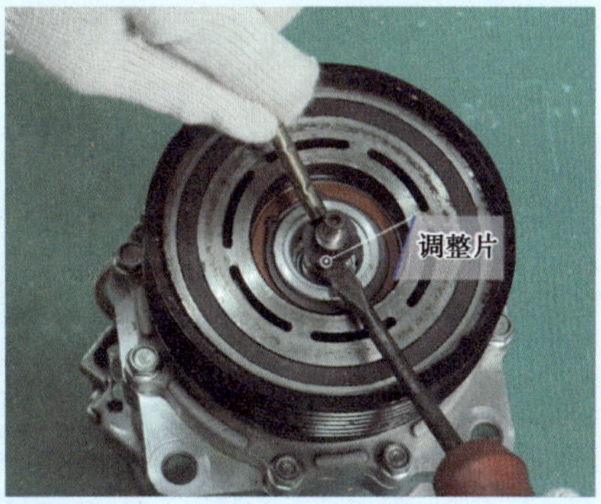 调整片	用______________________固定空调压缩机_________，用___________拆下___________。用__________取下空调压缩机________，用_______________吸出_____________
5	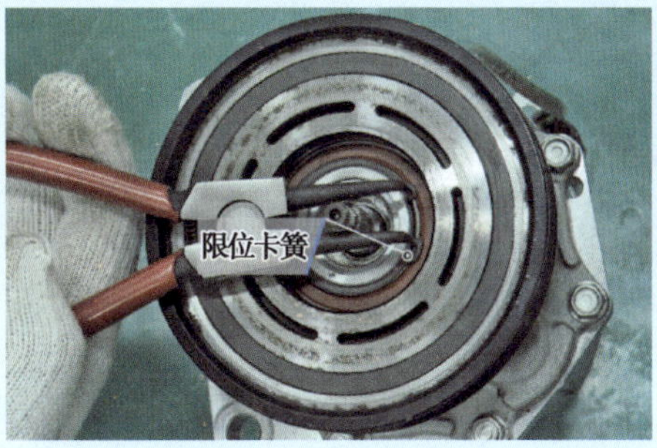 限位卡簧	用__________拆下皮带轮轴承____________
6	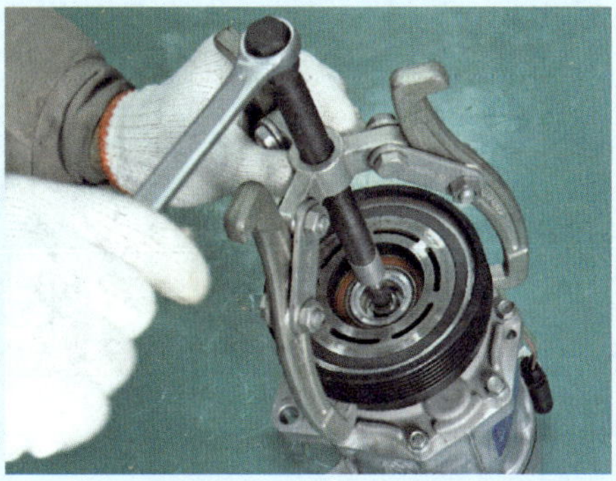	用____________拉出__________及其____________

续表

序号	图示	步骤及技术要点
7	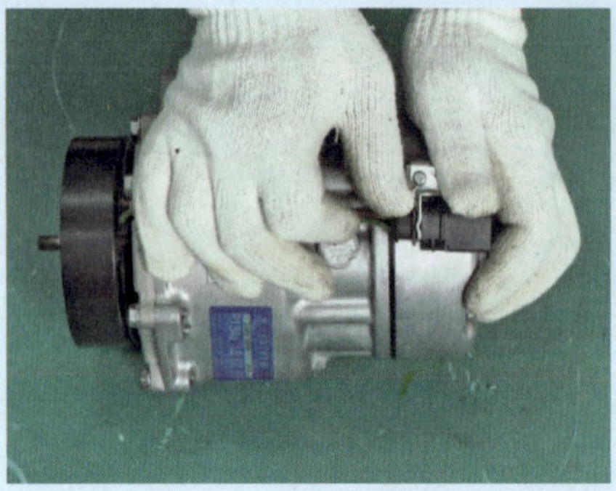 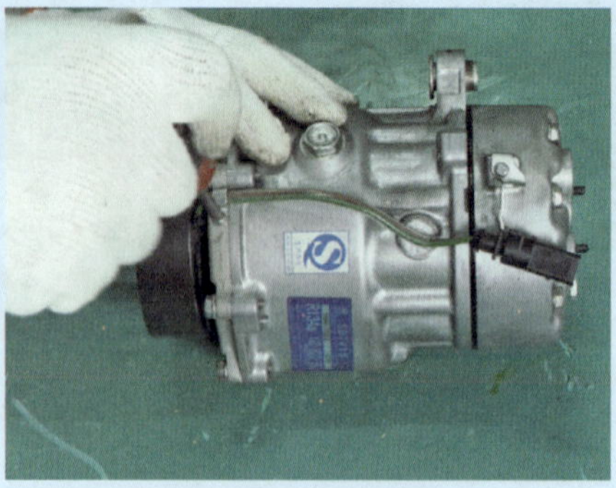	从卡夹上分离电磁离合器线束连接器，用_____________松开线束卡箍
8	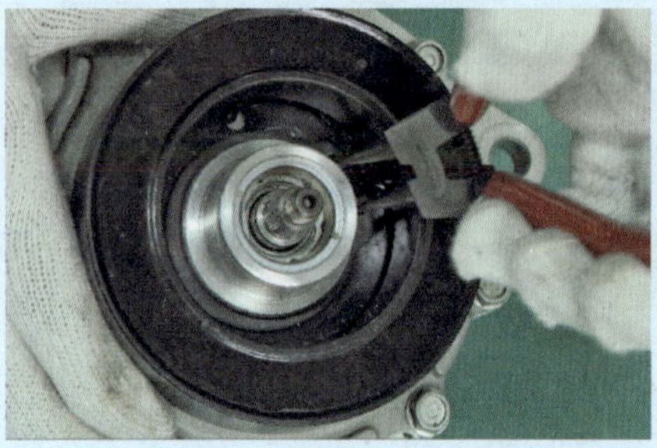 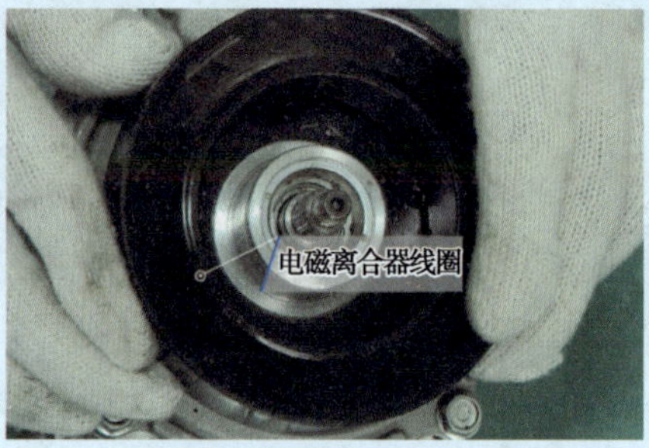	用_________拆下电磁离合器线圈_____________，取下电磁离合器线圈
9		用_______________测量_______________电阻值，约为______Ω
10	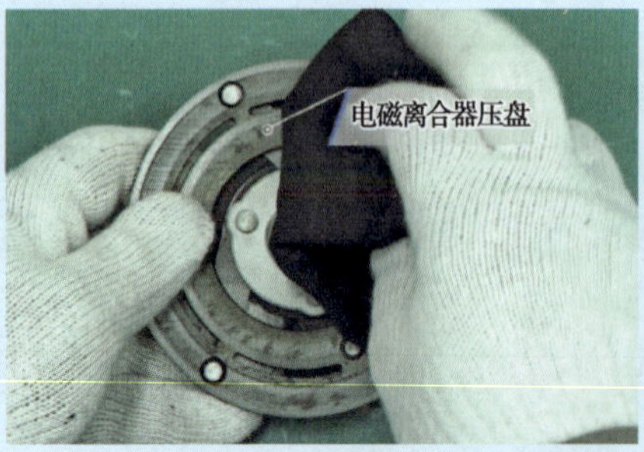 	用蘸有_____________的软布清洁压盘摩擦表面上的脏污，检查压盘摩擦表面，应无_______和_________而引起的_______及__________

续表

序号	图示	步骤及技术要点
11	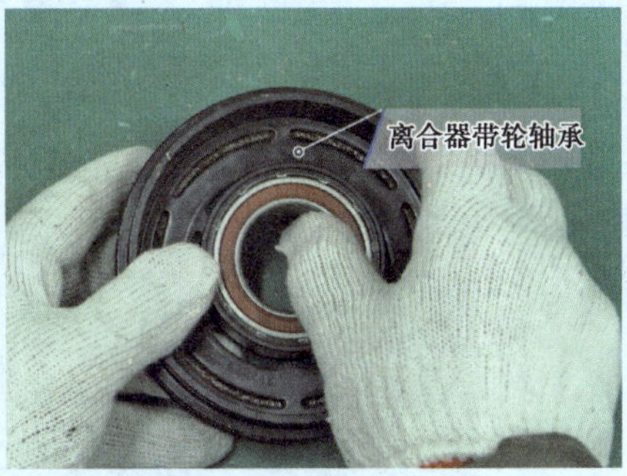 离合器带轮轴承	检查离合器带轮轴承，应无______或______现象
12	 	将电磁离合器线圈对准____________，并安装至压缩机上，用______安装电磁离合器线圈______
13	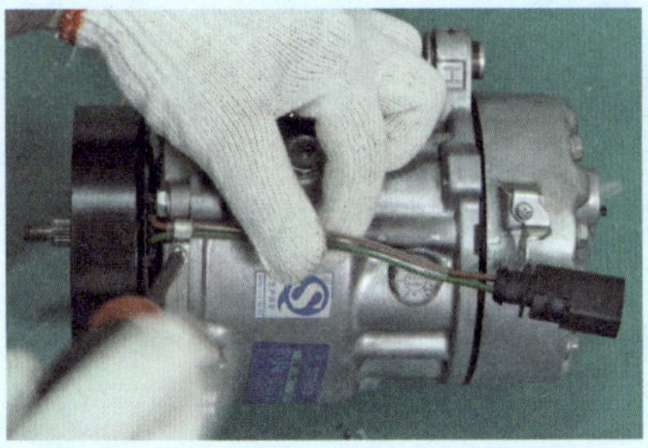 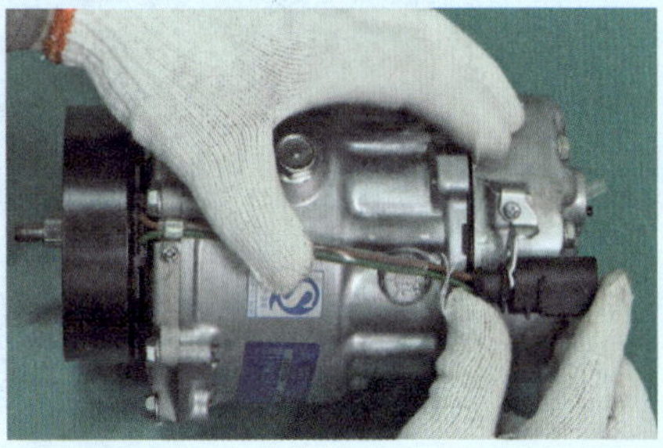	用______固定电磁离合器线束并用十字旋具拧紧固定螺钉，将线束连接器卡在支架上
14	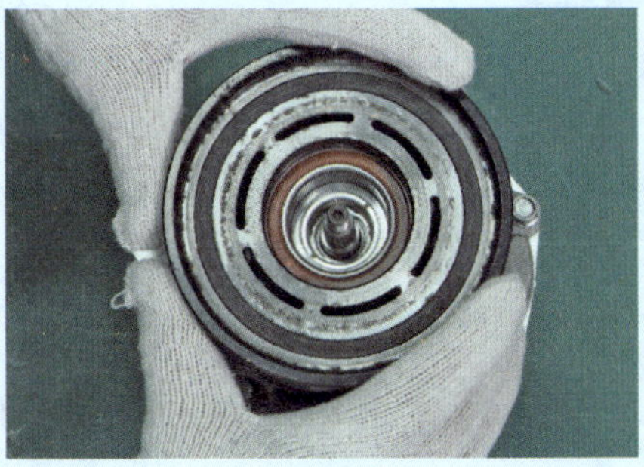 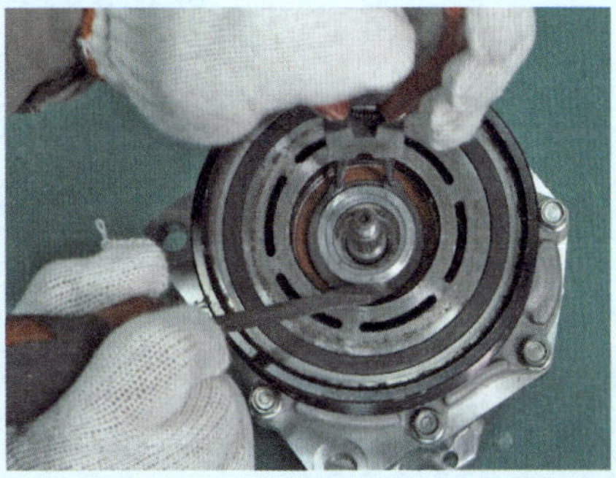	安装离合器皮带轮及轴承总成，用卡簧钳安装皮带轮轴承限位卡簧，检查轴承转动，应无______及______

续表

序号	图示	步骤及技术要点
15	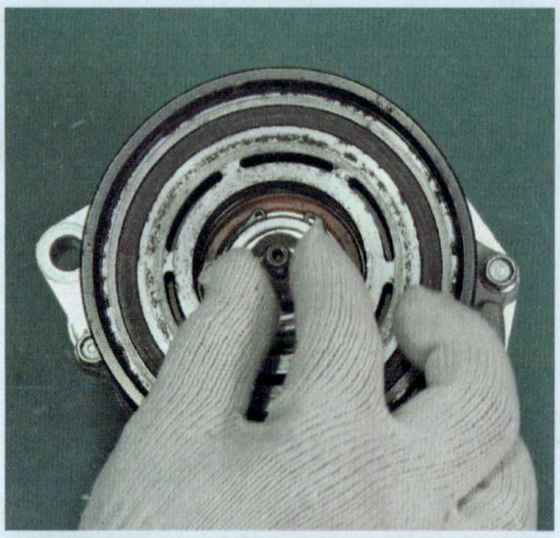  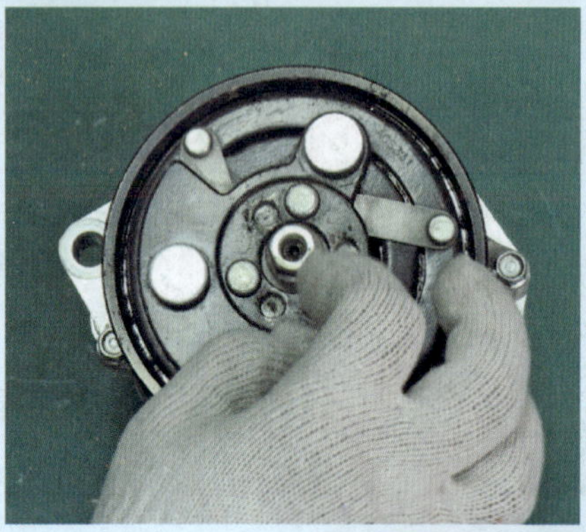 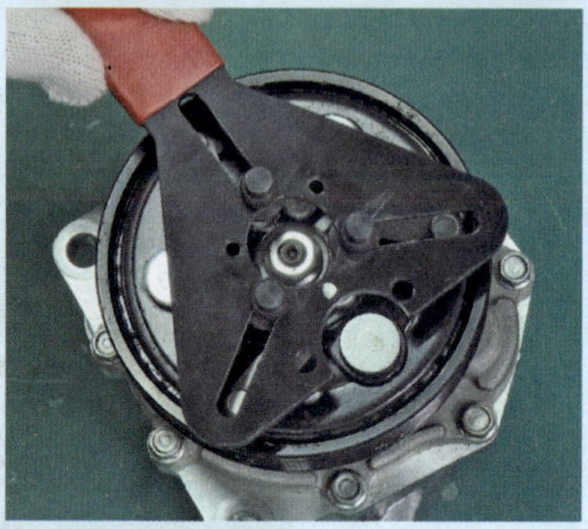 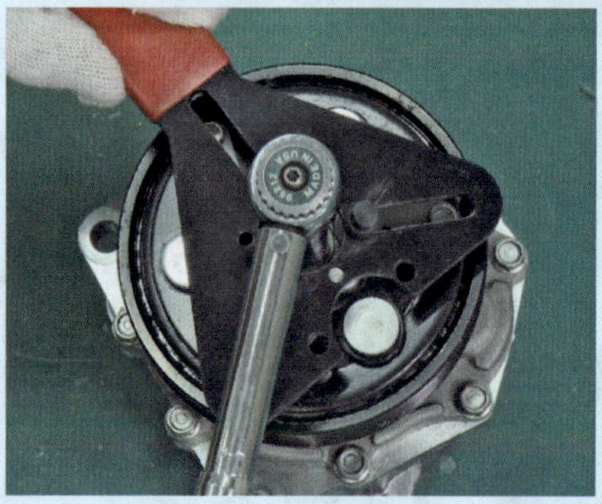	将______安装至空调压缩机轴上。将______对齐空调压缩机轴______并将压盘安装到位，用手拧上______，用______卡住压盘，用______拧紧螺母，扭矩为______N·m，用预置式扭力扳手校验扭矩
16		用手检查压盘转动是否顺畅 除了线圈电阻、皮带轮与压盘间隙等参数有所区别，不同车型的空调压缩机电磁离合器的结构组成、工作原理及检修方法相似，检修时应参照维修手册操作

续表

序号	图示	步骤及技术要点
17		整理工具，并按照“5S”要求恢复场地

任务评价

项目	作业内容	评价要点	配分	评价
准备工作	场地准备	工位应干净、整洁，地面无油污	2	
		空调压缩机总成应稳固放置于拆装工作台上	2	
	设备防护	工具车要稳固，防止移动倾覆	2	
		拆装工作台要平稳，防止零件掉落	3	
	人员防护	工作服穿戴整齐	2	
		拆装操作时应佩戴棉纱手套	3	
	工具、量具检查	检查工具车中工具是否齐全、整洁	3	
		检查百分表及磁性表座是否能正常工作	3	
操作	操作要点	能正确组装百分表及磁性表座	5	
		能正确连接测试连接线	5	
		能正确测量压盘与皮带轮之间的间隙	5	
		能拆卸、分解压缩机电磁离合器总成	10	
		能正确测量电磁离合器线圈电阻值	5	
		能检查压盘摩擦表面是否有刮痕或变形以及离合器皮带轮轴承是否松动或卡滞	5	
		能组装电磁离合器	10	
	技术规范	能知道皮带轮与压盘间的正常间隙	5	
		能知道电磁离合器线圈正常电阻值	5	
		能知道压盘摩擦表面正常情况	5	
		能知道压盘紧固螺栓规定的拧紧力矩	5	

续表

项目	作业内容	评价要点	配分	评价
职业素养	安全及合作	特殊操作应佩戴安全帽、防酸碱手套或绝缘手套、护目镜等防护用品	5	
		小组作业时应互相配合、合理分工，不可发生争执	5	
	“5S”管理	注意安全操作，不可随意放置工具、量具且不应有其他安全隐患	3	
		工作台、地上有油污时应及时擦掉，废弃物应环保处理	2	
总评分				

任务二十七 前照灯的拆卸

学习目标

1. 能准备拆卸前照灯所需的工具、设备。
2. 能查阅维修手册，整理前照灯的拆卸方法。
3. 能根据维修手册，正确使用工具拆卸前照灯。
4. 能查阅维修资料，叙述前照灯拆卸的技术标准。

任务描述

一车辆的前照灯受过撞击而破损。经维修技师检查后，确需拆卸前照灯总成进行维修或更换。现应用丰田卡罗拉 1.6 车型学习汽车前照灯的拆卸方法。

问题 1：如何正确使用前照灯？

____

____

问题 2：在什么情况下需要拆卸前照灯总成？

____

____

相关知识

前照灯主要用于夜间行车道路照明，同时也作为夜间超车信号灯。灯光为白色，有两灯制和四灯制两种配置方式，灯泡功率一般为 40～60 W。前照灯有较特殊的光学结构，因为它既要保证夜间车前道路 100 m 以上有明亮而均匀的光照，又要有防眩目装置，以避免夜间两车交会时造成对方驾驶员眩目而发生事故。

前照灯系统主要由灯光开关、变光开关、前照灯继电器和前照灯灯体等组成。

任务准备

1. 工具器材

操作前需要准备以下设备、工具及辅助材料等（以单工位为例）。

设备、工具及辅助材料

序号	名称	规格	数量
1	实训车	丰田卡罗拉 1.6	1
2	工具车（含常用工具）	JTC	1
3	零件车	/	1
4	翼子板及前格栅布	/	1
5	车内四件套	/	1
6	棉纱手套	/	5

2. 分工及操作

职务	代码	姓名	工作内容
组长	A		
组员	B		
	C		
	D		
	E		

任务实施

下面以丰田卡罗拉 1.6 车型为例，介绍前照灯的拆卸方法。

序号	图示	步骤及技术要点
1		拆卸散热器__________

续表

序号	图示	步骤及技术要点
2	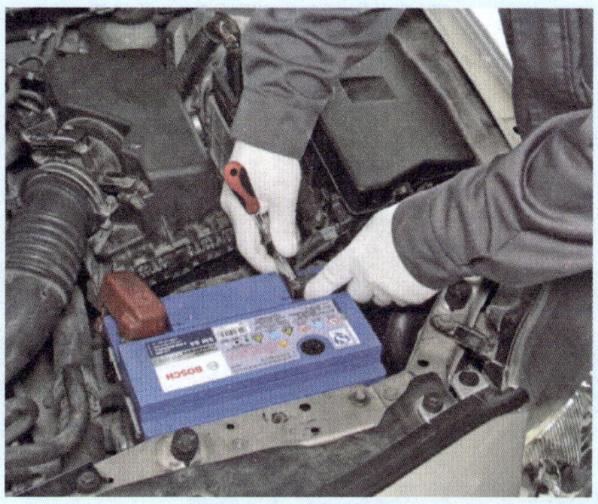	断开__________
3	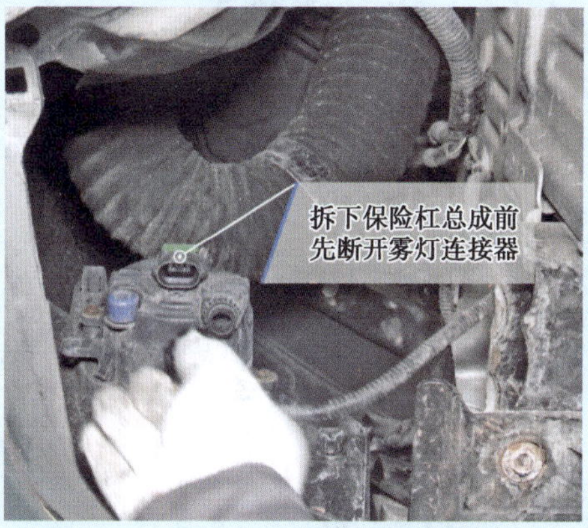 拆下保险杠总成前先断开雾灯连接器	断开__________
4		拆卸__________

续表

序号	图示	步骤及技术要点
5	  	拆卸右侧前照灯的两个紧固螺栓（红色圆圈所示）和一个螺钉 （红色圆圈所示）
6		将前照灯从卡爪上拆下
7		断开____________________并拆下前照灯总成

续表

序号	图示	步骤及技术要点
8		用同样的方法拆卸左侧前照灯总成
9		整理工具，并按照“5S”要求恢复场地

任务评价

项目	作业内容	评价要点	配分	评价
准备工作	场地准备	工位应干净、整洁，地面无油污	2	
		车辆停靠在合适位置	2	
	车辆防护	铺设翼子板及前格栅布	2	
		铺设车内四件套	3	
	人员防护	工作服穿戴整齐	2	
		拆装操作时应佩戴棉纱手套	3	
	工具、量具检查	检查工具车中工具是否齐全、整洁	6	

续表

项目	作业内容	评价要点	配分	评价
操作	操作要点	能拆卸散热器上导流板	5	
		能断开蓄电池负极电缆	5	
		能断开雾灯连接器	5	
		能拆卸前保险杠总成	10	
		能拆卸前照灯上的两个紧固螺栓和一个螺钉	5	
		能将前照灯从卡爪上拆下	5	
		能断开前照灯线束连接器并拆下前照灯总成	10	
	技术规范	能掌握前照灯的拆卸方法	10	
		能按顺序放置已拆下的零部件	5	
		能保持操作过程中不用手直接触摸灯泡	5	
职业素养	安全及合作	特殊操作应佩戴安全帽、防酸碱手套或绝缘手套、护目镜等防护用品	5	
		小组作业时应互相配合、合理分工，不可发生争执	5	
	“5S”管理	注意安全操作，不可随意放置工具、量具且不应有其他安全隐患	3	
		工作台、地上有油污时应及时擦掉，废弃物应环保处理	2	
总评分				

任务二十八 前照灯的安装

学习目标

1. 能准备安装前照灯所需的工具、设备。
2. 能查阅维修手册，整理前照灯的安装方法。
3. 能根据维修手册，正确使用工具、量具安装前照灯。
4. 能查阅维修资料，叙述前照灯的安装技术标准。

任务描述

已拆下的前照灯经过维修测试后，需重新安装到车辆上，装复完成后进行测试、调整。现应用丰田卡罗拉 1.6 车型学习汽车前照灯的安装方法。

问题 1：如何正确拆卸、安装灯泡？

____

____

问题 2：装复完成后还需要进行复检吗？

____

____

相关知识

前照灯主要由灯泡、反射镜和配光镜三部分组成。

1. 灯泡。灯泡有充气灯泡、卤钨灯泡、氙气灯、LED 灯和激光灯体。

2. 反射镜。反射镜用来聚集光线并将其反射出去，表面呈抛物形并镀银、铝或铬，再抛光。

3. 配光镜。配光镜由透镜和棱镜组成，外形一般为圆形或方形，其作用是使光线折射较宽的路面。

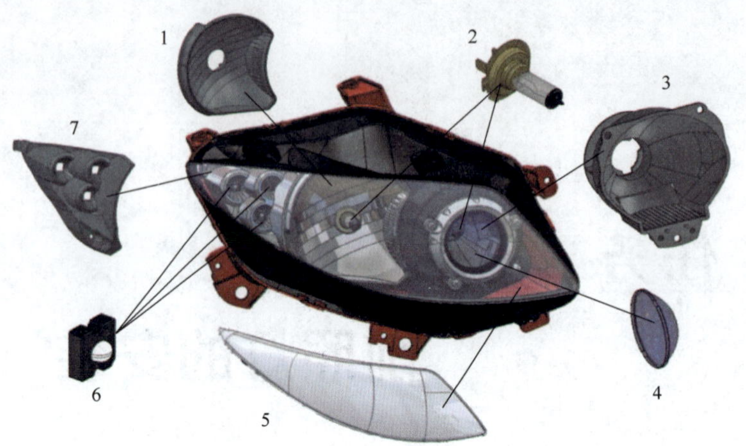

1—远光灯反射碗　2—H7 灯泡　3—近光灯反射碗　4—近光灯透镜　5—前灯罩　6—LED 信号灯　7—LED 反射碗

任务准备

1. 工具器材

操作前首先需要准备以下设备、工具及辅助材料等（以单工位为例）。

设备、工具及辅助材料

序号	名称	规格	数量
1	实训车	丰田卡罗拉 1.6	1
2	工具车（含常用工具）	JTC	1
3	零件车	/	1
4	塑料卡扣	/	10
5	翼子板及前格栅布	/	1
6	车内四件套	/	1
7	棉纱手套	/	5

2. 分工及操作

职务	代码	姓名	工作内容
组长	A		
组员	B		
	C		
	D		
	E		

任务实施

下面以丰田卡罗拉 1.6 车型为例，介绍前照灯的安装方法。

序号	图示	步骤及技术要点
1		连接前照灯线束连接器
2		将右侧前照灯总成对准固定卡爪推入到位
3	 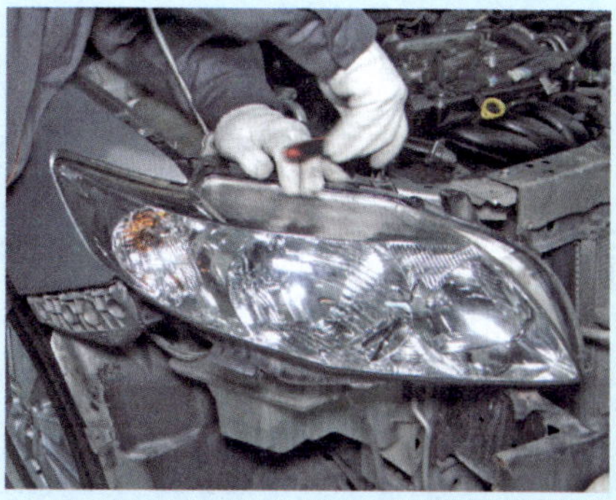	用两个螺栓和一个螺钉安装右侧前照灯总成

续表

序号	图示	步骤及技术要点
4	 	用同样的方法安装左侧前照灯总成
5	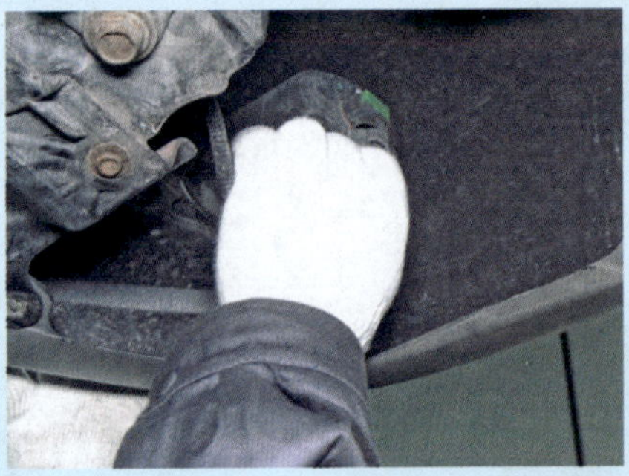 	安装前保险杠总成前，先连接雾灯连接器
6		安装前保险杠总成
7	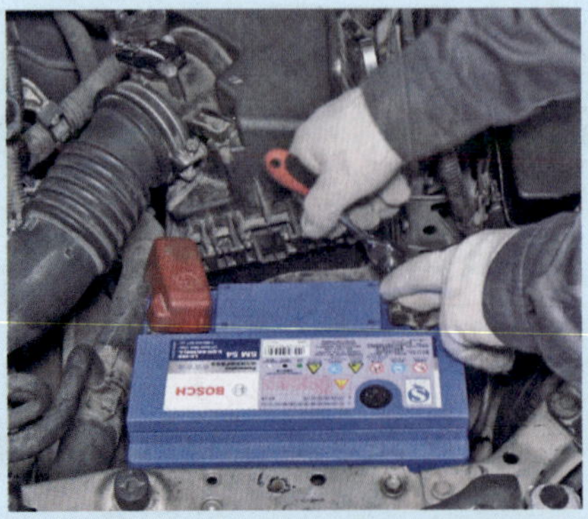	连接蓄电池负极电缆

续表

序号	图示	步骤及技术要点
8		安装散热器上导流板
9		整理工具，并按照“5S”要求恢复场地

任务评价

项目	作业内容	评价要点	配分	评价
准备工作	场地准备	工位应干净、整洁，地面无油污	2	
		车辆停靠在合适位置	2	
	车辆防护	铺设翼子板及前格栅布	2	
		铺设车内四件套	3	
	人员防护	工作服穿戴整齐	2	
		拆装操作时应佩戴棉纱手套	3	
	工具、量具检查	检查工具车中工具是否齐全、整洁	6	
操作	操作要点	能连接前照灯线束连接器	5	
		能安装前照灯固定卡爪	10	
		能用两个螺栓和一个螺钉安装前照灯	10	
		能连接雾灯连接器	5	
		能安装前保险杠总成	5	
		能连接蓄电池负极电缆	5	
		能安装散热器上导流板	5	

续表

项目	作业内容	评价要点	配分	评价
操作	技术规范	能掌握前照灯的安装方法	10	
		能正确放置零部件	5	
		能保持操作过程中不用手直接触摸灯泡	5	
职业素养	安全及合作	特殊操作应佩戴安全帽、防酸碱手套或绝缘手套、护目镜等防护用品	5	
		小组作业时应互相配合、合理分工，不可发生争执	5	
	“5S”管理	注意安全操作，不可随意放置工具、量具且不应有其他安全隐患	3	
		工作台、地上有油污时应及时擦掉，废弃物应环保处理	2	
总评分				

任务二十九 收音机总成的拆卸

学习目标

1. 能准备拆卸收音机总成所需的工具、设备。
2. 能查阅维修手册，整理收音机总成的拆卸方法。
3. 能根据维修手册，正确使用工具拆卸收音机总成。
4. 能查阅资料，叙述拆卸收音机总成的技术标准。

任务描述

一车辆需改装车载导航，安装新导航前需要拆卸原车的收音机总成。现应用福特福睿斯车型学习拆卸收音机总成的方法。

问题1：拆卸收音机总成前首先应做哪些工作？

____

____

问题2：汽车上有收音机天线吗？一般安装在哪里？

____

____

任务准备

1. 工具器材

操作前首先需要准备以下设备、工具及辅助材料等（以单工位为例）。

设备、 工具及辅助材料

序号	名称	规格	数量
1	实训车	福特福睿斯	1
2	工具车 （含常用工具）	JTC	1
3	内饰板拆装专用工具	/	1
4	零件车	/	1
5	翼子板及前格栅布	/	1
6	车内四件套	/	1
7	棉纱手套	/	5

2. 分工及操作

职务	代码	姓名	工作内容
组长	A		
组员	B		
	C		
	D		
	E		

 任务实施

下面以福特福睿斯车型为例，介绍收音机总成的拆卸方法。

序号	图示	步骤及技术要点
1		断开____________________
2		用内饰板拆装专用工具拆下中控面板

续表

序号	图示	步骤及技术要点
3	 	用________拆下固定收音机总成的 4 个螺栓（红色圆圈所示）
4		抽出收音机总成
5	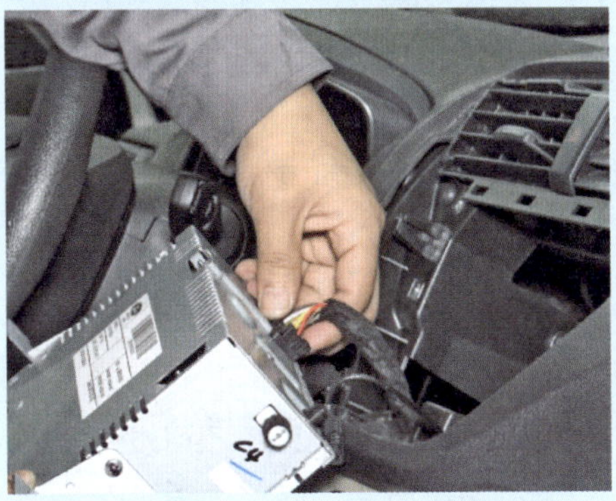	断开收音机总成上的连接器，拿下收音机总成
6		整理工具，并按照“5S”要求恢复场地

任务评价

项目	作业内容	评价要点	配分	评价
准备工作	场地准备	工位应干净、整洁，地面无油污	2	
		车辆停靠在合适位置	2	
	车辆防护	铺设翼子板及前格栅布	2	
		铺设车内四件套	3	
	人员防护	工作服穿戴整齐	2	
		拆装操作时应佩戴棉纱手套	3	
	工具、量具检查	检查工具车中工具是否齐全、整洁	3	
		检查内饰板拆装专用工具是否齐全、整洁	3	
操作	操作要点	能断开蓄电池负极电缆	5	
		能用内饰板拆装专用工具拆下中控面板	10	
		能用 7 mm 套筒拆下收音机总成的 4 个固定螺栓	10	
		能抽出收音机总成	10	
		能断开收音机总成上的连接器，拿下收音机总成	10	
	技术规范	能正确叙述收音机总成的拆卸方法	10	
		能正确放置已拆下的零部件	5	
		能使用内饰板拆装专用工具拆卸装饰盖，避免对装饰件造成损伤	5	
职业素养	安全及合作	特殊操作应佩戴安全帽、防酸碱手套或绝缘手套、护目镜等防护用品	5	
		小组作业时应互相配合、合理分工，不可发生争执	5	
	“5S”管理	注意安全操作，不可随意放置工具、量具且不应有其他安全隐患	3	
		工作台、地上有油污时应及时擦掉，废弃物应环保处理	2	
总评分				

任务三十 车载导航的安装

学习目标

1. 能准备安装车载导航所需的工具、设备。
2. 能查阅维修资料，整理车载导航的安装方法。
3. 能根据安装说明书，正确使用工具安装车载导航。
4. 能查阅维修资料，叙述车载导航的安装技术标准。

任务描述

一车辆的收音机总成拆卸后，需将新的车载导航总成安装至原位，并进行测试、调整。现应用福特福睿斯车型学习车载导航的安装方法。

问题1：车载导航系统由哪些主要部件组成？

____

____

问题2：车载导航系统是如何工作的？

____

____

相关知识

车载导航系统主要由主机、显示屏、操作键盘（遥控器）和天线等组成，它可提供准确的地理信息和清晰的行进路线，实现了野外勘探、出游旅行的智能、数字化导航。

任务准备

1. 工具器材

操作前需要准备以下设备、工具及辅助材料等（以单工位为例）。

设备、工具及辅助材料

序号	名称	规格	数量
1	实训车	福特福睿斯	1
2	工具车（含常用工具）	JTC	1
3	内饰板拆装专用工具	/	1
4	零件车	/	1
5	预置式扭力扳手	5～25 N·m	1
6	翼子板及前格栅布	/	1
7	车内四件套	/	1
8	棉纱手套	/	5
9	扎带	/	若干
10	塑料卡扣	/	若干
11	车载导航主机套装	福特福睿斯适用	1
12	双面胶	/	1

2. 分工及操作

职务	代码	姓名	工作内容
组长	A		
组员	B		
	C		
	D		
	E		

任务实施

下面以福特福睿斯车型为例，介绍车载导航的安装方法。

序号	图示	步骤及技术要点
1	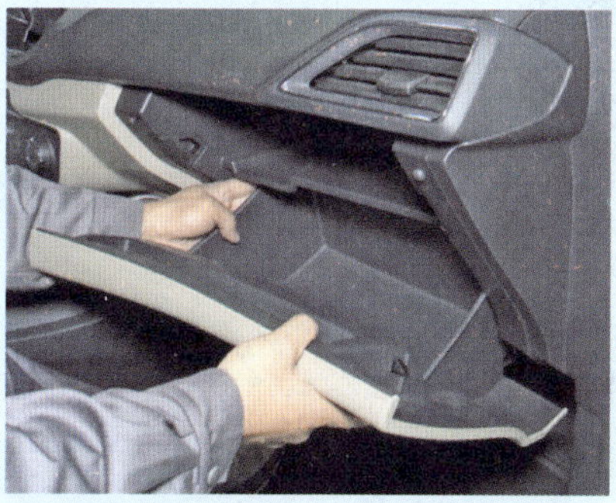 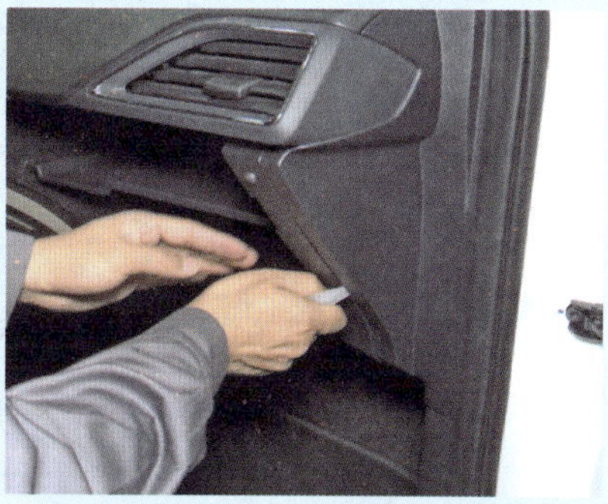  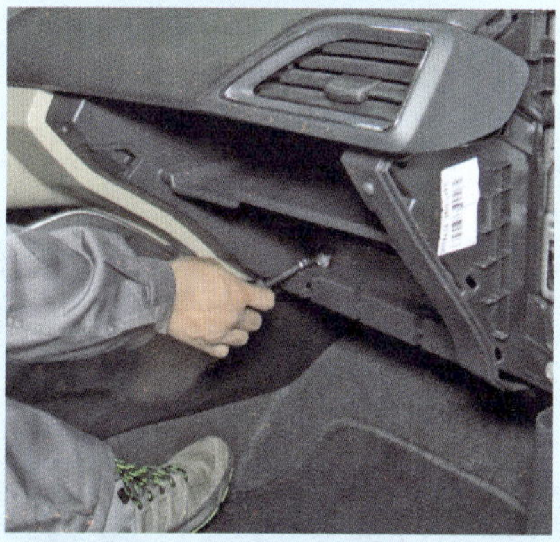 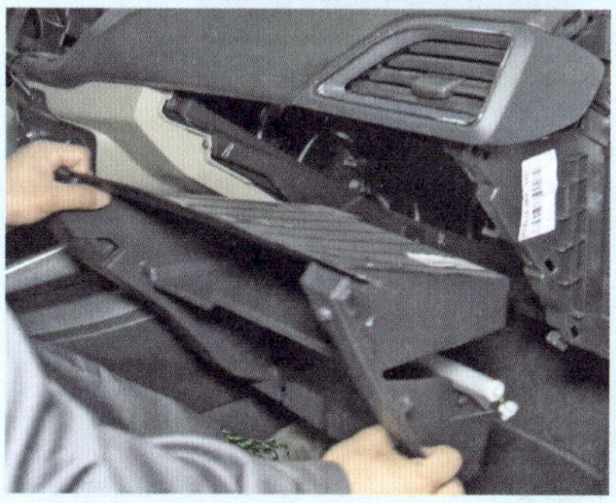 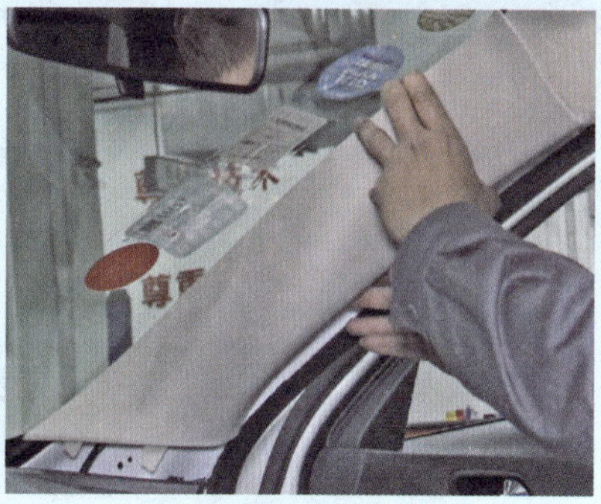	使用内饰板拆装专用工具拆下手套箱总成、手套箱侧板和A柱装饰板
2	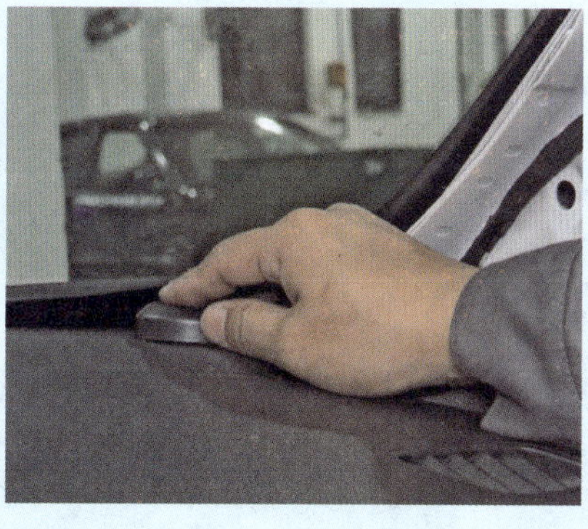	使用双面胶将GPS天线固定在右前风窗玻璃下方

续表

序号	图示	步骤及技术要点
3	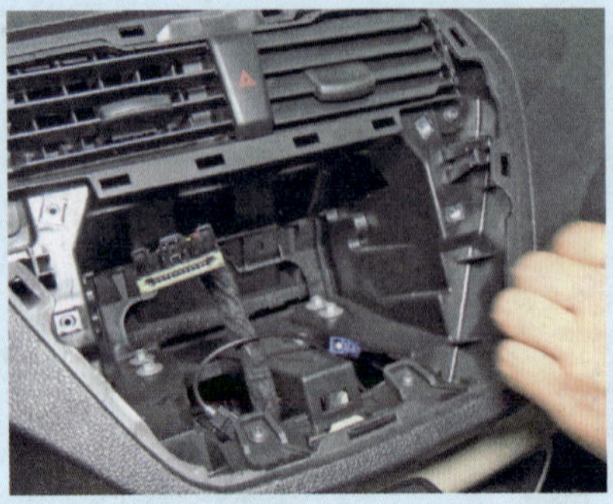	将线从手套箱后面穿过，直至中控台主机处 注意：______________________________
4	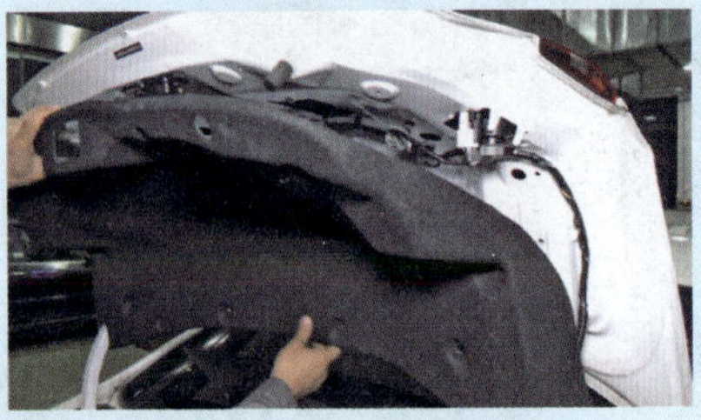	拆下行李舱盖内饰板
5	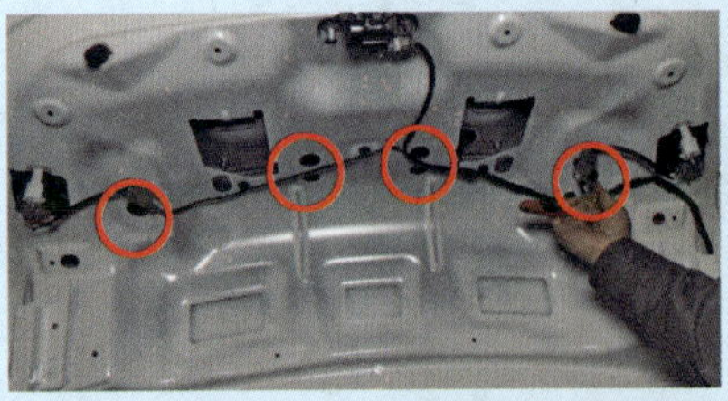 	拆下行李舱盖外饰板固定螺母（红色圆圈所示），拆下行李舱盖上的尾灯总成
6	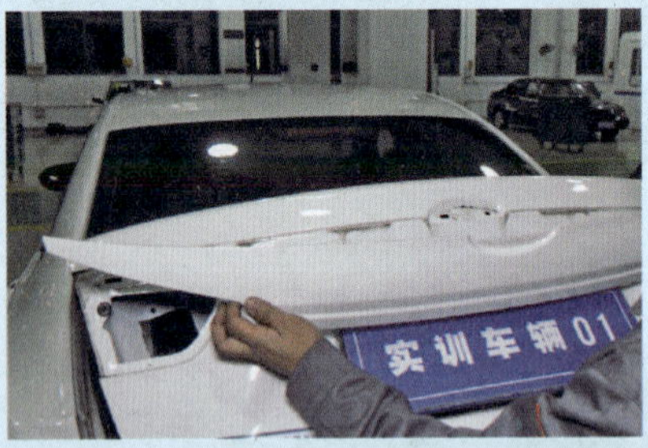	拆下行李舱盖外饰板
7	 	断开牌照灯总成连接器，并将其拆下

续表

序号	图示	步骤及技术要点
8		把倒车摄像头卡在牌照灯总成上
9	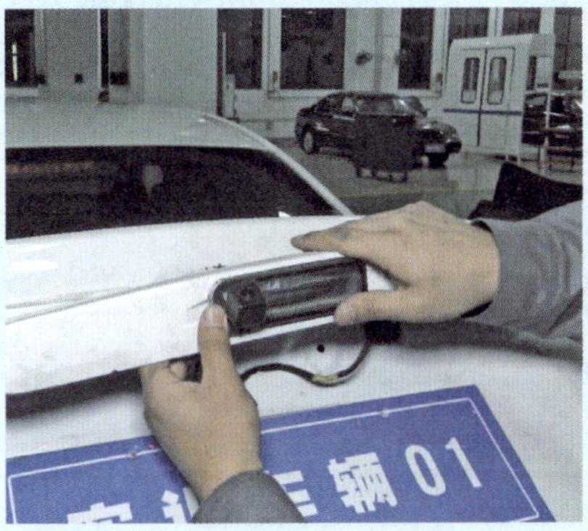	将牌照灯总成安装在行李舱盖外饰板上，并连接牌照灯总成连接器
10	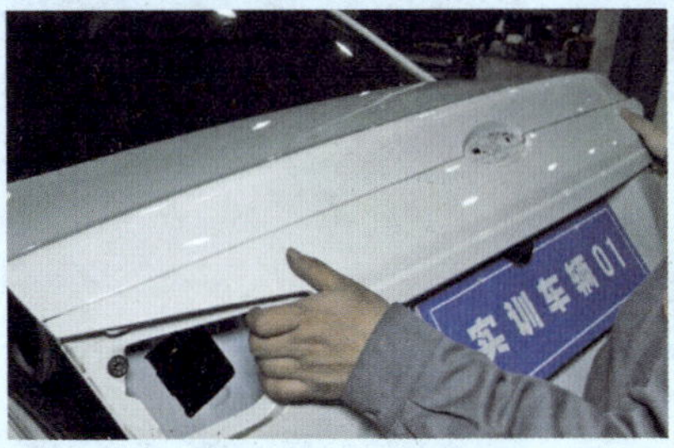	安装行李舱盖外饰板
11	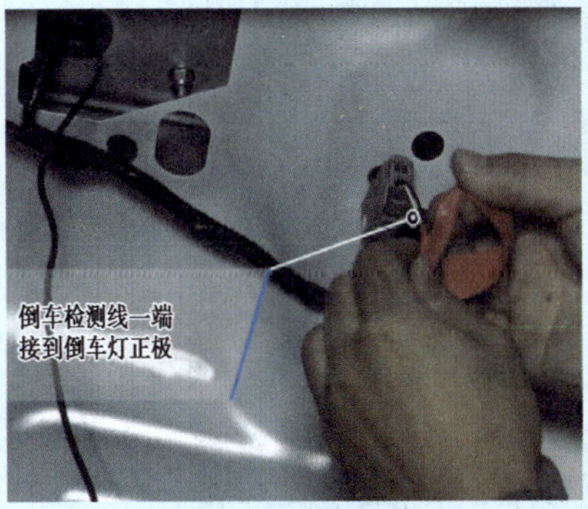 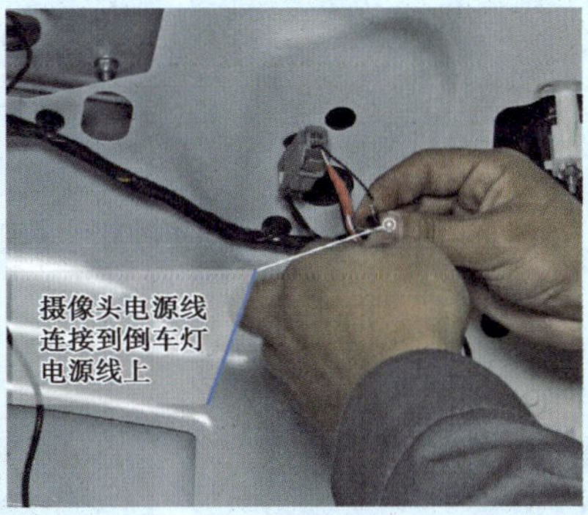	

续表

序号	图示	步骤及技术要点
11	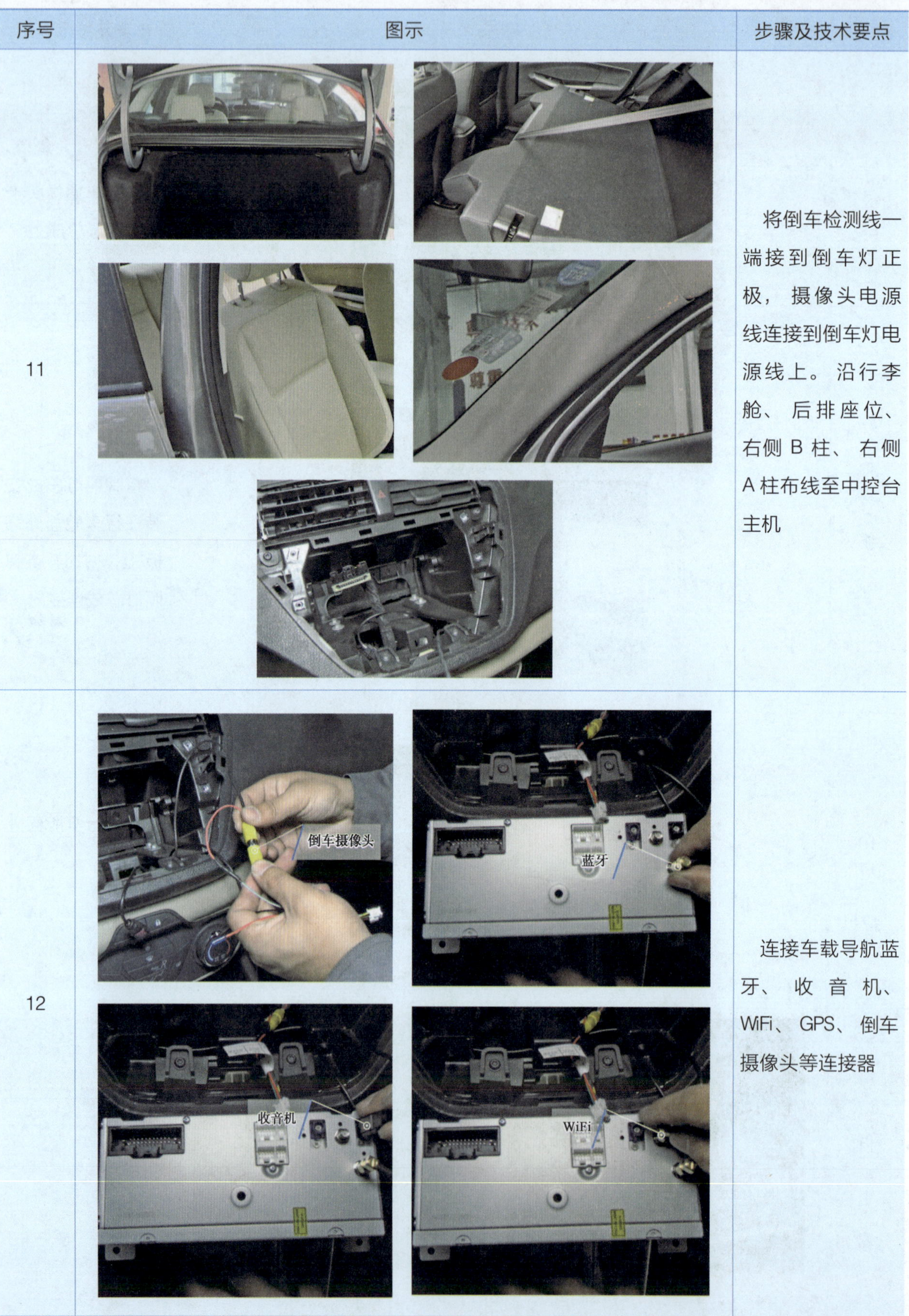	将倒车检测线一端接到倒车灯正极，摄像头电源线连接到倒车灯电源线上。沿行李舱、后排座位、右侧 B 柱、右侧 A 柱布线至中控台主机
12		连接车载导航蓝牙、收音机、WiFi、GPS、倒车摄像头等连接器

续表

序号	图示	步骤及技术要点
12	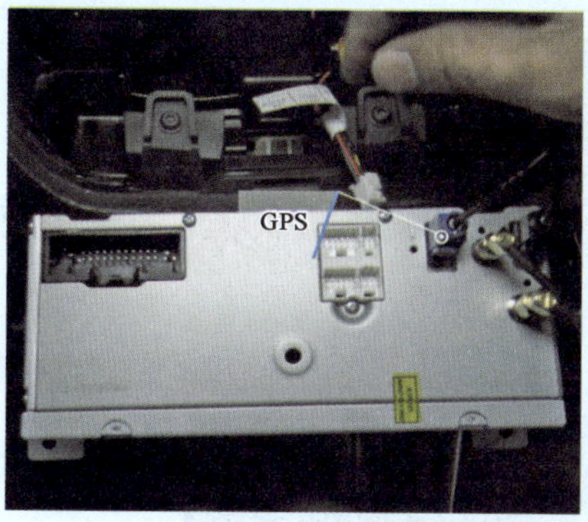  GPS	
13	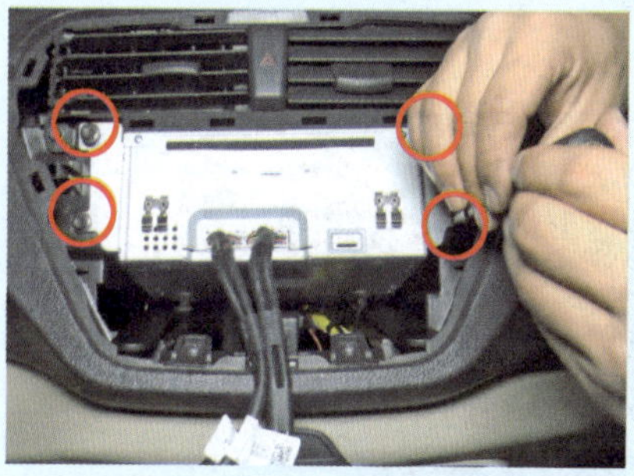	用预置式扭力扳手安装车载导航主机 4 个固定螺栓（红色圆圈所示）
14	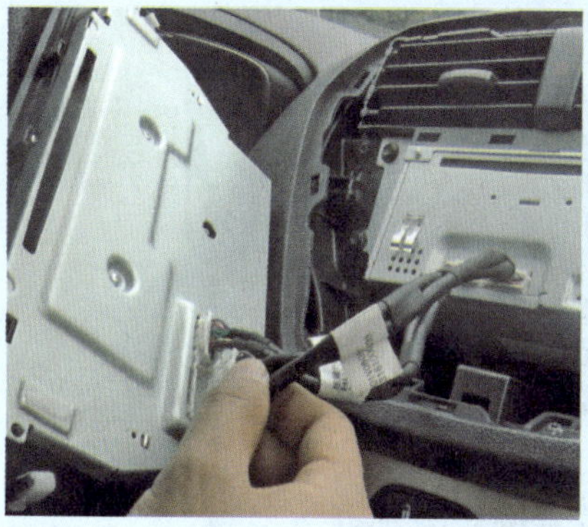 	连接车载导航主机与触摸屏的连接器，装上触摸屏
15	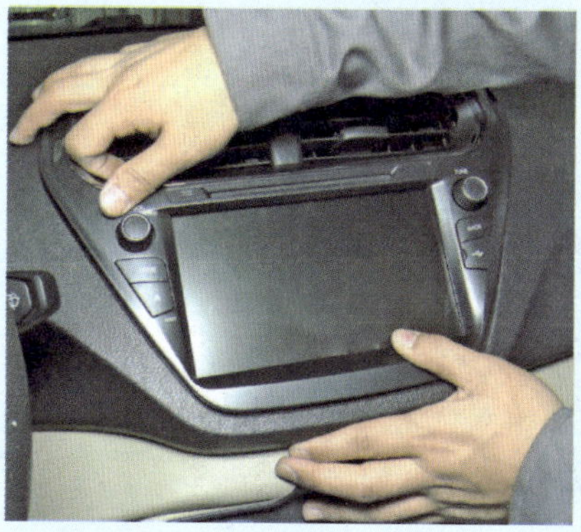	安装中控面板

续表

序号	图示	步骤及技术要点
16	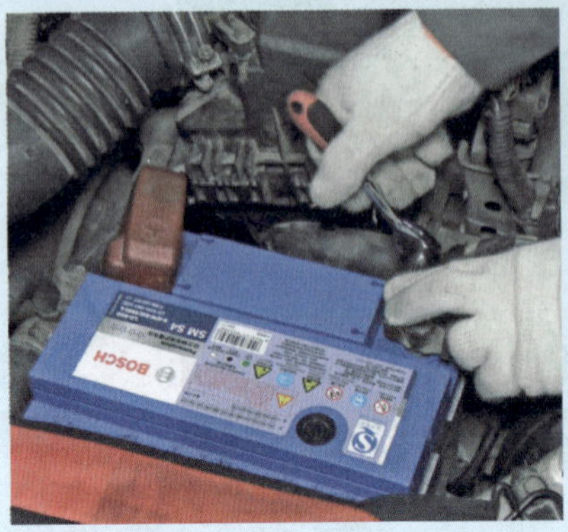 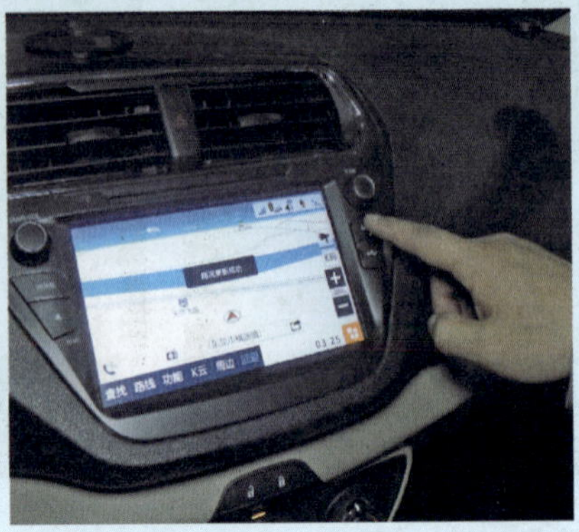	连接蓄电池____，调试________车载导航
17	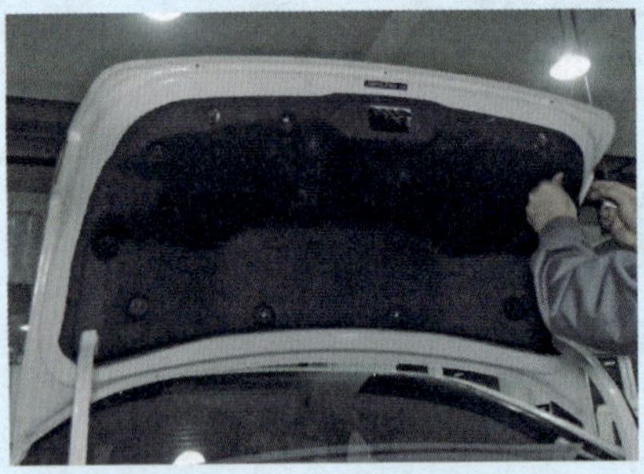	安装行李舱盖内饰板，若塑料卡扣损坏，更换新件
18	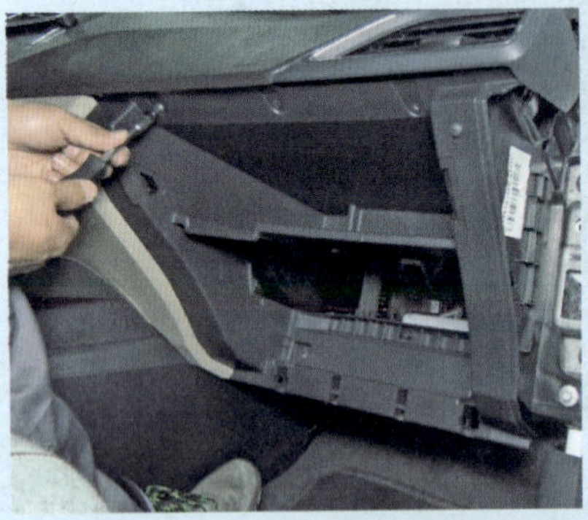  	安装手套箱总成、手套箱侧板和A柱装饰板

续表

序号	图示	步骤及技术要点
19		整理工具，并按照“5S”要求恢复场地

任务评价

项目	作业内容	评价要点	配分	评价
准备工作	场地准备	工位应干净、整洁，地面无油污	2	
		车辆停靠在合适位置	2	
	车辆防护	铺设翼子板及前格栅布	2	
		铺设车内四件套	3	
	人员防护	工作服穿戴整齐	2	
		拆装操作时应佩戴棉纱手套	3	
	工具、量具检查	检查工具车中工具是否齐全、整洁	3	
		检查内饰板拆装专用工具是否齐全、整洁	3	
操作	操作要点	能拆下手套箱总成、手套箱侧板	5	
		能拆卸行李舱盖内饰板	5	
		能安装倒车摄像头	5	
		能连接倒车检测线	10	
		能安装车载导航主机	10	
		能安装车载导航主机与触摸屏的连接器	10	
		能连接蓄电池负极电缆，并能调试车载导航	5	
	技术规范	能用内饰板拆装专用工具拆卸车辆内饰，避免操作时对内饰造成损伤	5	
		能掌握车载导航的安装方法	5	
		能正确叙述接线的方法和规范	5	

续表

<table>
<tr><th>项目</th><th>作业内容</th><th>评价要点</th><th>配分</th><th>评价</th></tr>
<tr><td rowspan="4">职业素养</td><td rowspan="2">安全及合作</td><td>特殊操作应佩戴安全帽、防酸碱手套或绝缘手套、护目镜等防护用品</td><td>5</td><td></td></tr>
<tr><td>小组作业时应互相配合、合理分工，不可发生争执</td><td>5</td><td></td></tr>
<tr><td rowspan="2">“5S”管理</td><td>注意安全操作，不可随意放置工具、量具且不应有其他安全隐患</td><td>3</td><td></td></tr>
<tr><td>工作台、地上有油污时应及时擦掉，废弃物应环保处理</td><td>2</td><td></td></tr>
<tr><td colspan="3">总评分</td><td colspan="2"></td></tr>
</table>

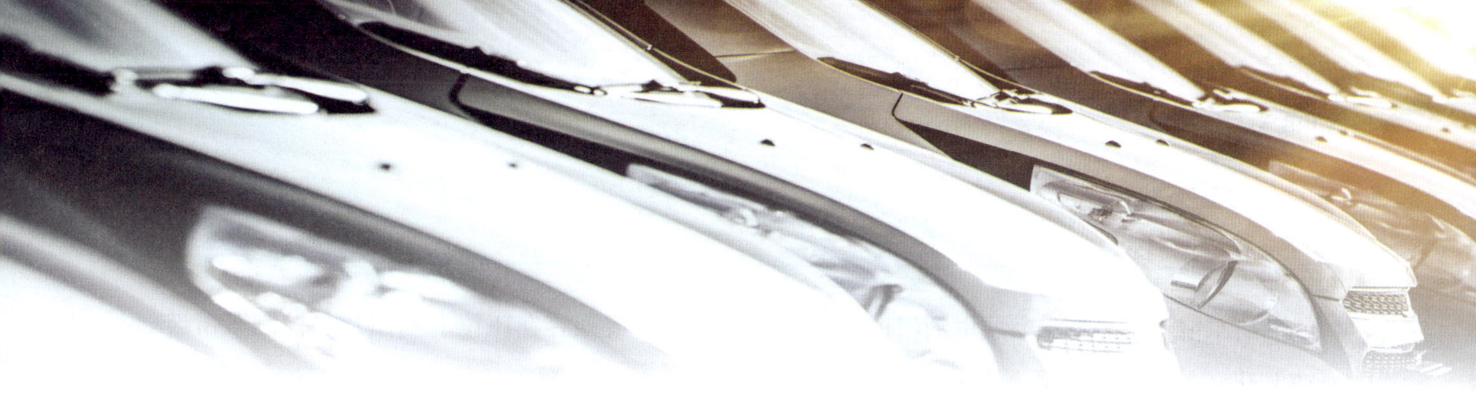

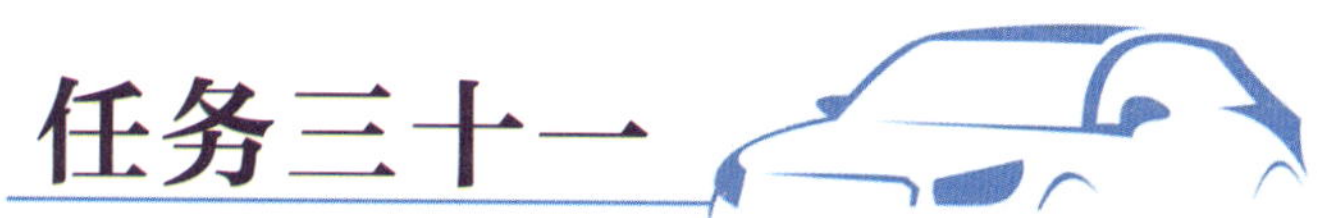

任务三十一 电动车窗升降器的拆卸

学习目标

1. 能准备拆卸电动车窗升降器所需的工具、设备。
2. 能查阅维修手册，整理电动车窗升降器的拆卸方法。
3. 能根据维修手册，正确使用工具拆卸电动车窗升降器。
4. 能查阅维修资料，叙述拆卸电动车窗升降器的技术标准。

任务描述

一车辆主驾驶侧的电动车窗出现不能升降的情况，经过维修技师检查诊断，初步判定是车窗升降器故障。需将主驾驶侧的电动车窗升降器拆卸进行检查，确定具体故障部位。现应用丰田卡罗拉1.6车型学习电动车窗升降器的拆卸方法。

问题1：如何正确操作电动车窗？

____

____

问题2：电动车窗系统常见的故障有哪些？

____

____

相关知识

电动车窗又称自动车窗或电动门窗，它可以使驾驶员或乘客在座位上利用开关控制车窗玻璃自动上升（关闭）或下降（开启）。

电动车窗系统主要由双向直流电动机、车窗玻璃升降器、控制开关、继电器、断路器等装置组成。电动机有永磁式和双绕组串励式两种，每个车窗都装有一个电动机，通过开关控制其电流或磁场方向，使车窗玻璃上升或下降。

任务准备

1. 工具器材

操作前需要准备以下设备、工具及辅助材料等（以单工位为例）。

设备、工具及辅助材料

序号	名称	规格	数量
1	实训车	丰田卡罗拉 1.6	1
2	工具车（含常用工具）	JTC	1
3	内饰板拆装专用工具	/	1
4	零件车	/	1
5	翼子板及前格栅布	/	1
6	车内四件套	/	1
7	棉纱手套	/	5

2. 分工及操作

职务	代码	姓名	工作内容
组长	A		
组员	B		
	C		
	D		
	E		

 任务实施

下面以丰田卡罗拉 1.6 车型为例，介绍电动车窗升降器的拆卸方法。

序号	图示	步骤及技术要点
1	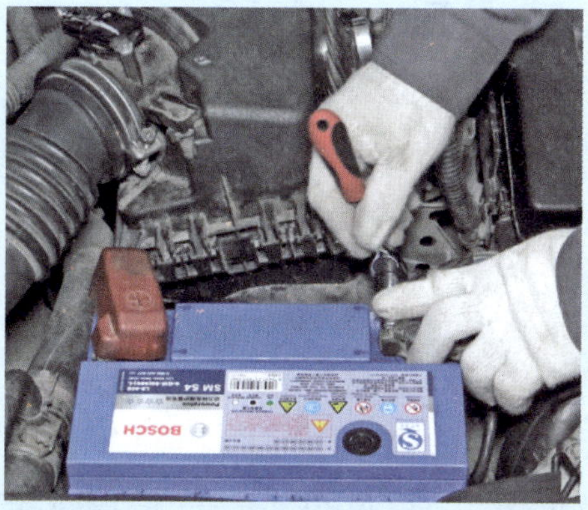	断开________________
2	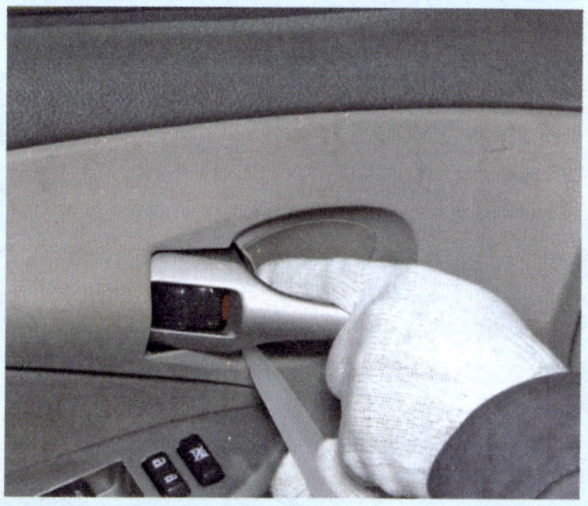	使用________________脱开卡爪，拆下前门内把手框
3	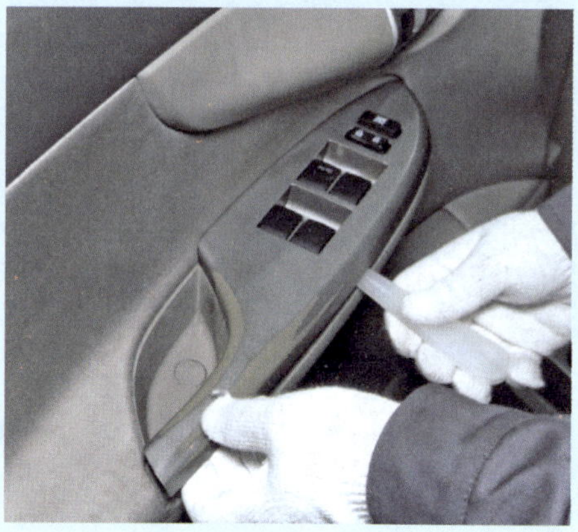	使用内饰板拆装专用工具脱开卡爪，拆下前扶手座上板
4	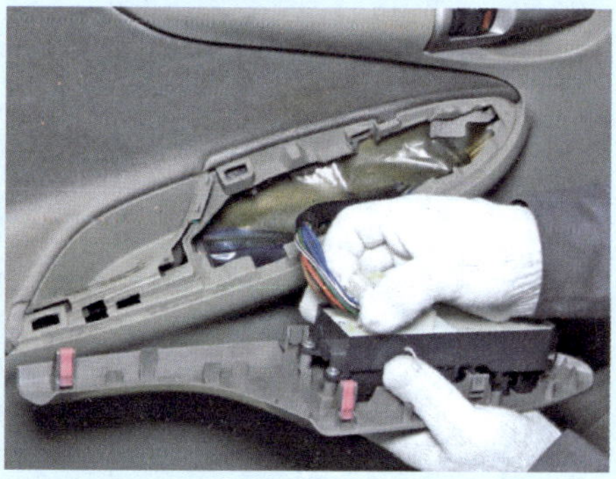	断开电动车窗升降器主开关总成连接器

续表

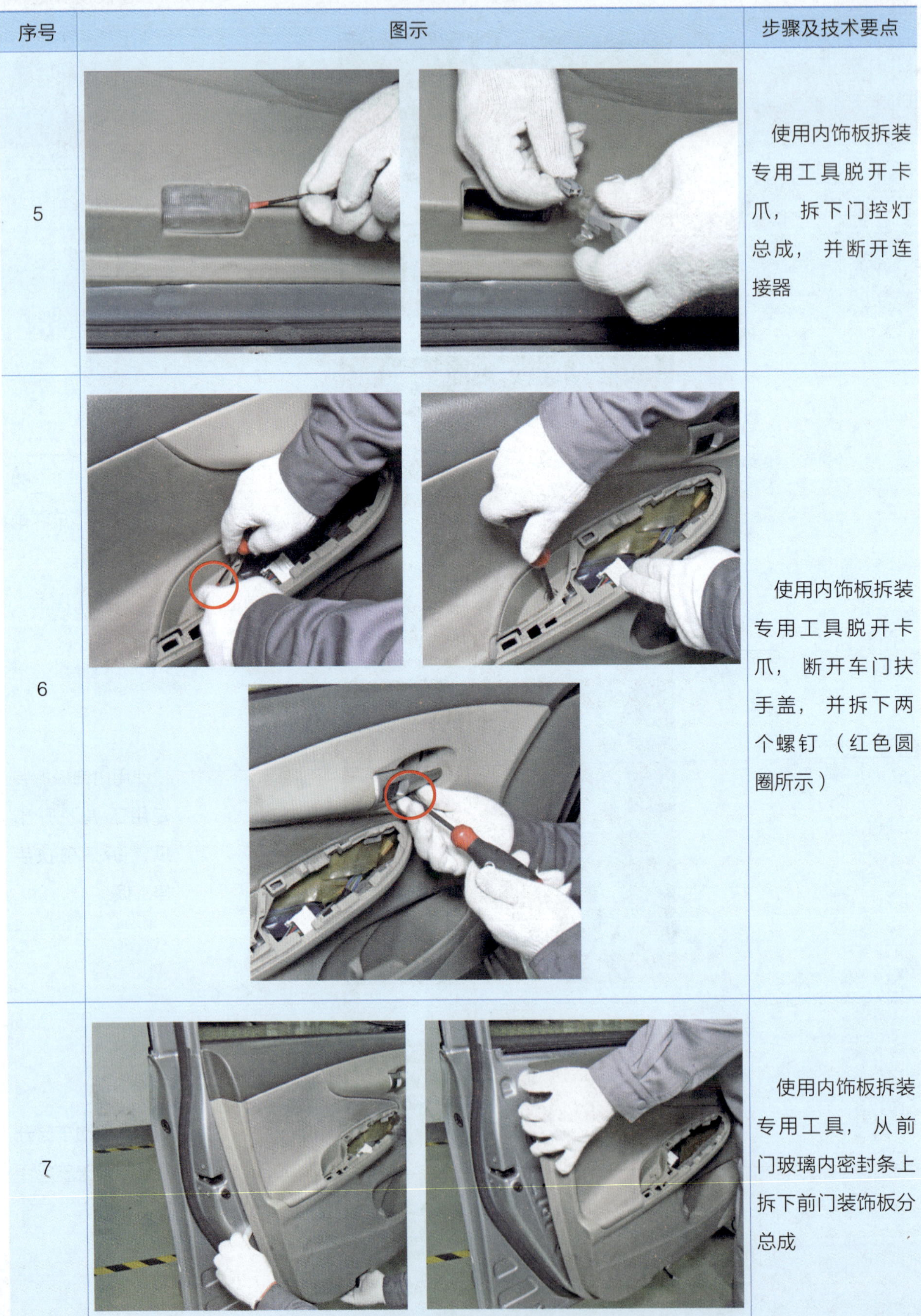

序号	图示	步骤及技术要点
5		使用内饰板拆装专用工具脱开卡爪，拆下门控灯总成，并断开连接器
6		使用内饰板拆装专用工具脱开卡爪，断开车门扶手盖，并拆下两个螺钉（红色圆圈所示）
7		使用内饰板拆装专用工具，从前门玻璃内密封条上拆下前门装饰板分总成

续表

序号	图示	步骤及技术要点
8	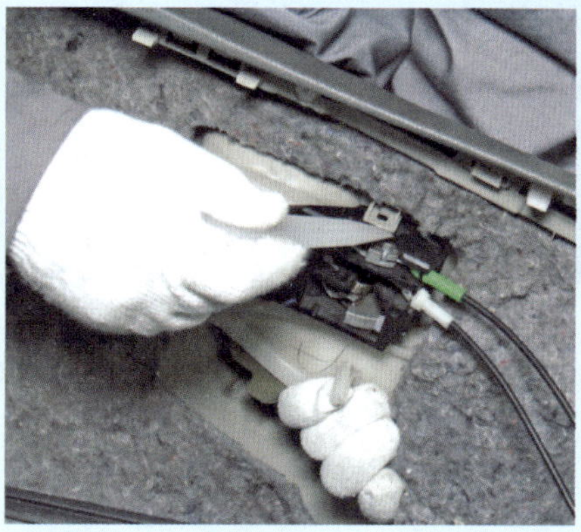 	脱开卡爪，从前门装饰板上拆下前门内把手分总成
9	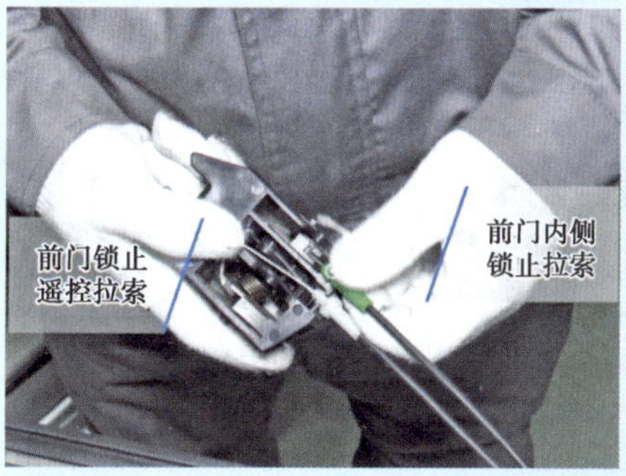 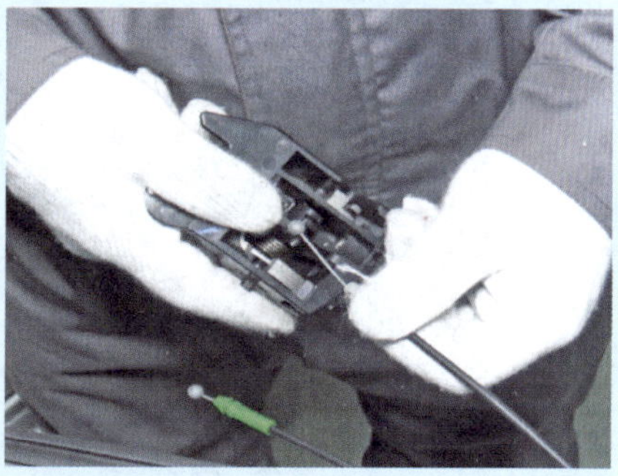 前门锁止遥控拉索 前门内侧锁止拉索	拆下前门锁止遥控拉索和前门内侧锁止拉索，拿下前门内把手分总成
10		拆卸前门玻璃内密封条
11	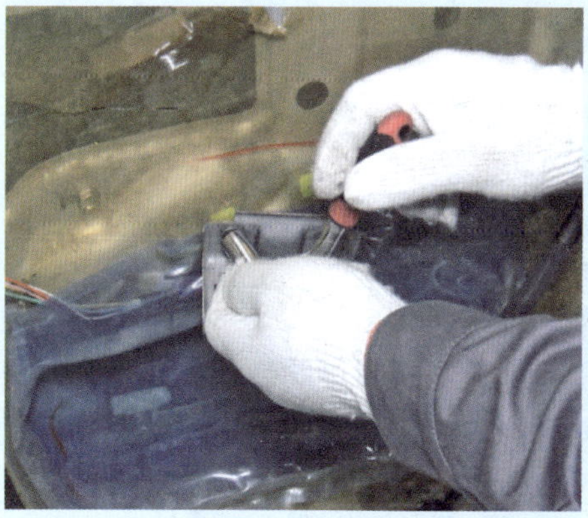	拆卸车门装饰板支架

续表

序号	图示	步骤及技术要点
12		断开____________________
13		拆卸前门检修孔盖
14	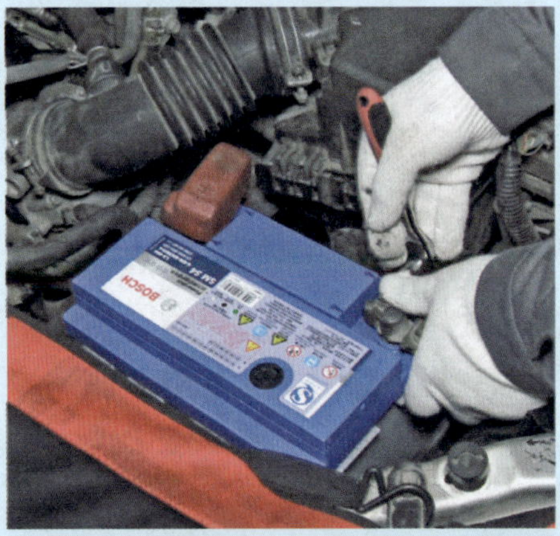	连接____________________
15		连接电动车窗升降器主开关总成，并移动前门玻璃分总成，以便能看到前门玻璃螺栓

续表

序号	图示	步骤及技术要点
15	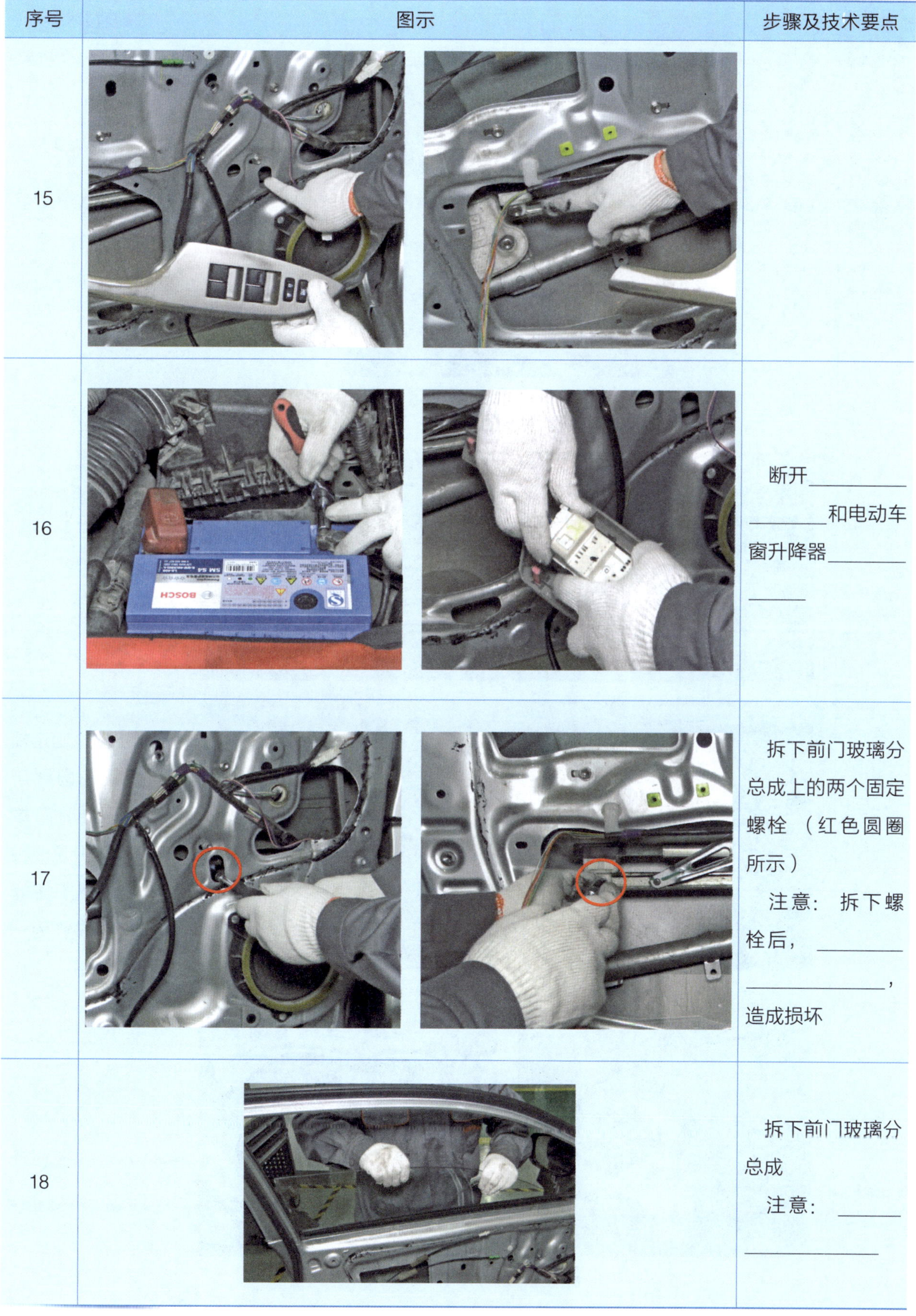	
16		断开______________和电动车窗升降器______________
17		拆下前门玻璃分总成上的两个固定螺栓（红色圆圈所示） 注意：拆下螺栓后，______________，造成损坏
18		拆下前门玻璃分总成 注意：______________

续表

序号	图示	步骤及技术要点
19	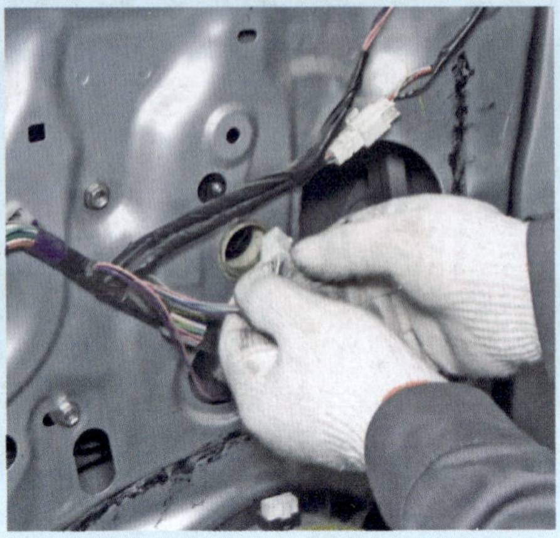	断开车窗升降器连接器
20	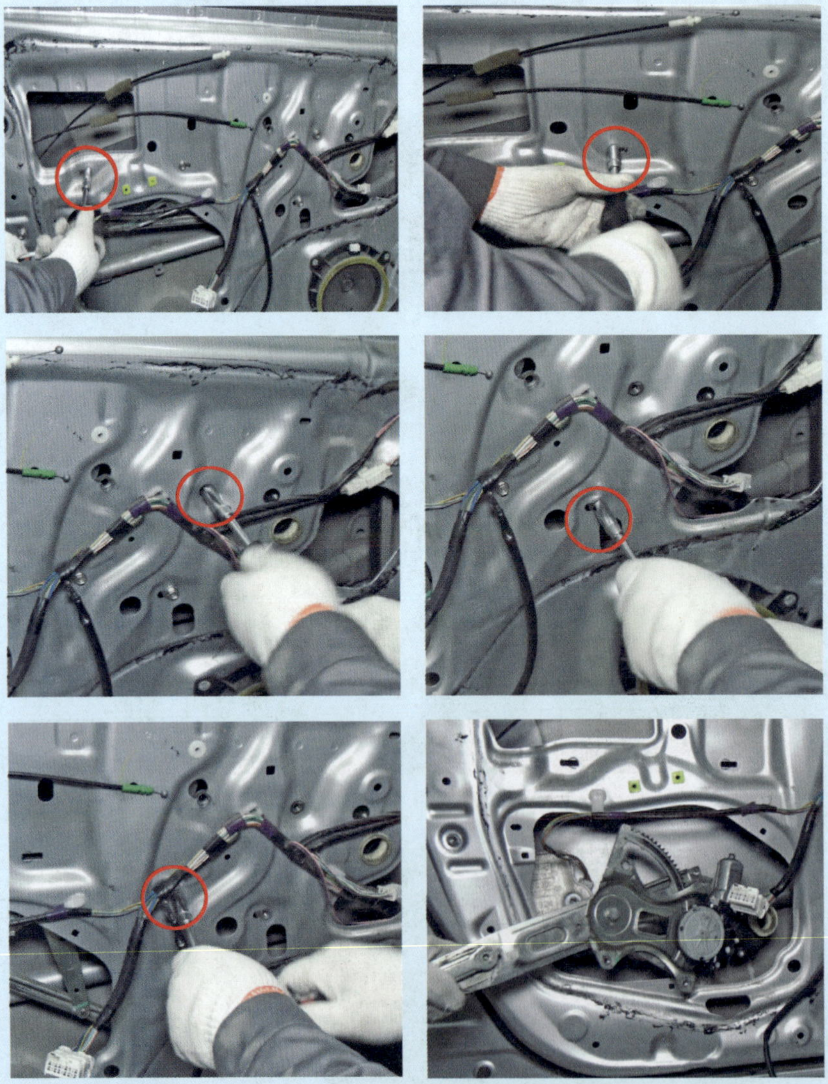	拆下 5 个固定螺栓（红色圆圈所示），将前门车窗升降器分总成和前电动车窗升降器电动机总成作为一个单元拆下

续表

序号	图示	步骤及技术要点
21		整理工具，并按照“5S”要求恢复场地

任务评价

项目	作业内容	评价要点	配分	评价
准备工作	场地准备	工位应干净、整洁，地面无油污	2	
		车辆停靠在合适位置	2	
	车辆防护	铺设翼子板及前格栅布	2	
		铺设车内四件套	3	
	人员防护	工作服穿戴整齐	2	
		拆装操作时应佩戴棉纱手套	3	
	工具、量具检查	检查工具车中工具是否齐全、整洁	3	
操作	操作要点	能断开蓄电池负极电缆	5	
		能拆下前门内把手框、前扶手座上板	5	
		能断开电动车窗升降器主开关总成连接器	5	
		能拆下前门内把手分总成	5	
		能拆卸前门玻璃	10	
		能拆卸前门车窗升降器分总成和前电动车窗升降器电动机总成	13	
		能正确连接、断开蓄电池	5	
	技术规范	能掌握电动车窗升降器的拆卸方法	10	
		能安全取出前门玻璃	10	

续表

项目	作业内容	评价要点	配分	评价
职业素养	安全及合作	特殊操作应佩戴安全帽、防酸碱手套或绝缘手套、护目镜等防护用品	5	
		小组作业时应互相配合、合理分工，不可发生争执	5	
	“5S”管理	注意安全操作，不可随意放置工具、量具且不应有其他安全隐患	3	
		工作台、地上有油污时应及时擦掉，废弃物应环保处理	2	
总评分				

任务三十二 电动车窗升降器的安装

学习目标

1. 能准备安装电动车窗升降器所需的工具、设备。
2. 能查阅维修手册，整理电动车窗升降器的安装方法。
3. 能根据维修手册，正确使用工具安装电动车窗升降器。
4. 能查阅维修资料，叙述电动车窗升降器的安装技术标准。

任务描述

一车辆电动车窗拆卸检查后，发现车窗电动机钢绳绞断卡死，导致传动机构无法工作，修复后，需将修复完成的电动车窗升降器总成装复到原车辆上。现应用丰田卡罗拉 1.6 车型学习电动车窗升降器的安装方法。

问题 1：在安装电动车窗玻璃时有哪些技巧？

______

______

问题 2：电动车窗的防夹功能是如何实现的？

______

______

相关知识

不同车型所采用的车窗电动机及其控制电路各不相同。电动机控制方式可分为直接搭铁式和控制搭铁式两种。

1. 直接搭铁式

直接搭铁式电动车窗是车窗电动机的一端直接搭铁，车窗的升、降靠电动机内绕向不同的磁场线圈来实现。

2. 控制搭铁式

控制搭铁式电动车窗是控制车窗电动机的搭铁端来实现车窗的升降。

任务准备

1. 工具器材

操作前需要准备以下设备、工具及辅助材料等（以单工位为例）。

设备、工具及辅助材料

序号	名称	规格	数量
1	实训车	丰田卡罗拉 1.6	1
2	工具车（含常用工具）	JTC	1
3	内饰板拆装专用工具	/	1
4	零件车	/	1
5	翼子板及前格栅布	/	1
6	车内四件套	/	1
7	塑料卡扣	/	若干
8	棉纱手套	/	5

2. 分工及操作

职务	代码	姓名	工作内容
组长	A		
组员	B		
	C		
	D		
	E		

任务实施

下面以丰田卡罗拉 1.6 车型为例，介绍电动车窗升降器的安装方法。

序号	图示	步骤及技术要点
1	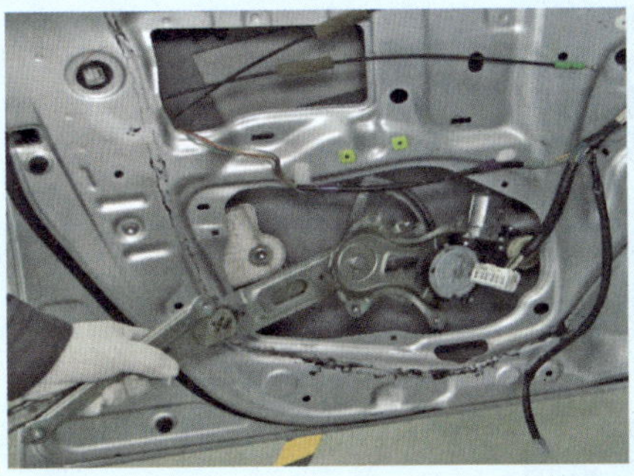 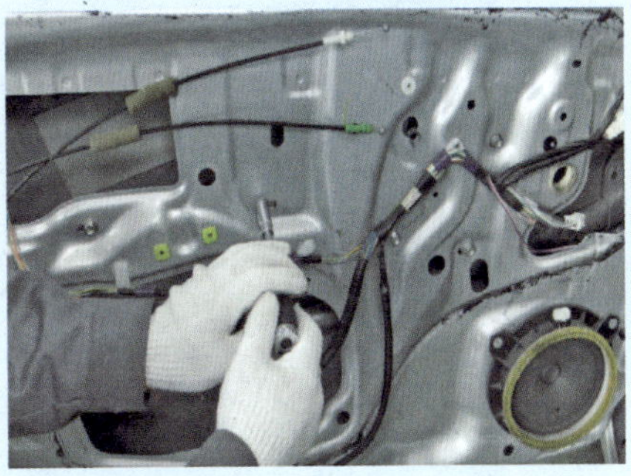	安装前门车窗升降器分总成和前电动车窗升降器电动机总成
2	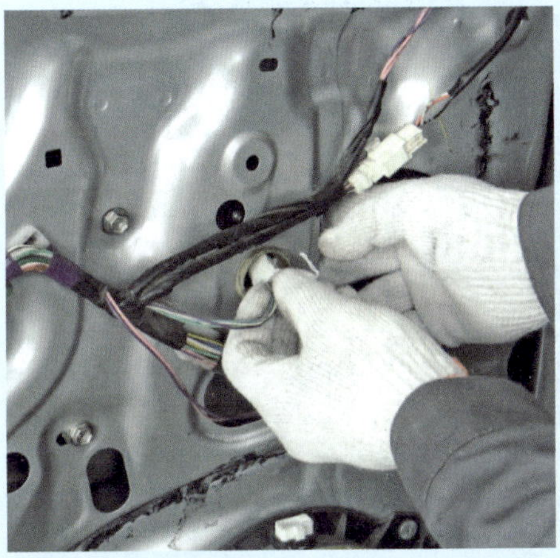	连接车窗升降器连接器
3	 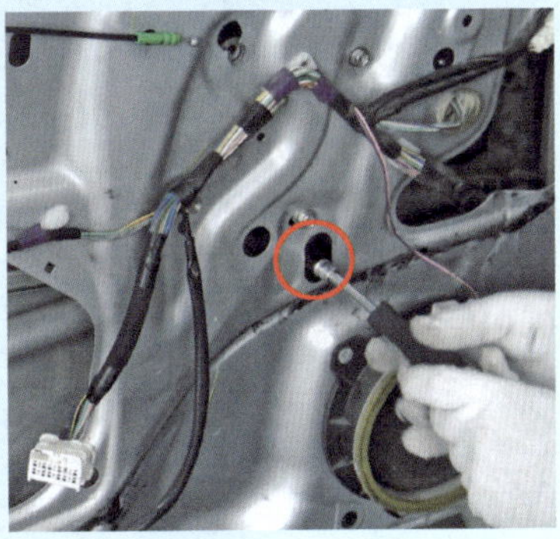 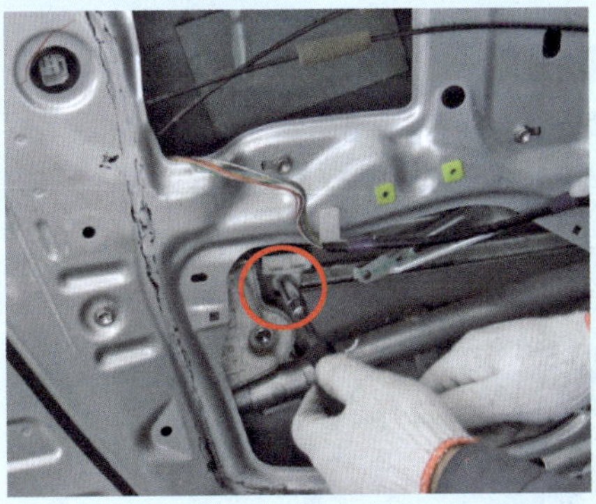	安装前门玻璃分总成，固定玻璃上的两个螺栓（红色圆圈所示）

续表

序号	图示	步骤及技术要点
4		安装前门检修孔盖
5		连接中控门锁连接器
6		安装车门装饰板支架
7		安装前门玻璃内密封条

续表

序号	图示	步骤及技术要点
8	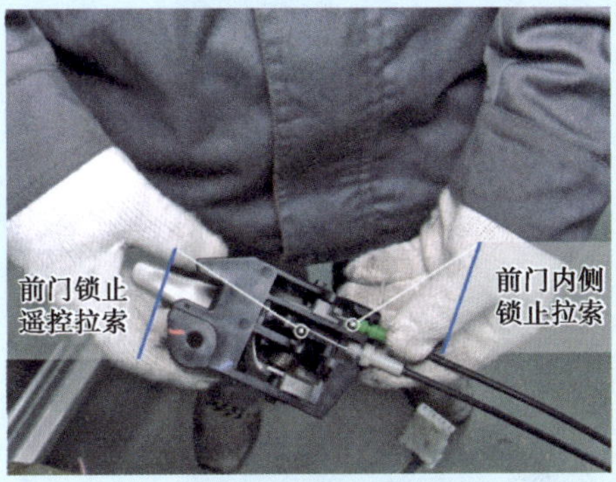	连接前门锁止遥控拉索和前门内侧锁止拉索
9	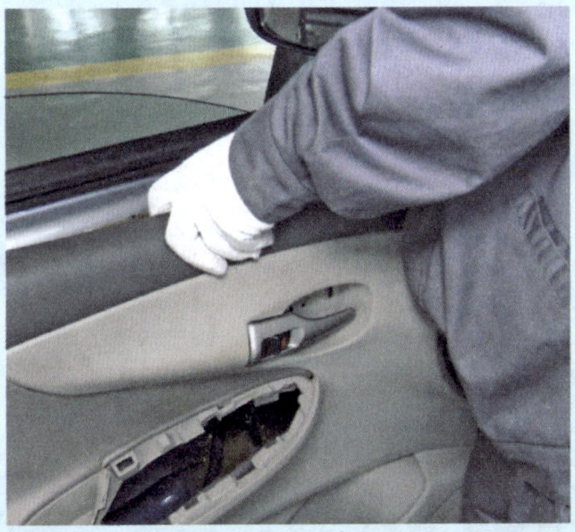	安装前门内把手分总成
10	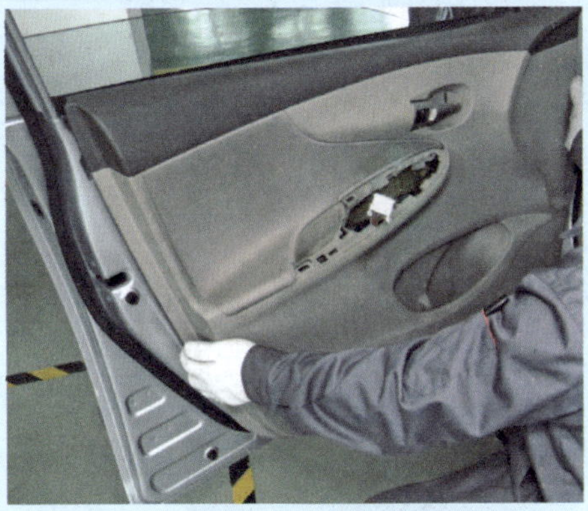	安装前门装饰板分总成，若塑料卡扣损坏，更换新件
11	 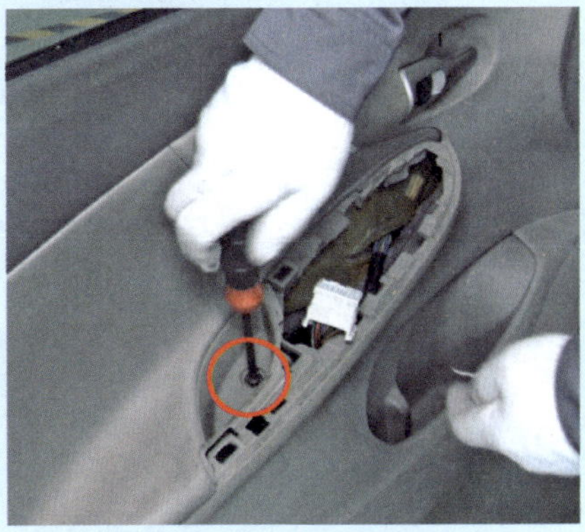	安装两个螺钉（红色圆圈所示），并盖上车门扶手盖

续表

序号	图示	步骤及技术要点
11	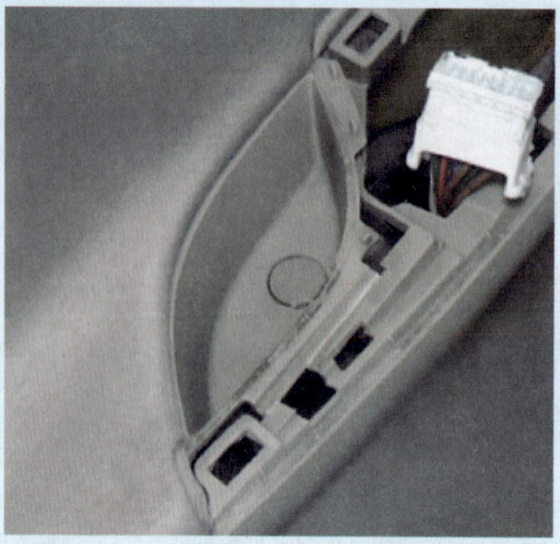	
12	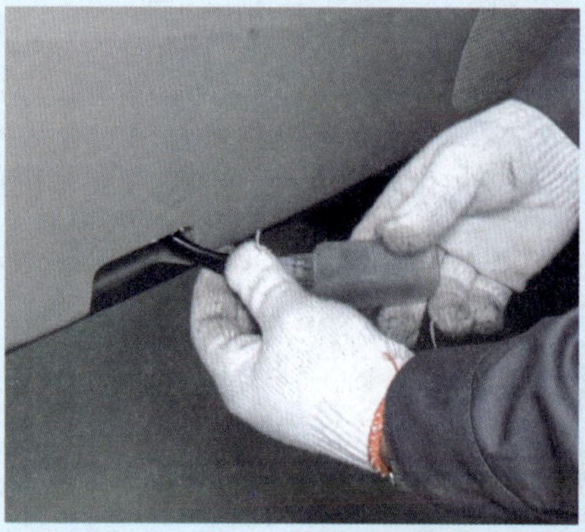 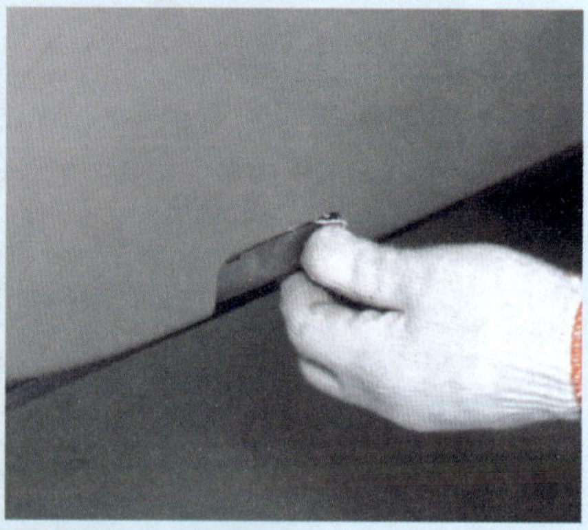	连接门控灯连接器，并安装门控灯总成
13	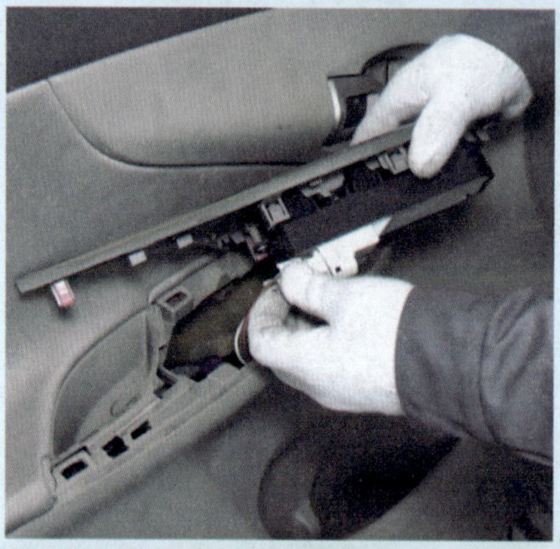	连接电动车窗升降器主开关总成连接器
14	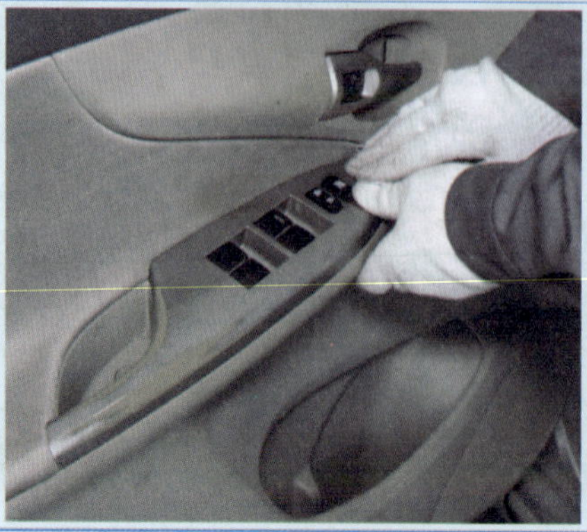	安装前扶手座上板

续表

序号	图示	步骤及技术要点
15	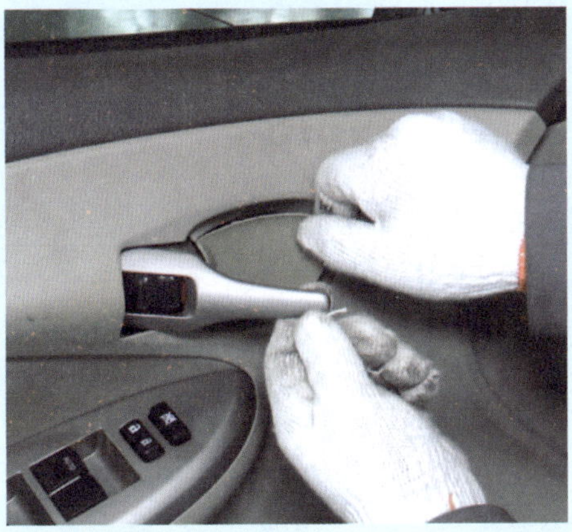	安装前门内把手框
16	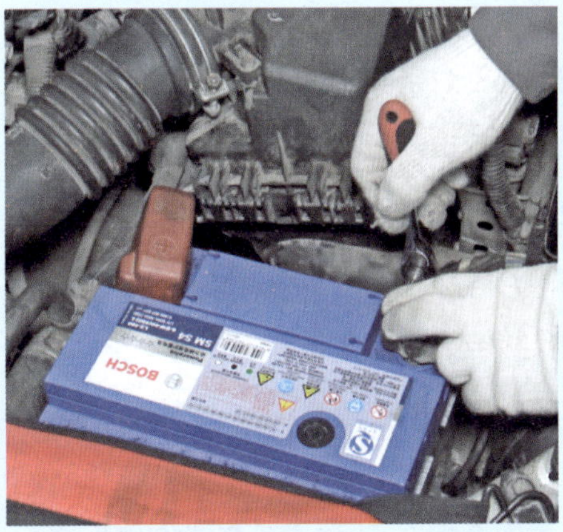	连接蓄电池________
17		整理工具，并按照“5S”要求恢复场地

任务评价

项目	作业内容	评价要点	配分	评价
准备工作	场地准备	工位应干净、整洁，地面无油污	2	
		车辆停靠在合适位置	2	
	车辆防护	铺设翼子板及前格栅布	2	
		铺设车内四件套	3	
	人员防护	工作服穿戴整齐	2	
		拆装操作时应佩戴棉纱手套	3	
	工具、量具检查	检查拆装工具套装是否齐全、整洁	6	
操作	操作要点	能安装前门车窗升降器分总成和前电动车窗升降器电动机总成	10	
		能安装前门玻璃分总成	10	
		能安装前门玻璃内密封条	5	
		能连接前门锁止遥控拉索和前门内侧锁止拉索	10	
		能安装前门装饰板分总成	10	
		能连接电动车窗升降器主开关总成连接器	5	
		能连接蓄电池负极电缆	5	
	技术规范	能掌握电动车窗升降器的安装方法	5	
		能在安装时将车门内密封件换新	5	
职业素养	安全及合作	特殊操作应佩戴安全帽、防酸碱手套或绝缘手套、护目镜等防护用品	5	
		小组作业时应互相配合、合理分工，不可发生争执	5	
	“5S”管理	注意安全操作，不可随意放置工具、量具且不应有其他安全隐患	3	
		工作台、地上有油污时应及时擦掉，废弃物应环保处理	2	
总评分				